문화유산 일번지

문화유산 일번지

청춘을 위한 문화유산 답사기

유승훈 지음

문화유산에서 길을 찾다

벌써 17년 전이다. 나는 한 국립박물관에서 임시직 연구원으로 첫발을 내딛었다. 다니던 회사를 그만두고 대학원에 진학했는데, 경제적으로 어려운 형편이라 책상머리에만 앉아 있을 수 없었다. 그렇게 해서 들어간 박물관 수장고와 유물정리실은 낯설기만 했다. 먼지가 풀풀 날리는 유물을 정리하고 이리저리 살펴보며 설명문을 작성하는 일은 쉽지 않았다. 하루 종일 목관木棺이나 목가구 등을 나르는 날에는 석사논문을 한 줄도 쓰지 못한 채 지쳐 잠들기 일쑤였다. 다음 날 아침에 깨어나 후회하며 긴 한숨을 뱉어냈다. 공부와 일을 병행하는 것은 어렵다는 사실을 뼈저리게 깨달으며.

어느 정도 박물관 생활이 익숙해지자 유물 이야기에 관심을 갖기 시작했다. 오래전 유물이 제작된 배경이며, 수장고까지 들어온 사연에도 귀를 기울였다. 모든 사람이 살아오면서 겪은 이야기가 있듯이, 유물들도 저마다 자기만의 이야기가 있었다. 유물이 감추고 있는 이야기를 찾아내 말을 하도록 만드는 것이 수장고에서의 내 역할이었다. 그렇게 유물과 가까워지자 점차 유물을 내 인생의 길라잡이로 삼게 되었고, 박물관에서 길을 찾기 시작했다.

몇 년이 지나 서울시 문화재과에 취업했다. 박물관 건물에서 벗어나 더 넓은 문화유산의 세계와 만나게 된 것이다. 문화유산은 박물관 수장고에만 있는 것이 아니었다. 우리 국토 전체가 박물관이란 말처럼 나라 도처에 문화유산이 널려 있다. 현재 문화재로 등록된 문화유산만 해도 1만3000점을 훌쩍 넘는다. 지정되지 않은 것까지 합친다면 그야말로 우리는 문화유산의 숲에 둘러싸여 살고 있는 셈이다. 특히 고대부터 현대까지 수도로서 역할했던 서울에는 빼어나고 아름다운 문화유산이 수두룩하다. 그런데 이런 것들을 곁에 두고도 무심히 지나치는 사람이 많았다. 얼마나 안타까운 일인가. 부족한 나이지만 그때부터 소중한 문화유산을 세상에 알려야겠다는 생각이 들었다.

나는 문화유산과 제일 가까운 학문인 미술사학이나 고고학을 전공한 학자가 아니다. 그렇지만 나만의 관점에서 문화유산을 읽으려고 노력했다. 내게 문화유산은 그 땅의 역사를 살피는 창窓이자, 그 지역의 백성(지역민)을 바라보는 눈이다. 한 예로, 옛 건축의 구조와 양식, 그리고 장식물을 조명하는 것도 중요하지만 내겐 그 안에 담긴 지역사의 배경이나 삶의 이야기를 찾는 일이 더 중요했다. 건축이란 궁극적으로 사람이 살기 위한 장소가 아니던가. 차가운 건축물에 따뜻하고 인정 넘치는 스토리와 향토사를 채워주는 것이 내 몫이라 여겼다.

오랜 세월을 용케도 버티고 살아온 빛바랜 문화유산은 내게 길을 보여줬다. 한길을 오랫동안 걸으면서 삶의 경륜을 쌓아온, 주름살이 깊게 팬 어르신들처럼. 나는 문화유산에서 봤던 길을 안내해주고, 문화유산으로부터 들은 삶의 귀감을 전해주고 싶었다. 나보다 젊고 씩씩한 청춘들에게 말이다.

요즘은 문화유산 답사가 대유행이라고 해도 과언이 아니다. 반가운 일임은 분명하지만 또 하나의 편견이 생길까 조금 우려스럽다. 애써 고도古都로 향하는 문화유산 답사의 쏠림 현상, 빛나는 국보가 전시된 박물관에 먼저 가야 한다는 선입관, 근대보다 고대와 중세의 문화유산이 훌륭하다고 여기는 고정관념이 그것이다. 그러나 문화유산은 멀리 있지 않고 오히려 가까이 살아 숨 쉰다. 마천루로 빽빽하게 들어찬 도심이라도 잘 살펴보면 어딘가에 문화유산이 자리 잡고 있다. 멀리 있는 대단한 문화유산보다 내가 사는 동네의 것이 더 소중하고 값진 것 아닐까. 또, 가까운 시기의 문화유산일수록 우리에게 시사해주는 바가 크다. 우리는 수천 년 전 역사에는 열광하면서 어제의 역사에는 무심함을 드러내곤 한다. 하지만 나는 근대 건축물 답사에서도 고대 유적 못지않게 보배와 같은 가치를 발견할 수 있었다. 대구와 군산의 근대 문화유산들을 주목하여 길게 설명한 것도 이런 이유에서다.

우리나라의 숱한 문화유산 중 그 지역을 대표하는 것들이 있다. 이것이 내가 꼽은 문화유산 일번지다. 음식점 상호에 붙은 일번지는 최초인 원조나 최고의 맛집을 뜻하지만 문화유산에 붙은 일번지는 그 땅의 역사와 문화를 상징한다. 물론 내 관점으로 문화유산 일번지를 추려냈으니 독자들이 보기에는 다를 수 있다. 그렇더라도 문화유산 답사 때 일번지를 먼저 살펴본다면 그 지역의 문화를 중심부에서부터 이해하는 데 도움을 줄 것이다.

모든 문화유산을 다 소개하는 것은 애초에 불가능한 일이었다. 그리하여 지역성이 뚜렷하고 인연이 깊은 문화유산 일번지 15개(곳)를 꼽아 이 책에서 다뤘다. 그러니 혹 포괄성이 떨어진다 하더라도 필자의 역량 부족임을 알고 독자들께서 널리 아량을 베풀어주길 바란다. 이 책은 크게 '제 빛깔이 아름다운 보배' '내 인생의 길라잡이' '청춘을 위한 문화유산'의 3부로 나뉘어 구성됐다. 1부에서는 제 빛깔이 뚜렷하고 보배처럼 아름다운 문화유산을, 2부에서는 내 인생의 길라잡이로서 삶의 귀감이 된 문화유산을, 3부에서는 청춘들이 꼭 가서 보고 체험해보기를 바라는 문화유산을 다루었다.

서울생활을 접고 부산에 내려왔을 때 한 출판사로부터 박물관의 문화유산에 관한 책을 써달라는 제의를 받은 적이 있다. 그때는 심사숙고도 해보지 않고 바로 '노'라고 답했다. 강산이 한 번 변한 지금, 그 말을 뒤집고 이 책을 출간하는 이유는 무엇일까. 40대 후반이 됐으므로 자신감이 넘치고 용기가 생겨서일까. 문화유산의 세계는 알면 알수록 넓고 깊음을 깨달아 되레 소심해졌으니 그 때문은 아니다. 다만 이제는 20대 후반의 나처럼 새로운 인생길을 가보고 싶어하는 청춘들에게 문화유산에서 길을 찾았던 내 경험을 전해주는 것도 괜찮겠다 싶었다. 어찌 보면 이 책은 젊은 시절을 뒤돌아보고 남기려는 내 청춘의 비망록일지 모른다. 아니, 박물관과 문화재 현장에서 청춘을 보내고 지금까지 불철주야 일하는, 모든 문화유산 지킴이들의 비망록이다.

이 책은 결코 나 혼자 힘으로 출간한 것이 아니다. 문화유산 현장을 열심히 찾아다니며 촬영한 귀한 사진을 싣게 해준 황헌만, 서헌강, 류태수, 박웅 사진작가와 보잘것없는 내 원고를 멋진 책으로 편집해준 글항아리 출판사에도 감사를 드린다. 마지막으로, 일과 공부를 병행하면서 바쁘다는 핑계로 답사여행을 함께 떠나지 못한 가족들에게 미안한 마음을 전하며, 문화유산에 관한 선행 연구를 헌신적으로 해준 여러 학자에게도 고마움을 표한다.

2015년 10월
대청천이 흐르는 김해 장유에서
유승훈

1부 제 빛깔이 아름다운 보배

2부 내 인생의 길라잡이

1부

제 빛깔이
아름다운 보배

01

제 빛깔이 있는
바다

: 통영 세병관과
그 후예들

❖ 그리운 혓바닥의 추억

통영 사람들은 바다를 일구며 바다에 의존해서 산다. 그들에게 바
다는 식량을 내준 논이요, 밭이었다. 그래서일까. 통영의 그리운
바다는 혓바닥의 추억에서 시작된다. 통영 출신의 시인 김춘수는
고향의 봄 바다가 혓바닥의 추억을 일깨운다고 했다. 초봄과 함께
통영 바다를 찾아든 멸치, 숭어, 게 등은 시인의 식탁에 오르는 진
미 거리가 되었다. 통영의 먹거리를 혓바닥의 감각으로 기억하는
이들은 비단 통영 사람들만이 아니다. 평안북도 정주 출신인 백석
도 해삼, 도미, 가자미, 파래가 풍부한 통영은 '바람 맛도 짭짤한

물맛도 짭짤한 고장이며, 자다가도 일어나 바다로 가고 싶은 곳'이라고 했다. 오늘날도 부산·경남의 수산물 시장에서 넘쳐나는 어패류와 횟집 수족관을 주름잡는 물고기들의 고향을 따져보면 거의 통영이다. 알게 모르게 통영 바다의 먹거리에 익숙해져가는 우리 혀는 이제 이곳을 그리워하게 되었다.

혓바닥의 추억을 잊지 못해 통영을 찾은 사람들은 중앙시장과 서호시장을 서성인다. 멸치, 가자미, 장어, 민어, 서대, 참조기, 참돔, 갈치, 삼뱅이 등 질 좋은 수산물을 구할 수 있으며, 졸복국, 물메기탕, 시락국, 빼떼기죽, 충무김밥, 통영꿀빵 등 그 지역만의 먹을거리도 배불리 먹을 수 있기 때문이다. 평소에도 강구안 해안도로의 충무김밥집과 통영꿀빵집 앞에는 혓바닥의 추억을 그리며 서 있는 긴 행렬을 볼 수 있다. 통영 강구안에 가면 나 역시 기다리는 수고로움과 지루함을 참아내며 그 줄에 합류해 있다. 그런데 이 두 음식을 맛있게 먹으면서도 왜 하나는 통영이고 다른 하나는 충무인지 그 의문점은 쉽게 풀리지 않는다. 이것은 '분리와 통합'을 겪었던 경남 사천과 삼천포에 관해 드는 의문점과 매한가지다.

대한제국과 일제강점기, 산업화 등 혼란의 근현대를 겪은 우리나라는 그 행정구역의 생김새가 변화무쌍했다. 그중 통영은 유달리 행정구역의 변화가 심했다. 고성군에 속했다가 1900년에는 진남군으로 독립했고, 1910년에는 통영군으로 개칭되는 등 행정구역과 명칭이 자주 바뀌었다. 그러다가 1955년에는 통영군에서 통영읍만 떼어내 충무시로 승격시켰다. 충무시는 이순신 장군의 시호를 딴 이름이라 하더라도 위정자의 의도에 따라 지명의 역사성이 배제되었던 것이다. 1995년이 되어서야 충무시와 통영군이 다시 통영시로 합쳐졌다. 동고동락했던 지역이 40여 년간 따로 지냈으니, 생이별의 아픔이 충무김밥과 통영꿀빵의 이름에 묻어난다. 이런 행정구역 변경의 시련이 없었다면 '충무김밥'도 아마 '통영김밥'이 되었을 것이다.

행정 편의주의에 의한 '따로따로'에 비한다면 충무김밥의 '따로따로'에는 속 깊은 사정이 있다. 우리가 흔히 먹는 줄김밥은 시금치, 어묵, 단무지, 오이, 당근 등을 얇고 길게 썰어 밥과 함께 김으로 말아서 싼 음식이다. '국밥'이 국과 밥을 섞은 음식이듯 '김밥'도 김과 밥, 그리고 속재료를 합친 음식이다. 한데 국밥에서 파생된 따로국밥처럼 충무김밥도 김밥과 속재료가 따로따로 되어 있다. 요컨대 김밥에는 밥만 말았고, 무김치와 무침을 따로 준다. 그래서 김밥은 깔끔하고 담백한 맛을 냈으며, 짜고 맵게 조리한 무, 어묵, 갑오징어 등의 무침이 이를 보완해줬다.

육상교통이 불편하던 시절에 통영은 부산과 여수를 오가는 여객선의 기착지였다. 지도로 봐도 통영은 부산과 여수의 딱 가운데에 위치해 있으므로 남해안 해상 교통의 중간 지점이 되었다. 부산과 여수에서 배를 탄 이들이 통영에 들를 즈음이면 배에서 꼬르륵 소리가 났으니 한 끼 식사가 고플 때였다. 통영 아지매들이 이때를 놓치지 않고 보통의 김밥을 말아서 배에 들어가 팔았는데, 더운 여름철에는 상하기 일쑤였다. 그래서 고안해낸 것이 따로김밥이다. 김밥을 먹기 알맞은 크기로 작게 말아서 주고, 오징어, 호래기, 주꾸미 등을 고춧가루에 무쳐 별도의 반찬으로 내주었다. 그러자 고슬고슬한 김밥은 변질이 안 된 채로 담백한 맛을 냈고, 통영 수산물과 무로 조리한 반찬도 매콤한 감칠맛을 냈다. 이 따로김밥은 탑

승객들에게 큰 인기를 끌었으며, 1980년대에는 충무김밥이란 이름으로 전국적으로 알려졌다.

✤ 수향정이 품은 한려수도

통영은 제 빛깔이 남다른 곳이다. 그곳 바다의 푸른빛은 유달리 강렬해서 자꾸만 사람을 끌어들인다. 통영에 가면 다들 우리나라 최대의 자연유산인 한려수도 바다부터 보려 한다. 그런데 '바다의 통영'에서 바다를 보기가 참 어렵다. 주말에는 통영 시내 도로가 주차장을 방불케 할 정도로 전국의 나들이 차량이 떼거리로 몰려오기 때문이다. 문화유산, 자연유산, 각종 볼거리가 밀집된 이곳에서는 거리를 장악한 관광버스와의 줄다리기를 피할 수 없다.

나는 벽화마을로 유명한 동피랑에 몇 번 갔다가 차가 막혀서 중앙로만 빙빙 맴돌다가 발걸음을 되돌려야 했다. 이번에는 식전 댓바람부터 서두른 덕에 해안로 주차장까지 일사천리로 올 수 있었다. 중앙시장 앞 통영항의 바다는 아침 물빛을 한껏 발하고 있었다. 잔잔히 출렁이는 바다는 푸른 파도와 쪽빛 하늘, 그리고 하얀 어선들의 색깔을 담은 채 아침 햇살을 여유롭게 반사하고 있었다. 이렇게 고요한 통영 항구를 마주할 수 있는 시간은 길지 않았다. 서둘러 올라간 동피랑은 그리 가파르지도 높지도 않았다. 부산의 산동네와 달리 낮은 언덕에 위치한 작은 동네였다. 동피랑은 '동쪽에 있는 높은 벼랑'이란 뜻이란다. 그 맞은편에는 서쪽 벼랑의 '서피랑'도 있다. 동피랑의 색깔을 제대로 보려면 먼저 동포루東砲樓가 있었던 언덕배기로 올라가야 한다. 나는 동피랑의 벽화보다 이곳

북포루에서 바라본 통영항 전경이다. 포루는 왜적의 동태를 살피고 포를 쏘기 위해 설치했던 곳이다. 사진 하단 가운데가 강구안 항구이며 왼쪽에서 바다로 뻗은 낮은 산이 남망산이다. 얼핏 보이는 조선소 뒤쪽의 산이 미륵산이다.

에서의 강구안 바다를 보고 싶었다.

동포루는 동쪽에 있는 포루로서 왜적의 침입을 방어하기 위해 포를 설치한 곳이었다. 1678년 제57대 통제사인 윤천뢰尹天賚가 통영성을 쌓기 시작한 이후로 각 방위에 포루를 만들었다. 포루는 통영성 안쪽 높은 언덕 위에 설치했기에 바다 바깥에서 들어오는 적들의 동태를 보고 포를 쏠 수 있었다. 동포루 정상에 올랐더니 통영의 강구안 항구가 환히 보였다. 강구안은 좁은 목처럼 육지가 바다를 안쪽으로 끌어당겨 천혜의 항구 지형을 조성하고 있다. 고개를 약간 들자 강구안 바깥쪽의 화물선 부두와 멀리 조선소, 미륵산까지 통영의 제 모습이 선명히 드러났다. 푸른 바다를 감싸 안고 육지로 슬며시 파고든 전형적인 항구의 얼굴이었다. 이곳에 서니 알 수 있었다. 왜 통영 사람들이 동피랑 마을을 철거하지 않고 보존하려 했는지, 그리고 왜 마을 곳곳에 벽화가 그려져 있는지를.

더 가까이서 바다를 보고 싶어 남망산南望山에 올랐다. 동피랑 마을 바로 앞에 있는 낮은 산으로 이곳에서 남해 최고의 절경을 감상할 수 있다. 이 남망산은 서쪽의 통영항과 동쪽의 동호항을 가르는 기준이 된다. 곧 통영의 왼편에서 남쪽으로 뻗어나간 남산南山이자, 아울러 남쪽에서 침입해오는 왜구를 망볼 수 있는 망산望山이다. 지금은 이 일대를 매립한 탓에 타원형에 가깝지만 옛 지도를 보면 남망산은 마치 말의 목처럼 길게 돌출된 형세다. 이곳의 풍수지리를 '목마른 말이 물을 마시는 형세'라고 했는데, 정말 말이 목을 길게 빼고 물을 마시는 지형과 흡사하다.

남망산 정상에는 남해 바다를 살펴볼 수 있는 수향정이 있다.

이 정자 뒤에는 통영의 굽이치는 바다를 내려다보는 이순신 장군의 동상이 우뚝 서 있다. 때는 5월이었으니 수향정으로 향하는 오솔길 주변에는 아름드리 소나무 숲이 또 하나의 물결로 출렁이고 있었다. 솔가지마다 누런 수꽃의 봉우리가 치솟아 바람이라도 일렁이면 노란 송홧가루를 뿌려내며 푸른 바다로 날려 보냈다. 웃자란 솔가지들로 인해 한려수도가 가려졌으면 어쩌나 걱정했는데, 마침 수향정은 내 우려를 깨끗이 씻어내며 푸른 바다를 안겨줬다. 그곳에서 바라보니 초록의 물결을 이룬 소나무 숲 위에서 넘실거리는 푸른 바다가 중층의 푸르름을 뽐내고 있었다.

사람의 마음을 불시에 빼앗아가는 이 아름다운 풍경을 모자란 내 글솜씨로 어떻게 묘사할 수 있을까. 시인 정지용은 1950년 봄 통영을 다녀간 뒤 「남해오월점철南海五月點綴」이란 글을 남겼다. 문장으로는 당대 최고였던 그도 이 한려수도의 풍경 앞에서 "통영과 한산도 일대의 풍경 자연미를 나는 문필로 묘사할 능력이 없다"며 머리를 조아렸고, "통영 포구와 한산도 일폭의 천연미는 다시 있을 수 없는 것"이라 단언했다.

경남 통영 한산에서 전남 여수까지 남해안의 아름다운 연안 수로를 '한려수도'라 하는데, 그것의 진미는 역시 통영에서 맛볼 수 있다. 미륵산에서 바라보는 한려수도는 섬들의 마을이다. 바다는 마을이요, 섬은 집이며, 섬 사이로 난 물길은 마을의 골목길이다. 반면 남망산에서 바라보는 한려수도 앞바다는 짙게 깔린 구름 사이로 뻗어나간 산맥처럼 보인다. 화도, 한산도, 죽도 등이 굽이굽이 산줄기를 이뤄 바다 위의 섬이 아니라 힘차게 뻗어간 산맥처럼 보였다.

1부 제 빛깔이 아름다운 보배

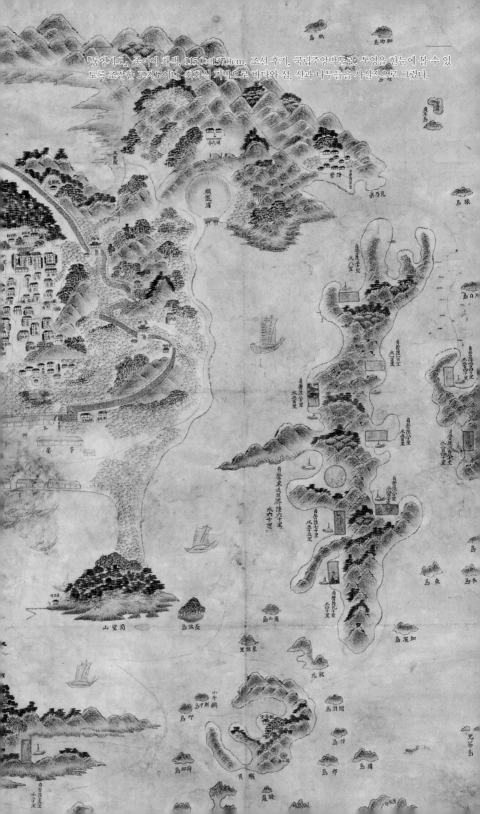

「통영지도」, 종이에 채색, 115.0×157.0cm, 조선 후기, 국립중앙박물관. 통영을 한눈에 볼 수 있도록 조감한 고지도이다. 회화식 기법으로 바다와 섬, 산과 나무들을 사실적으로 그렸다.

守把衆

山望南

島

島

島加徳

毎味島

自營陸十五里

阤琲

통영지도에서 미륵산 주변을 확대한 것이다.

임진왜란 3대 대첩의 한 줄기인 한산도대첩이 저 바다로 뻗어 나갔다. 섬 사이의 수로를 꿰뚫은 이순신 장군은 한산도 앞바다로 왜적을 유인해 조선 수군의 학익진 전법으로 몰살시켜버렸다. 70여 척의 왜선이 총통에 맞아 격파되었고, 수백 명의 왜적이 떼죽음을 당했다. 1592년 7월의 한산도 바다는 왜적이 흘린 붉은 피로 넘실거렸을 것이다. 한산도대첩을 승전으로 이끈 뒤 이순신 장군은 갑옷과 병기에 묻은 적들의 피를 씻어내며, 더는 전쟁의 비극이 일어나지 않기를 간절히 기원했을지도 모른다. '하늘의 은하수를 끌어와 갑옷과 병기를 씻어낸다'는 뜻의 세병관洗兵館처럼.

✤ 바다에는 경계가 없다

국보 제305호로 지정된 세병관은 통제영의 객사였다. 잘 알려져 있듯이, 통영의 명칭은 충청도, 전라도, 경상도 등 삼도 수군의 통제영統制營이 설치된 데서 유래한다. 통제영의 제1대 통제사가 충무공 이순신 장군이다. 1955년 이순신의 시호인 충무에서 이름을 따 충무시로 승격시킨 이유도 그가 통영 역사의 출발에 지대한 영향을 미쳤기 때문이다. 이순신 장군은 통영 앞바다에서 한산도대첩을 승리로 이끌었으며, 한산도를 전략적 요충지로 여겨 군영을 세웠다. 그런데 전라 좌수사(전라좌도 수군절도사)였던 그가 경상도 지역에 병영을 설치한 이유는 무엇일까.

이순신 장군은 공격과 방어가 모두 적합한 전략적 요충지로 한산도를 주목했다. 섬과 산으로 둘러싸여 있어 전함을 잘 숨길 수 있을 뿐 아니라, 왜적이 호남으로 가려면 반드시 이곳을 통과해야 했다. 그리하여 그는 호남에 있는 자신의 군영을 한산도로 옮겨 전라도와 경상도를 모두 지키게 해달라고 조정에 요청했다. 1593년 8월 조선 정부는 삼도수군통제사의 직위를 새로 만들고, 초대 통제사로 이순신을 임명했다. 서남 해안의 경계를 가리지 않고 침략하는 왜적을 효율적으로 무찌를 방어 체계가 한산도를 중심으로 조성되었다. 이렇게 통제영의 역사에는 지역과 경계를 따지지 말고 힘을 합쳐 왜적과 싸우자는 숭고한 정신이 서려 있다.

하지만 임진왜란 당시 통제사가 머무는 본영은 한산도, 고금도 등 이곳저곳으로 옮겨 다녔다. 전시 중 왜적에 발 빠르게 맞서려면 상황에 따라 진지를 이전하는 행영行營 체계가 훨씬 더 효율적이기 때문이다. 한편 전쟁이 끝난 이후에는 전함을 정박시키고 수군을 훈련시킬 수 있는 군영을 한곳에 세우는 일이 필요했다. 지금 통영의 자리인 두룡포頭龍浦(통영의 옛 이름)에 통제영의 대역사大役事를 시작한 인물이 제6대 통제사 이경준李慶濬이다. 이순신이 통제영의 역사를 내딛게 한 장군이라면, 이경준은 통제영의 역사를 지금의 통영으로 옮긴 주역이다.

세병관 앞의 동쪽 계단을 내려오면 두룡포기사비(경상남도 유형문화재 제112호)가 있다. 1625년에 세워진 이 비석은 원래 통제영의 영문營門 자리에 있다가 1904년 현재의 자리로 옮겨왔다. 이경준 통제사의 치적을 기록한 이 비석에는 삼도수군통제영을 두룡포로 옮긴 배경이 적혀 있다. 비록 비신의 표면이 심하게 마멸되었더라도 중요한 문화유산이다. 통영은 남쪽으로 큰 바다와 접하고, 북쪽으로는 육지와 이어져 있다. 바다에는 미륵도 등 섬들이 해안을 막고 있으며, 그 사이에 좁은 수로가 형성되어 있어 수군의 전

「수군조련도 병풍」(10폭), 국립진주박물관. 조선 후기 경상·전라·충청 3도의 수군이 통제영에 모여 훈련하는 모습을 담았다. 이는 수백 척의 전선과 거북선이 항진한 조선 후기 최대 규모의 군영의식이었다. 통제영은 조선 수군의 최고 사령관인 삼도수군통제사가 있는 본진으로 통영이라는 지명도 여기서 나왔다.

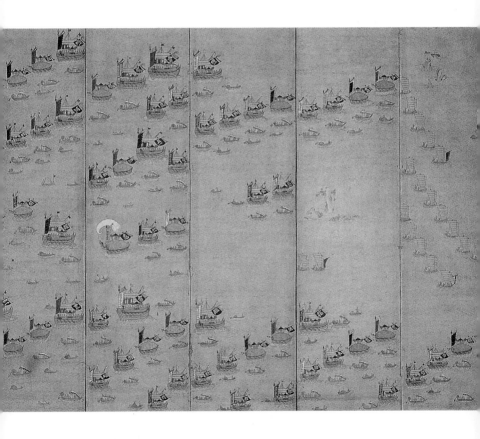

략적 요충지로 두룡포를 따를 만한 곳이 없었다. 전대의 통제사들도 이 요충지를 알았지만 통제영을 고성에서 두룡포로 옮겨온다는 것은 언감생심이었다. 당시는 전란 직후였기에 재정적으로 열악했고, 흩어진 백성을 모아 부역에 동원하기도 쉽지 않았다. 하지만 이경준은 1604년경부터 과감하게 본영의 이전을 시행했다. 새 통제영의 초석을 놓았으며, 객사인 세병관과 장수들이 머물던 백화당白和堂 등을 지었다.

통제영을 이건하려는 계획은 처음부터 큰 벽에 부딪혔다. 세병관 창건 설화에는 당시 고난의 흔적이 고스란히 남겨져 있다. 설화의 줄거리는 이렇다. 세병관을 건립하기 위해 큰 기둥을 세우려고 하는데 계속 넘어지는 것이었다. 이를 석연치 않게 여긴 통제사는 작업을 멈추게 하고 직접 제를 지냈다. 통제사는 엎드려 절하며 빌었다. "천지신명이시여, 부디 굽어 살피시어 이 땅에 건물을 짓도록 허락하여주옵소서." 그날 밤 통제사의 꿈속에 백발노인이 나타나 말했다. "터의 한가운데를 파면 우물이 나올 것이다. 사시巳時(오전 9~11시)에 이곳 고갯길에 쇠갓을 쓰고 지나가는 사람을 잡아다가 우물에 집어넣고 고사를 지내면 모든 일이 만사형통하게 될 것이다. 명심하라."

놀라 잠에서 깬 통제사는 새벽부터 군사를 동원해 우물을 파게 했다. 과연 오전 10시경 고갯길로 커다란 쇠갓을 머리에 인 채 걸어오는 이가 있었다. 당장에 그를 붙잡아 데려오니 삼월 삼짓날 화전花煎을 부치기 위해 가마솥 뚜껑을 이고 가는 비구니였다. 통제사는 안타까움을 무릅쓰고 그 여승을 우물에 빠뜨려 희생시키고 고사를 지냈다. 그런 뒤에는 아무 탈 없이 세병관 건립 공사뿐만 아니라 통제영의 모든 역사役事가 진행될 수 있었다는 이야기다. 이 설화는 세병관을 짓기 위해 통제사와 수군들이 숱한 고초를 겪었을 뿐만 아니라 비구니의 죽음으로 상징되는 큰 희생을 치렀음을 일러준다.

✤ 돌아와요 세병관에

통영성의 북쪽 여황산 기슭에 위치한 세병관은 통제영을 호령하듯 남쪽에 위치한 성과 바다를 내려다보고 있다. 육지 쪽으로 지그시 들어온 항구에는 수백 척의 병선이 정박해 있는 '병선마당'이 있었다. 통제영의 객사였던 세병관은 임금의 전패殿牌를 모시는 곳으로 각종 의전 행사가 이뤄지는 공간이다. 봄가을에는 군사 열병과 훈련을 하고, 영호남의 장수들이 모여 제를 올리기도 했다. 단일형 객사로서 우리나라 최대의 건물로 일컬어지며, 건축적 기능에 비해 규모가 과대하다. 이는 삼도수군통제사의 위용을 과시하고 웅대한 무武의 기상을 만천하에 드러내기 위함이었다.

1970년에 발표된 '돌아와요 충무항에'는 '돌아와요 부산항에'의 모태가 된 노래다. 젊은 나이에 요절한 가수 김성술은 "꽃피는 미륵산에 봄이 왔건만 님 떠난 충무항은 갈매기만 슬피 우네. 세병관 둥근 기둥 기대어 서서 목메어 불러봐도 소리 없는 그 사람. 돌아와요 충무항에 야속한 내 님아"라고 노래했다. 나는 이 가요를 들으면서 세병관의 둥근 기둥은 단지 건물의 하중을 떠받치는 목재가 아니라 통영 사람들의 애절한 사연을 버티게 해주었던 정서적 버팀목임을 알게 되었다. 근대 시기 세병관은 오랫동안 학교 교

20세기 초반 통영 세병관의 모습이다. 정문인 지과문 뒤로 세병관 현판이 보인다. 거대한 현판에 쓴 굵고 간결한 글씨가 무의 기상을 뽐내고 있다.

사로 사용되었으니 이곳에서 공부한 윤이상을 비롯한 통영의 예술가들은 세병관에 대한 추억을 한두 개쯤 안고 살았다. 그러하니 통영 사람이라면 적어도 세병관 기둥에 한 번이라도 자기 몸을 기대고, 마음도 기댔을 것이다.

경사진 계단을 올라 정문인 지과문止戈門을 통과하면 웅대한 자태를 하고 있는 세병관을 볼 수 있다. 그곳의 거대한 현판이 사람의 발걸음을 멈춰 세우고 고개를 숙이게 한다. 엄청 클 뿐 아니라 굵직하면서 간결한 필체가 무武의 기상을 발산하고 있다. 현판의 길이는 무려 6.5미터로 기둥과 기둥 사이를 삐져나갈 정도다. 기본 판재만 해도 13개가 들어갔다고 한다. 이 현판은 제136대 통제사

서유대가 세병관을 중수한 뒤 써서 걸어놓은 것인데, 1967년 새롭게 보수하고 단청도 입혔다.

자세히 살펴보면 세병관의 기둥은 겹으로 되어 있다. 즉, 처마 아래쪽으로 건물을 두르고 있는 기둥 28개와 건물 내부에 세워진 기둥 22개가 있다. 한 뼘의 오차도 없이 일렬로 쭉 늘어선 이 기둥들은 난세를 이기고 꿋꿋이 버틴 무인들의 한결같은 마음과 같다. 세병관에 들렀다면 조선의 해안 방어를 떠받쳤던 이 건물에서 50개의 기둥을 세어보는 한편 여기에 기댄 채 통제사의 눈으로 통영 바다를 한번 살펴봐야 할 것이다. 이 민흘림기둥에 몸을 기대보니 문치주의로 편향되어 전란의 소용돌이에 휩싸였던 병약한 조선이 떠올랐다. 나락에 빠진 조선을 구해낸 이들은 권력에서 소외되었음에도 불구하고 전장에서 끝까지 피 흘리며 싸웠던 무인들이 아닌가.

무의 기상은 세병관의 이름에 녹아 있다. '세병洗兵'은 당나라 두보杜甫의 시 가운데 "어찌 하면 장사를 얻어 하늘의 은하수를 끌어와 갑옷과 병기를 씻어내 영원토록 사용하지 못하게 한단 말인가 安得壯士挽天河 淨洗甲兵長不用"에서 따온 것이다. 이 시 구절을 줄여 '만하세병挽河洗兵'이라 쓰곤 한다. 하늘의 은하수를 끌어와 자신의 갑옷과 병기에 묻은 피땀을 씻어내고 영원히 쓰지 않도록 보관한다니 얼마나 아름다운 뜻인가. 무武를 쓰지 않기를 간절히 기원하는 '무武의 혼'이 엿보이지 않는가. 진정한 무의 기상은 스스로를 버리고 전쟁을 없애는 무無의 정신이었다.

세병관은 경복궁 경회루, 여수 진남관과 더불어 조선시대 건축물 가운데 바닥 면적이 넓기로 손꼽힌다. 그런데 기단과 처마를 옆

1부 제 빛깔이 아름다운 보배

세병관은 정면 9칸, 측면 5칸의 팔작지붕 건물이다. 세병관 지붕을 받치고 있는 튼튼한 기둥과
넓은 기단이 조선의 바다를 방어하는 통제영을 상징하는 듯하다. 건축학자들은 기둥 사이로
훤히 내부가 보이는 세병관의 건축 양식에서 비움의 미학을 읽어내기도 한다.

에서 보면 독특한 구조를 발견할 수 있다. 보통 낙수로 인해 기단에 홈이 패는 것을 방지하기 위해 처마가 기단보다 길게 내밀어져 있다. 반면 세병관 건물에는 기단이 앞으로 길게 내밀어져 있다. 자꾸 홈이 생기는 일은 어쩔 수 없으나 토대가 튼튼하고 건물이 안정된 듯 보이며, 국토를 지키는 근간인 국방력이 연상된다.

세병관은 정면 9칸, 측면 5칸의 팔작지붕 건물이다. 벽면이 없어 뻥 뚫린 채 내부가 모두 드러나기 때문에 혹자는 세병관의 건축미를 '비움의 미학'으로 규정짓기도 한다. 세병관은 1605년경 지어진 뒤 수차례의 개보수가 이뤄졌다. 1646년 제16대 통제사 김응해가 규모를 확대해 고쳐 지으면서 제 모습이 갖춰진 것으로 보인다. 앞선 세병관 창건 설화에서 드러나듯 워낙 큰 건물이라 기둥을 세우는 일 자체가 어려웠다. 괴목槐木으로 만든 기둥을 세운 이후에도 썩고 파손되는 일이 잦아 이를 교체하거나 철과 구리 편으로 기둥면을 둘러야 했다. 제41대 통제사 정익이 기둥 보수 작업을 할 때 들어간 철동鐵銅만 무려 1200근이라고 전해진다. 세병관 창건 설화에 쇠갓을 쓴 비구니가 이를 상징하는 게 아닌가 싶다.

조선 후기 통영성에는 세병관을 중심으로 수십 개의 부속 건물이 있었다. 조선시대 통영의 옛 지도를 보면 웅장한 통제영의 모습에 놀랄 지경이다. 옛 통영지도를 보면 세병관을 중심으로 동쪽에 운주당과 경무당, 내아 등이, 서쪽에 백화당, 공방 등이, 남쪽에는 중영, 좌청, 우청, 아방 등 부속 건물이 빽빽하게 들어서 있다. 조선 말기 함안 군수였던 오횡묵은 통제영을 둘러보고는 이런 글을 남겼다. "관아 건물이 각기 바둑돌처럼 벌려져 있어 용마루가 이어지고 기둥이 겹쳐졌다. (…) 민가 8000, 9000집이 산에 기

「통영문지형도」, 삼베에 채색, 142.5×97.5cm, 19세기, 국립중앙박물관. 통제영을 중심으로 한 통영 일대의 지형이 잘 묘사된 옛 지도다. 통제영에는 세병관을 비롯한 관아 건물들과 함께 통영성의 성곽 라인을 뚜렷하게 그렸다.

축사당

육방관속
비란헌 비란헌

세병관

지과문

운주당 경무당 내아

공진헌
예방

아방

마대

형방

중영

우청 열무
취방
신루

본부

제민창고

[통영지도], 종이에 채색, 115.0×137.0cm, 조선 후기, 국립중앙박물관. 통영지도에서 통영성
부분을 확대한 것이다. 세병관을 구심으로 관아 건물들이 빽빽이 세워져 있다. 운주당, 백화
당, 공방 등 건물 아래쪽에 일일이 이름을 씨두었다.

대어 비늘처럼 붙어 있는 것이 마치 제비집 같았다."

용마루가 이어지고 기둥이 겹쳐져 마치 제비집 같았던 수많은 관아 건물도 1895년 통제영이 폐지되면서 거의 사라졌다. 일제는 관아 건물들을 접수해 다른 용도로 쓰거나 해체하여 없애기도 했다. 통영 삼도수군통제영(사적 제402호)의 세병관 주위에 건립된 운주당, 백화당, 12공방, 망일루, 수항루 등은 모두 오늘날 문화재 복원 공사를 통해 새로 지어진 것이다. 이런 암흑기 속에서도 공립 보통학교의 교사로 사용되었던 세병관이 현재까지 살아남은 것은 기적과 같은 일이다.

✤ '무의 터전'에서 '예향 1번지'로

경남 통영 앞에는 '예향藝鄕'이란 수식어가 붙곤 한다. 예향은 예술 가를 많이 배출하고 예술을 즐기는 사람이 많은 곳을 뜻한다. 통영은 바다의 푸른빛을 가장 잘 표현한 전혁림 화백을 비롯해 세계적인 음악가 윤이상 등 수많은 예술계의 거장을 배출했다. 그뿐인가. 한국 문학사에서 한 획을 그었던 박경리, 유치환, 김춘수, 김상옥 등의 걸출한 문인들도 모두 통영에서 자라났다. 통영에 관해 알면 알수록 궁금증이 커져간다. 어떻게 그 좁은 땅에서 그토록 많은 예술가가 태어났는가 하고 말이다. 하지만 더 의문스러운 점은 '무의 터전'이었던 통영이 어떻게 '예향의 1번지'로 변모했을까 하는 것이다.

안타깝게도 세병관의 뜻은 이뤄질 수 없었다. 임진왜란에 이은 병자호란은 은하수에 병기를 씻어 걸어둘 수 없음을 일깨워줬다. 그런데 의아스럽게도 통제영의 무武가 통한 것은 예藝였다. 무의 기상이 서려 있는 통제영에서 또 다른 예향의 역사가 꽃피운 것이다. 세병관 서쪽에 복원되어 있는 12공방은 오래전 예향의 역사를 생산한 공장임을 보여준다. 임진왜란 당시 한산도 진영은 워낙 외진 땅이라 군수품의 보급이 원활하지 않아 물품을 직접 생산하는 공방을 설치했다. 통제영이 두룡포로 이전되면서 공방은 더욱 번창하고 활기를 띠었다. 공방 수는 시기별로 차이를 보였다. 18세기 후반부터 입자방(갓 제작), 총방(망건 등 제작), 상자방(고리 제작), 화원방(지도와 그림 등을 그림), 소목방(목가구 제작) 등이 모인 12공방 체제를 갖췄다. 당시 통영 공방에서 일하는 장인은 무려 400명이 넘었는데, 한양을 제외하고 가장 많은 숫자였다.

조선시대 사람들은 통영 소반, 통영 나전, 통영갓, 통영 장석, 통영 누비, 통영 발, 통영 부채 등 '통영' 자가 붙은 제품을 최고로 여겼다. 홍선대원군이 통영까지 사람을 보내 갓을 맞추게 했다는 일화가 전해오며, 철종 때 정승을 지낸 이헌구는 통영 경상과 소반을 구한 뒤 기뻐하는 글을 남겼다고 한다. 심혈을 기울여 제품을 만드는 통영 장인들에 대한 믿음은 이렇듯 컸고, 그리하여 통영은 '장인 정신'과 '쟁이 기질'이 통하는 곳이 됐다. 양반들도 말총으로 갓을 엮고, 나무를 다듬어 장을 짰다. 통영 사람들은 양반이라도 수공업에 종사하는 '쟁이'를 무시하지 않았으며, 너 나 할 것 없이 손으로 만드는 일에 몸담았다. 통영의 쟁이 정신은 참된 예술성을 추구하는 작가 정신으로 이어졌다. 박경리는 "재봉틀은 나의 생활이었고, 국어사전은 나의 문학이다. 통영 장롱은 나의 예술"이라는 멋진 말을 남겼다. 이처럼 장인의 참된 마음이 예술의 본고장

통영반統營盤, 높이 27.0cm, 조선시대, 국립중앙박물관. 통영지역에서 생산된 소반으로 조선시대에 전국적으로 유통되었다. 통영반은 간결해 보이지만 부드러운 모서리와 마디를 살린 다리에는 통영 장인의 섬세한 기술이 녹아 있다.

통영을 만든 것이다.

통영 사람들에게 흐르는 장인 정신의 DNA는 갑자기 돌출된 게 아니다. 오랫동안 통제영의 역사에서 면면히 흐르다가 이곳 사람들의 유전자로 녹아들어간 심층수였다. 심층수의 수원이 300년 동안 이어져온, 통제영에 딸린 공방이었음은 두말할 나위 없다. 통제영이 없어지자 여기에 딸렸던 공방의 장인들도 활로를 모색했다. 민영 수공업자로 홀로서기를 했던 통영 장인들은 이후에도 프로의 빛깔을 잃지 않기 위해 부단히 노력했다. 통영의 나전장(중요무형문화재 10호) 송방웅을 비롯해 내로라하는 무형문화재 보유자들이 옛 공방 장인들의 후손이다.

나전칠기에서는 통영의 장인이 새긴 아름다운 빛깔을 볼 수 있다. 흔히 나전螺鈿은 '자개'라 부른다. 빛이 나는 조개껍데기를 붙여서 공예품을 만드는 독특한 기법이다. 자개는 보는 각도에 따라 다른 광채를 발한다. 탄산칼슘으로 이뤄진 패각이 프리즘과 같이 빛을 받아 굴절시키는 색광 현상 때문이다. 검은 바탕에서 희고 푸르며, 붉은빛까지 내는 나전칠기는 마치 빛의 합주곡 같다. 그런 것이 어느 때에 보면 꼿꼿한 선비가 그린 수채화마냥 담백한 빛을 낸다. 칠기의 검은색은 자신을 드러내지 않으며 은은히 다른 이의 빛깔을 띄워주는 은자隱者다.

통영시 중앙로에 있는 통영시립박물관에서는 나전칠기의 참다운 빛깔이 뿜어져 나오고 있다. 근대 문화유산으로 지정된 '구舊 통영군청'을 리모델링해 개관한 이 박물관에는 조선 후기의 나전칠기 외에 나전장의 양대 산맥으로 일컬어지는 김봉룡과 송주안의 작품이 전시되어 있다. 나전칠기의 빛은 조개껍데기에서 나온다. 이는 통영 바다의 색깔이다. 그곳 남해 바다에서 잡은 전복과 소라, 고동 등은 세계적인 나전 빛깔을 내는 재료다. 다시 말해 나전칠기의 참빛깔은 통영의 남해 바다를 머금은 조개의 빛에서 나오는 것이다. 통영 조개가 아무리 아름다운 색을 낸다 해도 두꺼운 껍데기를 그대로 붙일 수는 없다. 장인들은 알맞은 부분을 갈고 도려내며, 목가구의 기본 틀에 칠죽을 바르고 자개를 붙이는 세공 작업을 한다. 그러니 나전칠기는 통영 바다와 조개껍데기, 그리고 통영 장인이 합심하여 이뤄낸 통영의 빛깔인 셈이다.

✤ 통영의 빛깔 있는 후예들

바다는 겉보기에 푸른색이지만 자세히 보면 연둣빛, 초록빛, 남빛, 은빛, 검은빛 등 온갖 빛깔의 잔칫상이다. 김춘수는 통영 바다의 물빛을 잘 꿰뚫었던 시인이다. 하나의 몸짓에 지나지 않았던 그를 꽃으로 불러낸 시인은 "내가 그의 이름을 불러준 것처럼, 나의 이 빛깔과 향기에 알맞은, 누가 나의 이름을 불러다오"라고 노래했다. '빛깔이 좋다' '제 빛깔이 강하다'는 말에서 알 수 있듯이 빛깔의 '깔'은 물체가 가지고 있는 개성을 상징하는바, 빛깔은 곧 그 사람의 이름이었다. 자신만의 빛깔로 제 이름을 찾으려 한 김춘수는 단지 푸른색으로 간과했던 고향 바다의 물빛을 계절에 따라 변화무쌍한 색깔로 읽어낸다. 가령 봄철에는 '기슭 가까운 곳은 초록이 되고 멀리 나갈수록 짙은 남빛이 된다. 초록도 실은 짙은 부분과 옅은 부분으로 구분된다'고 했다.

어리석게도 나는 불혹의 나이를 넘기고서야 '색色'이 '빛'이라는 사실을 알게 되었다. 평생을 색 연구에 몰두한 색채학자의 강의를 우연히 듣게 된 이후였다. 그는 첫 강의에서 '색은 빛의 장난'이라고 말했다. 색은 물체가 반사하는 특정한 빛이라는 말이다. 파란 빛을 반사하는 물체는 파란색으로, 빨간빛을 반사하는 물체는 빨간색으로 보이는 것이다. 파란 하늘색, 한문으로는 흔히 '남藍색'으로 일컫는 '쪽빛'에 대한 궁금증도 풀렸다. 파란 물감을 '쪽풀'이란 식물에서 얻기 때문에 '쪽빛'이라 불렀다. 녹색을 띠는 쪽풀은 여러 과정을 거치면서 남색으로 변한다.

전혁림 미술관으로 가는 길은 통영 바다의 푸른 빛깔을 잘 보여준다. 이 여정은 같은 통영 바다라도 보는 곳에 따라 달라질 수

있음을 일러준다. 미술관은 미륵산 기슭의 봉평동에 자리해 있는
데, 전혁림 화백이 30년 동안 생활하던 자택을 개조해 만들었다.
강구안에서 이곳으로 가려면 충무교를 건너야 한다. 통영항 쪽에
서 똑바로 이어져온 해안길이 잠시 멈춰 꺾어지는 당동에서 미륵
도까지 가장 좁은 해협이 펼쳐져 있다. 이 물길이 바로 통영 운하
이며, 위로는 1967년에 건립된 충무교가 지나가고 있다. 충무교 위
에서는 서쪽으로 거대한 통영대교를, 동쪽으로는 통영항과 이 항
구를 드나드는 배들을 볼 수 있다. 특히 이곳의 운치는 밤바다를
바라보는 데 있어, 해안도로를 따라 빛줄기가 바다에 닿아 출렁이
는 모습이 아름답다. 이 일대의 풍경을 두고 호사가들이 '통영은
한국의 나폴리'라는 말을 만들어냈다. 하지만 세계의 유명한 관광
지를 우리나라의 명소에 끌어들여 붙이는 표현은 왠지 마음이 불
편하다. 무슨 까닭에 통영의 제 색깔을 나폴리로 덧씌우는가. 같
은 미항美港이라 해도 이탈리아의 나폴리와 한국의 통영은 항구의
역사성에서나 아름다운 풍경에서나 나란히 놓고 볼 수 없는 점이
한두 가지가 아니다.

봉평 오거리에서 미륵산 방향으로 올라가면 주택가 가운데에
외벽을 도자기 타일로 장식한 전혁림 미술관이 확연히 눈에 띈다.
외벽에 붙어 있는 1만5000장의 도자기 타일들은 전혁림의 작품
을 재구성해서 만든 것이란다. 수백억의 국비를 들여 세운 미술관
보다 이렇게 예술가의 손때가 묻은 작은 미술관이 그 가치가 훨씬
더 높아 보인다. 이 미술관에는 전혁림의 작품 외에 유품들도 같
이 전시되어 있어 그의 살내까지 풍겨온다. 전혁림은 1915년 통영
에서 출생해 영면하기까지 70년이 넘는 세월을 고향에서 지내며

색깔 있는 그림을 그린 외골수의 화가다. 그는 이곳에서 머물면서 고집스럽게도 통영 바다와 그 색깔, 사물과 문화유산들을 창작의 원천으로 삼았다. 이렇게 통영을 고집한 그의 작품이 프랑스 미로 미술관에서 개최한 '한국 빛깔의 신비전'에 초대되는 등 세계 미술의 중심에서도 인정받는 것을 보면 통영적인 것이 한국적이요, 한국적인 것이 세계적이라는 등식이 입증된 셈이다.

그의 작품은 추상과 구상이 적절히 조화를 이루고 있다. 그래서일까. 추상을 지향하는 작품에서조차 난해함보다는 친근함이 느껴진다. 그의 작품세계에는 일관된 흐름이 있다. 굵고 간략한 짜임새와 화려한 원색들, 그리고 고향의 전통적인 사물들이 변치 않고 등장한다. 전혁림은 유화에서는 사용하지 않던 오방색(파랑·빨강·노랑·하양·검정)을 과감하게 썼다. 1층에 전시된, 아흔 살의 나이에 그린 「기둥과 목어」(2005)에서 드러나듯이 그의 작품에서는 전통적인 오방색이 살아 있다. 이는 통영의 자연을 장식한 푸른 바다와 붉은 동백꽃, 세병관과 충렬사의 단청, 그리고 이름 없는 화가들이 그린 민화작품에서도 잘 나타난다.

전혁림의 오방색 속에서 가장 빛나는 색깔은 단연 파랑이다. 그의 파랑은 노랗고 새빨간 빛깔마저 모두 감싸 안으며 바다 빛으로 만든다. 그가 푸른빛을 얼마나 즐겨 썼는지는 유품을 전시한 2층으로 올라가면 바로 알 수 있다. 붓과 물통, 팔레트가 모두 파랑으로 떡칠이 되다시피 했다. 심지어 그가 신었던 실내화도 온통 푸르게 변했으며, 패널의 사진 속에서도 붓을 들고 있는 그의 손이 파랗게 물들어 있다. 도자기를 수놓은 그림에서도 여전히 푸른색이 빛을 발한다. 1950년대 부산의 대한도기회사에서 근무한 경

전혁림 미술관에 전시된 「기둥과 목어」다. 전혁림은 전통적인 오방색을 잘 사용했으며, 고향의
사물들을 주된 소재로 삼았다.

험이 있는 터라 그는 도자기와 타일에 그림을 접목시켜 작품을 만들었다. 푸른 물고기가 도자기 표면에서 자유분방하게 놀고 있는 어문항아리에서 보이듯이 도자기 그림에서도 푸른 바다의 이미지가 출렁이고 있다.

이토록 푸른 빛깔에 빠져들었건만 전혁림에게 통영 바다는 늘 동경과 그리움의 대상이었다. 죽는 날까지 왕성하게 창작활동을 했던 그는 아흔 살이 넘어서도 통영 바다를 손에서 놓지 않았다. 백 살을 앞둔 전혁림은 '통영 항구와 미륵산을 중심으로 그림을 그리는 게 좋고, 다도해와 많은 섬에는 변화가 있어 재미있다'고 했다. 통영 바다를 그저 푸른빛으로 보는 우리와 달리 전혁림은 다양한 변화와 빛깔을 감지했던 것이다. 그건 통영 바다의 빛깔을 여러 색으로 읽어냈던 김춘수와 매한가지다. 볼 때마다 다른 모습과 빛깔을 띠는 통영 바다야말로 전혁림의 화심畫心을 충동질하는 에너지였다.

평생 통영 바다를 보면서 그 빛깔을 그렸던 전혁림은 행운의 예술가다. 통영 바다와 고향에 대한 그리움을 잊지 못해 한국적 빛깔이 물씬 풍기는 음악을 만들면서도 죽는 날까지 통영에 오지 못한 윤이상에 비한다면야……. 통영시 도천동의 생가 위에 지어진 윤이상 기념공원의 전시관에 가본 뒤로 나는 통영을 향한 그리움의 빛깔이란 이런 것이구나 하고 체감했다.

군사 정권 시절 그는 빨간 딱지가 붙어 숱한 공격을 받았다. 그럼에도 불구하고 윤이상은 먼 유럽에서 고향 통영의 빛깔을 품은 채 150여 곡의 위대한 음악을 내놓아 세계적인 거장이 되었다. 어렸을 적 들었던 통영의 소리는 그가 작곡하는 데 영감을 주었다.

고향 통영을 음악적 영감이자 자산의 원천으로 삼았던 윤이상.

아버지를 따라 나서 밤낚시에서 들었던 어부들의 남도창, 논에 물을 댈 때 들렸던 개구리의 혼성 합창은 모두 그의 음악적 자산이었다. 한국 문화를 세계에 알린 오페라 「류퉁의 꿈」이나 「심청」은 이런 통영의 소리와 한국적 소재를 버무려 만든 작품이다.

그는 죽은 뒤에야 유품이 되어 통영 땅으로 돌아왔다. 전시관에는 그가 직접 연주했던 첼로를 비롯해 여러 유품이 전시되어 있다. 그의 작업실을 연출한 벽면에는 통영을 촬영한 긴 사진이 있었다. 그 통영 사진에 대해 궁금해진 나는 전시 설명을 해주는 직원에게 물어봤다. "저 사진도 윤이상 선생님의 것입니까?" "예, 저 사진은 침실에 두고 늘 보시던 겁니다. 하루는 이화여대 황병기 교수가 윤 선생님을 방문해서 그러더랍니다. '윤이상 선생님, 세계 최고의 음악 국가인 독일에서 활동하시니 얼마나 영광입니까.' 그때 윤 선생님이 저 사진을 가리키며 이렇게 말했다고 합니다. '황 교수님, 대한민국의 통영만 하겠습니까?'" 이는 통영에 대한 그리움이 묻어나는 일화다. 통영의 빛깔로 세계적인 음악을 만들고, 고초와 시련 속에서도 자신의 빛깔을 버리지 못한 윤이상, 그는 진정 통영의 후예였다.

02

내 안의 보배,
이 뭐꼬

: 순천 송광사

✤ 보배를 만나러 가는 길

전남 순천의 송광사로 가는 길은 한마디로 보배를 찾아가는 행로
다. 그것도 가을의 주인공인 10월에 송광사로의 여정은 그 자체가
보배라 할 수 있다. 문길 삼거리에서 18번 국도를 타고 들어가 장
동마을을 지나칠 제 자연이 준 값진 길로 입문하게 된다. 서쪽의
모후산과 동쪽의 조계산이 만나 인연을 맺고 그 사이로 길고 깊은
계곡을 모아주었다. 산에는 가을의 주황빛이 점화되어 있다. 이별
이 아쉬워 기웃거리는 푸른 기운은 남았어도 붉게 타들어가려는
가을은 이제 머뭇거릴 틈이 없었다. 속세의 모든 인연을 끊고 오직

구도의 길을 걷고자 산사로 향하는 속인의 마음도 이랬을까. 출가하는 고통을 넉넉히 품어 깨달음으로 인도하는 부처의 마음처럼 송광사로 가는 길의 산줄기는 순후하고 자비롭게 흘러갔다.

내게 보배는 무엇일까. 송광사 길에서 으레 던져야 할 실문이다. 보배는 보석과 다르다. 보석은 빛깔과 광택이 뛰어나 주로 장신구로 사용되는 반면, 보배는 소중하고 귀한 물건으로서 사람마다 여기는 바가 다르다. 꼭 물건이 아닐 수도 있다. 누구나 부모 입장에서 보면 제 자식이 제일 귀한 보배다. 그렇기에 내겐 보배이지만 다른 사람에겐 아닐 수도 있는 것이다. 그 무언가에 담긴 자신의 의미와 추억이 그것을 보배롭게 만드는 참된 가치다.

사찰의 보배를 언급하려면 팔만대장경과 빨래판 일화를 되짚지 않을 수 없다. 법정 스님이 해인사에 머무를 때, 한 관광객이 팔만대장경이 보관된 장경판전을 돌아본 뒤에 나오면서 "팔만대장경은 없고 빨래판만 있네"라고 말했다. 이를 들은 스님이 그 안에 모셔진 팔만대장경을 못 보셨느냐고 묻자 그 관광객은 다시 "빨래판만 잔뜩 있더라"고 대답했다. 이에 충격을 받은 법정 스님은 팔만대장경이 더 이상 빨래판으로 보이지 않도록 쉬운 말로 옮기는 번역 작업에 들어갔다고 한다. 팔만대장경과 이를 보관한 장경판전은 우리나라 문화유산을 대표한다. 팔만대장경은 유네스코에서 지정한 세계기록유산이며, 장경판전은 세계문화유산이다. 보배 중 보배임에 틀림없다. 그럼에도 불구하고 세계적 유산의 가치를 모르거나 그 가치가 쉽게 전달되지 않는다면 보물도 빨래판이 되고 마는 것이다. 보배를 보배답게 해주는 게 곧 사람의 따스한 손길이요, 지난한 노력이다.

그저 깊은 산줄기를 따라 가는 고즈넉한 산길이었다면 감히 보배란 말을 쓸 수 없다. 송광사 길의 가치를 한껏 높여준 것은 주암호였다. 산은 호수를 품고, 호수는 산을 머금었으니 송광사로 가는 길은 한시도 눈을 뗄 수 없는 값진 정경이다. 산 사이를 넓고 깊게 파고든 주암호는 거대한 지혜의 그릇처럼 하늘과 구름을 웅숭깊게 담고 있다. 눈 푸른 납자의 흔들림 없는 수행처럼 고요하면서도 묵직한 깨달음을 물빛 거울로 비춰줬다. 잔잔한 강바람이 불자 농익은 갈대와 푸른 물풀들이 몸을 눕혔다 다시 일으켰다. 가을 바람을 탄 수면의 물결이 나이테처럼 일어 지나간 세월을 잠시 드러냈으나 깊게 팬 주암호는 꿈쩍도 하지 않았다. 궁금증이 일었다. 주암호의 짙푸른 물속에는 어떤 마음이 있는지.

슬픈 추억이 이글거리며 올라왔다. 빼어난 호반의 경치가 조성되기 위해서 이곳 주민들은 보배 같은 고향을 잃었다. 주암호는 1991년경 전남 주민들에게 용수와 전력을 공급하기 위해 보성강의 협곡을 막아 주암댐을 건설하면서 인공호수로 탄생했다. 하나를 얻으면 다른 하나를 잃는 게 자연의 법칙이다. 주암댐으로 인해 수백 년 삶의 터전이었던 49개 마을이 수몰되었으며, 이곳에 거주하던 수천 명의 주민이 뿔뿔이 흩어졌다. 송광사 삼거리 아래에 있었던 신흥리 오미실五味實 마을도 호수 아래로 깊숙이 잠겼다. 강변에서 20여 호의 주민들이 모여 오손도손 살던 오미실 마을은 댐 건설로 인해 일대가 물에 잠기자 주민들도 하나둘 정든 마을을 떠나갔다. 그리고 지금 이들 주민의 오랜 삶과 이야기는 깊은 호수 속에서만 옹알거리고 있다.

송광사 길은 삼거리에서 주암호와 이별한 뒤 본격적으로 조계

팔만대장경을 보관하고 있는 해인사의 장경판전이다. 해인사는 불교의 가르침을 기록한 팔만대장경을 보유한 사찰로서 법보사찰이다. 장경판전은 목판을 보관하기 위하여 15세기경에 지어진 것으로 추정된다.

해인사의 장경각藏經閣을 위에서 내려다본 전경이다. 가야산 자락에 둘러싸인 장경각의 풍경이
아름답고 운치 있다. 사찰의 장경각은 대개 책이나 목판을 보관하는 장소다.

산의 계곡을 타고 들어갔다. 전라도로 뻗어온 호남정맥은 곡성에 이르러 동리산(봉두산)이 되었고, 이 줄기가 다시 서남쪽으로 가지를 쳐 순천의 조계산이 되었다. 조계산의 산줄기는 온화한 성품으로 높지도 거칠지도 않으며, 남쪽의 따뜻한 기후와도 잘 맞아 이 일대는 소강남小江南으로 불리기도 했다. 조계산은 부처의 불법이 발원하는 곳인지라 장군봉을 가운데 두고 서쪽에는 송광사, 동쪽에는 선암사가 창건됐다. 송광사와 선암사는 각각 조계종과 태고종에 속한 도량道場으로 우리나라를 대표하는 고찰이자 조계산 자락이 품은 두 보배다. 선암사에서는 뜻하지 않은 분규가 일어나기도 했지만 앞으로는 한국 불교의 화합과 발전이 조계산 자락에서 움트기를 자못 기대할 수 있는 곳이다.

불교에서 세 가지 보배는 불법승佛法僧, 즉 부처님과 가르침 그리고 스님을 가리킨다. 이는 종교를 구성하는 신과 경전 그리고 사제에 해당되는 것이니 불교의 기본 바탕이라고도 할 수 있다. 그런데 우리나라에서 이 불교의 보배를 지닌 3대 사찰이 있다. 다들 유구한 역사를 지닌 천년 고찰로서 불교의 세 보배를 갖추고 있다 하여 '삼보사찰三寶寺刹'이라 부른다. 부처님 진신사리를 보유한 통도사, 불교의 가르침을 기록한 팔만대장경이 있는 해인사, 훌륭한 스님들이 나와 불교의 승맥僧脈을 잇게 해준 송광사가 바로 그곳이다. 이것이 통도사를 불보佛寶사찰, 해인사를 법보法寶사찰, 송광사를 승보僧寶사찰이라 일컫는 이유다. 송광사는 보조국사普照國師 지눌知訥 스님 이후로 우리나라 불교를 이끄는 큰 스님들이 맥을 이었으니 조계산의 빛나는 보배는 다름 아닌 스님들이며, 깨달음으로 맺힌 승맥이야말로 구슬을 꿰어 만든 보배다.

✤ 보배를 물로 씻어내다

이슬 공기를 투과한 햇볕이 부옇게 번지는 아침이었다. 2차로 좁은
도로가 넉넉하고 여유 있을 만큼 인적이나 차량이 드물었으니 산
사로의 답사는 이럴 때 제맛이 난다. 도로 마디마디를 허하지 않
게 채워준 굽은 벚나무들이 이따금 붉게 물든 자신의 나뭇잎 하
나를 떨어뜨려주었다. 엉겁결에 나뭇잎을 물은 산바람은 멀리까지
날아갈 태세로 달리다 도로 곁으로 흐르는 냇물에 방생하고는 어
디론가 사라졌다. 주차장과 식당이 몰려 있는 송광사 입구는 아직
까지 등산객들로 번잡스럽지 않아 운치가 있었다. 맑은 공기와 고
즈넉한 분위기에 몸이 가벼워졌기 때문일까. 첫 번째 홍예교 위에
세워진 청량각淸涼閣을 지나 고승과 공양주들의 비석이 모여 있는
비림碑林을 통과해 일주문까지 이르렀는데 한걸음에, 한 호흡에 온
것같이 몸이 가뿐했다.

송광사 권역으로 들어서는 진입로에는 빛깔은 바랬어도 중층
으로 화려하게 꾸며진 다포 형식의 일주문이 마음을 열고 있었다.
맞배지붕 아래에 걸린 '조계산 대승선종 송광사曹溪山 大乘禪宗 松廣寺'
라고 적힌 푸른 현판은 이곳이 선종의 전통을 이어받아 무엇보다
참선과 깨달음을 중히 여기는 도량임을 말해주고 있었다. 일주문
안으로 들어가면 낮은 담 안에 지어진 작은 건물 2동이 마주하고
있다. 모두 정면 1칸, 측면 1칸의 작고 귀여운 건물로 하나는 북향,
다른 하나는 동향을 바라봐 전체적으로는 'ㄱ'자로 배치되어 있다.
이 두 건물의 이름은 세월각洗月閣과 척주당滌珠堂이다. 마을신을 모
시는 옛 마을의 제당과 비슷해 보여 안을 들여다봤지만 텅 비어
있을 뿐이다. 다른 사찰에서는 찾아보기 어려운 이 건물은 혼백을

씻겨서 깨끗이 하는 이른바 영혼 목욕탕이다. 즉, 불교 의식인 재齋를 올릴 때 영혼을 정화시키는 관욕처灌浴處로 사용된다. 세월각은 여자 영혼, 척주당은 남자 영혼을 목욕시켜 속세의 때를 벗겨낸다. 영혼에도 엄연히 남녀 구분이 있으므로 함께 목욕할 수는 없는 법이다. 그런데 남녀 영혼의 목욕탕을 맞배지붕이 서로 맞닿을 정도로 가까이 배치한 것은 타고난 남녀의 성정性情을 인정한 까닭에서일까.

다시 샛담을 나와 주변을 살펴보니 더러운 몸을 씻어내고 마음의 때를 벗겨낼 수 있음직한 그런 아름다운 공간이 있다. 일주문 안쪽의 풍경은 송광사에서 가장 빼어난 경치로 알려져 있다. 조계산의 신평천은 비룡폭포에서 낙수로 떨어져 이내 아름다운 곡수가 되어 굽이굽이 흐르다가 송광사 사역寺域을 둥그렇게 감싸고 삼청교 아래로 흘러간다. 개울가에 자리잡은 송광사의 건물들은 자연을 관조하며 번뇌와 망상을 씻어내는 누각 역할도 한다. 가장 위쪽에 위치하며 스님들의 다목적 공간으로 사용됐던 건물은 경내 쪽으로는 「사자루獅子樓」, 냇가 쪽으로는 「침계류枕溪樓」라는 현판을 달고 있다. 침계류는 '개울을 베고 누운 다락'이란 뜻이다. 침계류에 잠시 누우면 졸졸 흐르는 물소리로 잠을 청할 수 있으니 개울이 곧 베개가 아니고 무엇이겠는가. 냇가에 이중으로 단을 쌓고 그 위에 굵은 기둥 8개를 두어 건물을 받치고 있는데, 칸마다 밖을 내다볼 수 있는 덧창을 달았다. 망상이 찾아올 때면 이 창호를 열고 무던히 흐르는 냇물을 보면서 잡념을 씻어낼 수 있으리라. 개울을 베고 누운 다락일 뿐만 아니라 개울을 담아 씻는 누각이기도 하다.

송광사 사찰 경내로 들어가는 삼청교 일대의 전경이다. 삼청교를 건너기 전 다리 아래로 흐르는 맑은 계곡물에 마음의 때를 씻어내야 한다. 신도들도 시상이 절로 떠오르는 아름다운 이곳에서 머물며 떠나질 못한다.

중앙에는 천왕문으로 연결되는 삼청교를 가설했고, 그 위엔 우화각羽化閣을 지었다. 이 삼청교와 우화각은 전라남도 유형문화재 제59호로 지정되었다. 시상이 절로 떠오르는 이곳의 풍경에 푹 빠진 신자들은 기둥을 가로지른 의자에 길터앉아 띠니질 못한다. 우화羽化는 날개가 생겨 하늘로 날아간다는 뜻이다. 이를테면 속세의 때를 벗겨내 몸이 가벼워져 하늘로 날아가는 신선이 된다는 것이다. 숙종 때 처음 세워진 삼청교는 무지개처럼 생긴 홍예교로서 일명 '능허교凌虛橋'라고도 한다. 멀리서 바라보면 지상의 홍예와 물속의 홍예가 연결되어 둥그런 형상이다. 잔물결이라도 없었다면 무엇이 실재이고 무엇이 허상인지 구분할 수 없었을 것이다. 삼청교는 속세와의 인연을 끊고 깨달음을 유도하는 다리다. 사찰 경내로 이어지는 유일한 통로이므로 대웅전으로 가려면 꼭 지나쳐야 한다. 경내로 진입하기 전, 맑은 계곡물 위에 삼청교와 우화각을 세우고 이곳을 경유하게 한 것은 나에게 묻은 이물을 씻어내고, 원래의 빛깔로 돌아가게 하기 위함이 아닐까.

우화각 아래쪽 임화당은 과거 요사채로 사용되었던 건물로 냇가 쪽으로 누마루를 돌출시켰고, 누각의 아래 기둥은 물속에 발을 담그게 했다. 이 건물에는 「육감정六鑑亭」과 「삼청선각三清僊閣」이라는 편액이 나란히 걸려 있다. 육감六鑑은 인간의 육근六根(눈·귀·코·혀·몸·마음)을 고요히 하여 거울처럼 육진六塵(색깔·소리·향기·맛·촉감·법)을 밝게 비춤으로써 번뇌를 씻어내라는 불교의 뜻이요, 삼청은 도교에서 신선이 사는 세계를 표현한 말이다. 깨달음의 경지에 이른다면 불교나 도교는 두 개가 아닌 하나인 것이다. 가는 길은 달라도 목적은 하나다. 내 안의 보배에 묻어 있는 티끌과 먼

지를 깨끗이 닦아내 진실한 광채가 난다면 그것이 신선이요, 그것
이 부처다.

✤ 조계산의 보배 탄생기

하늘에서 내려다본 송광사는 마치 조개 속 진주처럼 조계산 틈에
파묻힌 형국이다. 동쪽과 서쪽에서 조계산 자락이 내려와 좌청룡
우백호로 송광사를 감싸 안았다. 이 일대는 풍수적으로는 도인이
많이 날 자리라 한다. 사찰 터는 남북으로 길게 늘여진 타원형으
로 그 안에 50여 동의 전각이 오밀조밀하게 모여 있다. 대웅보전을
중심으로 전각 밀집도가 높은 가람 배치다. 입구인 일주문부터 사
찰의 중심인 대웅보전까지 거리가 아주 짧은 데다 대웅보전을 구
심으로 해서 건물들이 동심원 모양으로 에워쌌다.

　사찰 영역은 크게 상단, 중단, 하단의 세 구역으로 구분할 수
있다. 상단 영역에는 무엇보다 선종 계열의 승보사찰로서 송광사
를 대표하는 건물들이 있다. 석축을 높게 쌓아 일렬로 배치한 하
사당下舍堂(보물 제263호), 설법전說法殿, 수선사修禪社, 국사전國師殿(국
보 제56호) 등은 송광사를 상징하는 전각들이다. 수선사처럼, 스님
들이 화두를 들고 용맹 정진하는 선방을 상단에 둔 이유는 송광사
가 참선과 깨달음을 중시하는 도량이기 때문이다. 국사전은 승보
사찰을 상징하는 건물이다. 조선 초기에 건립된 이곳은 정면 4칸
의 맞배지붕으로 고려·조선 국사國師들의 영정을 모신 전각이다.
고려 조정에서 최고의 승려로 선정한 15명의 국사와 고봉선사로
이어져온 송광사의 승맥은 우리나라 불교의 보배다.

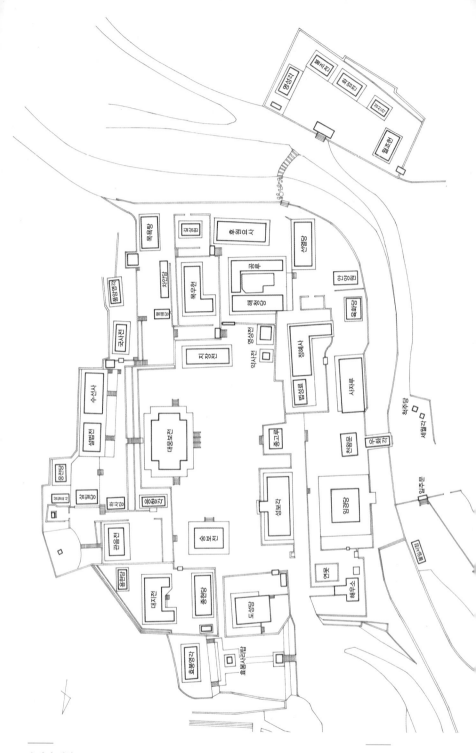

송광사 배치도.

산 위에서 내려다 본 송광사의 모습이다. 전각들이 오밀조밀하게 모여 있다. 조계산에
파묻힌 송광사는 조개 속 진주처럼 빛나고 있다.

고려시대 보조국사 지눌은 송광사의 첫 번째 국사로서 승보사찰의 터전을 닦았다. 관음전 옆길로 가서 가파른 계단을 올라가면 송광사에서 제일 높은 위치에 1210년 보조국사가 입적한 이후 세운 석조 승탑僧塔이 있다. 승탑은 스님들이 돌아가신 이후에 사리나 유골을 안치한 묘탑이다. 이 묘탑은 고려 희종으로부터 감로탑이라는 이름을 받았기에 '송광사보조국사감로탑'(전라남도 유형문화재 제256호)이라 한다. 아래는 사각형으로 기단부를 쌓고, 원구형의 몸돌을 올린 후에 처마부가 위로 치켜 올라간 옥개석을 씌웠다. 이 감로탑은 별다른 꾸밈 없이 소박한 분위기를 자아내는데, 상단의 옥개석에서 약간의 맵시를 주었기에 경쾌한 기분을 안겨준다.

보조국사 지눌은 이 승탑을 통해 송광사를 굽어보고 있다. 조계산의 부드러운 산세가 포근하게 송광사를 감싸고, 서로 어깨를 겨룬 전각의 지붕들은 기세가 등등하지도, 그렇다고 움츠리지도 않은 채 산등선과 알맞게 조화를 이루고 있다. 하사당 지붕의 용마루에서 솟게 만든 덧지붕이 시선을 끌지만 송광사 지붕선의 조화로운 리듬을 깨는 것은 아니다. 타락한 고려 불교를 다잡고자 정혜결사定慧結社에 앞장선 보조국사는 제자 수우守遇로 하여금 결사를 해나갈 마땅한 장소를 찾게 했다. 수우가 송광사 땅에 다다랐을 때는 이미 다른 사찰이 있었다. 신라의 혜린 스님이 처음 사찰을 창건한 이래 길상사吉祥寺라는 절이 있었고, 당시에는 조계산을 송광산이라 했다. 이 땅에서 불교의 도약을 꿈꾼 보조국사는 근 9년에 걸친 공사를 진행해 1205년에야 중창을 마쳤다. 사찰의 이름은 수선사로, 그리고 산 이름은 조계산曹溪山으로 바꾸었다.

　　　　　　　　　　　　　　　　　문화유산 일번지

송광사 불일보조국사감로탑, 전라남도 유형문화재 제256호, 1213, 송광사.

「보조국사 진영」, 134.8×77.4cm, 보물 제1043호, 1780, 송광사. 고려시대 보조국사 지
눌은 송광사의 첫 번째 국사다. 그는 승보사찰의 터전을 닦은 인물로서 송광사가 위대한
국사들을 계속해서 배출하는 원천이 되었다.

정혜결사의 발원을 위해 수선사를 중창하기까지는 반발도 만만치 않았던 듯하다. 송광사에서는 보조국사와 도둑 무리가 싸움을 벌인 전설들이 전해오는데, 실은 이 도둑들이 길상사에 머물렀던 승려들로 보인다. 보조국사가 이곳에서 도둑들을 쫓아내려 하자 그들이 보조국사의 신통력을 시험하기 위해 살아 있는 물고기를 공양했다. 보조국사가 태연히 이 물고기를 삼켜버리자 그들은 스님이 살생을 했다며 박해를 가하려 했다. 이때 보조국사가 "너희는 알 바가 아니다"라고 하며 냇가로 나가 삼켜버린 물고기들을 전부 게워냈다. 놀랍게도 산 물고기들이 그대로 나와 현 삼청교 아래에서 약동하며 놀았다고 한다. 이것은 사찰의 중창에 대한 반발뿐만 아니라 낡고 병든 불교를 다시 세우려는 보조국사의 개혁에 대한 반대가 심했던 상황을 비유한다.

보조국사의 배에서 죽은 줄로만 알았던 물고기가 다시 튀어나와 송광사에서 약동하는 것은 보조국사 사상의 요체인 정혜쌍수定慧雙修가 힘찬 기지개를 켰음을 의미한다. 보조국사는 산란한 마음을 참선으로 집중하는 선정禪定과 이를 기본으로 사물의 본질을 깨닫는 지혜智慧를 고루 닦아야 한다고 주장했다. 보조국사는 혼탁한 고려의 불교를 다시 정립하기 위해서는 무엇보다 마음을 닦는 불교의 기본으로 돌아가야 함을 설파했다. 고려 왕권과 유착해 막강한 기득권을 지닌 불교는 속인들보다 더한 욕망과 이익에 빠져 있었다. 이런 세속을 탐하는 불교를 타파할 수 있는 유일한 길은 제 자신이 부처임을 깨닫고 스스로 마음을 닦는 기본 정신으로 돌아가는 것이었다. 보조국사의 "땅에서 넘어진 자 땅을 짚고 일어나라"는 정혜결사문의 첫 번째 포고는 여전히 경종을 울린다. 선

종 출신인 보조국사는 선종에 편벽됨 없이 오랫동안 경전을 섭렵
했을 뿐 아니라 선과 교를 아우르기 위해 노력했다. 그의 실천은
한국 불교에서 "선은 부처님의 마음이요, 교는 부처님의 말씀"이라
는 교훈으로 집약되었으며 지금까지 선교 회통의 원리로 작용하고
있다.

✤ 송광사의 명물 세 가지

송광사의 스님들은 목우가풍牧牛家風을 따라 수행에 힘쓰고 있다.
목우가풍은 보조국사의 호인 목우자牧牛子에서 유래했다. 보조국
사는 느리지만 우직하게 걷는 소걸음 실천으로 잘 알려져 있다.
또 보조국사의 삶을 '소걸음 호랑이 눈牛行虎視'으로 표현하기도 한
다. 보조국사는 몸 전체를 돌려서 보는 호랑이처럼 세상을 직시하
고, 무거운 몸에도 우직하게 뚜벅뚜벅 걸어가는 소처럼 살았던 것
이다.

　이런 목우가풍이 이어지다보니 송광사에는 여느 사찰과는 달
리 없는 것 세 가지가 있다. 하나는 석탑이요, 둘은 주련柱聯이며,
셋은 풍경風磬이다. 실제로 송광사에 가보면 경내에 세워진 석탑을
볼 수 없고, 전각의 기둥과 벽에 좋은 글귀를 적은 주련도 찾기 어
렵다. 또 처마 밑에 달려서 바람이 불면 청아한 울림을 내는 풍경
소리도 들을 수 없다. 사찰에서 흔히 볼 수 있는 세 가지가 없는
이유는 목우가풍을 따라 오직 마음 닦는 것을 중히 여기고, 나머
지는 불필요하게 여겼기 때문으로 보인다. 깨달음을 밖에서 찾지
않고 내 마음에서 모든 것을 해결하려는 보조국사의 가르침을 그

대로 따라 실천한 것이니 송광사의 삼무三無는 곧 삼보三寶다.

송광사에는 명물 세 가지도 있다. 이는 곧 비사리구시, 능견난사, 쌍향수다. 대웅보전 우측의 승보전僧寶殿 처마 아래에 전시된 비사리구시는 멀리서 보면 통나무배 같다. 이것은 느티나무의 속을 깎아 만든 거대한 밥통이다. 4000명분의 밥을 여기에 담았다고 하는데 송광사에서 치렀던 행사에 얼마나 많은 대중이 참석했는가를 짐작케 한다. 지금은 인근 복지시설을 돕기 위해 '사랑의 동전 한 닢'을 담는 돈통으로 한몫하고 있으니 여태껏 대중을 위한 명물로 역할하고 있는 셈이다.

곱향나무 두 그루가 나란히 있는 쌍향수는 천연기념물 제88호다. 이 나무는 송광사 영역에 있는 것이 아니라 송광사에 속한 암자인 천자암에 있다. 800여 년의 세월을 견디며 육중해진 몸매뿐 아니라 두 그루가 붙을 듯 서 있는 모습도 특이하다. 더구나 소라고동의 나선형 껍질처럼 굵은 몸체에 나무줄기가 빙빙 감겨 있는 형태도 기묘하다. 전설에 따르면 보조국사와 담당국사湛堂國師가 중국에서 돌아와 꽂은 향나무 지팡이 두 개가 뿌리를 내려 쌍향수가 되었다고 한다.

능견난사(전라남도 유형문화재 제19호)는 송광사 성보박물관에 소장된, 얇은 동철銅鐵로 만든 접시 세트다. 이 접시는 금나라의 장종章宗이 보조국사가 황후의 병을 낫게 한 것에 감사하여 보낸 선물이라 한다. 이때 장종의 셋째 아들도 함께 왔는데, 그가 송광사 9세 국사인 담당국사다. 이 접시는 원래 응기應器라고 했으며, 지금은 29점에 불과하지만 당시에는 500여 점이 있었다. 수많은 접시를 가지고 포개는 순서를 이렇게 저렇게 바꿔도 신기하게 모두 딱

들어맞았다고 한다. 이를 기이하게 여긴 조선의 숙종 임금이 접시의 주조를 명해 여러 차례 시도했어도 만들지 못했기에 '능히 보고도 그 뜻을 알 수가 없다'는 뜻의 '능견난사能見難思'라는 이름을 붙였다고 전해온다.

세 가지 모두 명물감이긴 한데 송광사의 명물이 된 이유는 잘 모르겠다. 왜냐하면 이런 명물보다 더 이름난 것들이 성보박물관 전시실과 수장고에 숱하기 때문이다. 대웅보전 앞마당에 있는 송광사 성보박물관은 송광사의 보배를 소장한 곳으로 유명하다. 송광사에 가서는 성보박물관에 전시된 목조삼존불감木彫三尊佛龕(국보 제42호)과 혜심고신제서慧諶告身制書(국보 제43호), 고려고문서高麗古文書(보물 제572호)를 꼭 봐야 할 것이다.

「목조삼존불감」, 국보 제42호, 송광사 성보박물관. 목조삼존불감은 석가모니불을 중심으로 양쪽에 문수보살과 보현보살을 조각한 작품이다. 매우 작은 크기임에도 문양과 장식이 세밀히 묘사되어 있으며, 얼굴 표정도 살아 있는 듯 조각되었다.

성보박물관에 전시된 각종 문화유산 가운데 목조삼존불감은 정교하고도 빛나는 조각품이다. 목조삼존불감은 손바닥만 한 작은 크기로, 불감佛龕은 동굴이나 나무를 파서 공간을 확보해 부처님을 봉안한 것을 말한다. 이 목조삼존불감도 중앙에는 석가모니불, 오른쪽에는 문수보살과 왼쪽에는 보현보살을 조각해두었다. 불감 사이에는 경첩을 달았으며, 양쪽에 있는 불감을 덮어서 닫으면 원통형이 된다. 놀라운 사실은 아주 작은 여래와 보살임에도 얼굴 표정이 살아 있는 듯 조각되었고 각종 문양과 장식도 매우 세밀하게 깎아서 불감 밖으로 나와 사바세계에서 움직일 것만 같다는 점이다. 당나라에서 제작된 듯하며, 국가의 경계를 넘어 섬세한 장인 정신에 찬사가 절로 우러나온다. 목조삼존불감은 보조국사가 항상 지니고 다니면서 금이야 옥이야 귀하게 모셨다고 하니 송광사의 빛나는 명물임이 확실하다.

다음은 혜심고신제서, 고려고문서와 같은 송광사의 고려 문서들이다. 우리나라 문화유산 가운데 고려시대 문서는 희귀한 까닭에 역사적 가치가 뛰어나다. 그중에서도 송광사 고려 문서들은 보존 상태가 양호하며, 그 내용도 고려시대의 사회상을 잘 담고 있어 학술적으로도 귀중한 유물이다. 그래서인지 초등학교와 중등학교 교과서에 등장한다.

송광사 혜심고신제서는 비단에 쓴 문서로 고려 고종이 수선사(송광사)의 제2세 진각국사眞覺國師 혜심慧諶 스님을 1216년(고종 3) 대선사로 임명한다는 내용이다. 보조국사의 제자인 진각국사 혜심은 출가하기 전인 1201년 사마시에 합격한 유학자였으며, 고려 후기의 불교에 커다란 영향을 미친 인물이다. 생전에 보조국사는 "내

「진각국사 진영」, 134.8×77.4cm, 보물 제1043호, 1780, 송광사.

가 이미 너를 얻었으니 죽어도 여한이 없다"며 진각국사를 칭찬했고, 자신의 뒤를 이어줄 것을 명했으나 진각국사는 이를 사양한 뒤 지리산으로 종적을 감췄다고 한다. 보조국사가 입적하자 왕명으로 진각국사에게 수선사의 사주社主를 맡게 했다. 이 문서로 진각국사의 학문과 덕망을 확인할 수 있으며, 아울러 고려시대 대선사 제도의 일단을 엿볼 수 있다.

고려 고문서는 수선사의 규모, 전각 현황, 재산 등을 기록한 「수선사형지기修禪社形止記」와 수선사에 노비를 지급한다는 내용의 『노비첩奴婢帖』 2점이다. 이 『노비첩』은 고려시대의 노예제도와 사회상을 잘 담고 있다. 당시는 국가로부터 처형을 당하거나 유배당한 장군가의 노비들을 개인에게 나눠주었다. 그리하여 송광사 제5세 원오국사圓悟國師 천영 스님의 부친인 양택춘梁宅椿도 노비들을 지급받아 출가한 아들에게까지 상속을 해줬다. 하지만 원오국사는 이를 받아 개인적으로 취하지 않고 영구히 수선사에 부속시켰다는 내용이다. 원오국사는 1215년 남원에서 태어났으며, 출가하여 진각국사의 제자가 되었다. 그는 시를 잘 짓고 초서草書가 뛰어나기로 유명했다.

1286년 원오국사가 입적할 때의 일화는 깨달음의 경지를 잘 일러준다. 죽음이 임박했음을 안 원오국사는 삭발하고 새 옷으로 갈아입은 뒤 선상禪床에 앉았다. 이때 한 승려가 물었다. "육신을 벗고 가면 어느 곳에서 서로 보겠습니까?" 원오국사가 대답했다. "도를 구하여 묻는다면 내가 갈 것이다." 이어서 원오국사가 되물었다. "많이 말하지 말라. 태어남은 마치 옷을 입는 것과 같고, 죽음은 옷을 벗어버리는 것과 같으니 벗고 입는 사람은 누구인가?" 마지막으로 "목우자가 말한 천 가지 만 가지가 모두 여기에 있다고 한 것을 보지 못했는가"라는 말을 남긴 채 조용히 이승을 떠났다. 이렇듯 임오국사는 송광사의 첫 번째 국사인 지눌 스님의 유언을 되새겨주고 임종했던 것이다. 1210년 보조국사는 입적하는 날 대중을 모아두고 설법을 했다. 그는 주장자(지팡이)를 잡고 몇 번 내리치면서 "천 가지 만 가지가 모두 이 속에 있느니라"라는 말을 남긴 채 고요히 입적했다고 전해진다.

천 가지 만 가지가 이 속에 있는 보배는 과연 무엇일까. 그것은 송광사의 삼무三無나 명물도, 성보박물관의 갖은 보물들도 아닐 것이다. 보조국사와 임오국사는 모두 자기 안에서 깨달음을 구할 수 있으며, 스스로 마음을 닦아야 비로소 부처가 될 수 있음을 보여주고 떠났다. 보조국사의 유언대로 송광사에서 보배를 찾는다면, 성보박물관의 오래된 보물들이 아니라 내 안에서 빛나고 있는 바로 나 자신일 것이다.

✿ 나를 비우면 보배

승보사찰인 송광사에서는 현대까지 보배 같은 큰스님들을 계속해서 배출했다. 그 가운데 효봉 스님은 보조국사의 정혜쌍수 정신을 계승한 인물로 손꼽힌다. 1962년 통합 종단의 초대 종정을 역임했던 그에게는 '절구통수좌'나 '판사 스님'이란 별명이 붙었다. 한번 참선에 들어가면 미동조차 없고, 엉덩이 살이 짓무르는 것도 모른다고 해서 '절구통수좌'란 별명이 생겼다. 출가하기 전 효봉은 와세다 대학에서 법학을 전공했고, 1914년경 조선인 최초로 법원 판사로 발령받아 재직했다고 하여 '판사 스님'으로도 불렸다.

그런데 임혜봉 스님은 『한국법관사』를 비롯해 근현대 각종 자료를 샅샅이 뒤졌지만 판사 이름으로 효봉의 속명(이찬형)을 찾지 못했다고 했다(『종정열전』). 이렇듯 판사 스님의 진위에 관해서는 논란이 있다. 한편 정작 효봉 스님은 속인 시절의 자신에 대해서 밝힌 적이 없다. 분명한 사실은 효봉 스님이 금강산 신계사 보운암의 석두 스님을 찾아왔을 때 엿장수 행색이었다는 점이다. 그는 3년간 엿장수 노릇을 하던 중 금강산에 왔다가 38세의 늦깎이로 석두 스님에게서 사미계를 받았다. 효봉 스님이 판사 스님이면 어떻고 엿장수 스님이면 또 어떤가. 오히려 팔도를 떠도는 엿장수에서 시작해 한국 불교의 최고봉인 종정까지 되었다는 이야기가 사람들에게 불성의 의미와 진한 감동을 줄 수 있을 것이다.

효봉 스님은 토굴에 들어가 아예 문을 봉한 상태에서 1년 6개월 동안 하루 한 끼 식사와 장좌불와長坐不臥(눕지 않고 늘 좌선함)했던 지독한 수행자였다. 그리하여 그에게서 빛나는 값어치는 판사도 엿장수도 그리고 초대 종정도 아니요, 오직 깨달음을 향한 용맹 정진이었다. 1937년 효봉 스님은 지천명의 나이로 송광사 삼일암으로 와 10년간 머무르면서 많은 후학을 키워냈다. 송광사에 온 지 한 해가 지났을 무렵의 어느 날, 효봉 스님은 고봉국사 꿈을 꾼 뒤 법명을 '원명元明'에서 '학눌學訥'로 바꿨다. 학눌은 지눌知訥을 배운다는 뜻이라니 이는 효봉 스님이 보조국사의 목우가풍을 실천하겠다는 의미요, 송광사 16국사의 뒤를 이어 정혜쌍수의 도량을 만들기 위해 노력하겠다는 포부일 것이다.

『무소유』로 잘 알려진 법정 스님도 효봉 스님의 제자다.

1부 제 빛깔이 아름다운 보배

1975년 법정 스님은 마흔세 살에 송광사의 암자인 불일암으로 와서 17년간 수행했다. 스님은 불일암에서 무소유가 무엇인가를 몸소 보여주었다. 스님이 불임암에 유일하게 남긴 것은 장작으로 만든 의자 하나와 기워 신은 고무신 한 켤레다. 그의 난초에 얽힌 이야기는 보배 같다. 어떤 스님이 홀로 사는 법정 스님에게 난초 하나를 보내줬다. 애지중지 키우던 중 장마 구름이 가득하던 날, 스님은 볼일이 있어 난초를 바깥에 놔두고 암자를 떠났다. 그렇게 한참을 가다보니 갑자기 햇볕이 쨍쨍 내리쬐는 것이었다. 난초 잎이 마를까봐 걱정이 되어서 허둥지둥 다시 암자로 올라갔지만 때는 이미 늦어버렸다. 그때 스님은 말라버린 난을 보면서 무소유의 의미를 깨달았다고 한다. 하나를 가지면 반드시 하나에 얽매이는 법이며, 그게 바로 집착이라는 것이다. 이후 스님은 하루에 한 가지씩 버리기로 다짐했다고 한다. 이 이야기는 내 안의 보배를 찾으려면 무수한 소유물과 집착을 내려놓아야 함을 말해준다.

송광사 경내를 빠져나와 조계산 등산로로 발걸음을 옮겼다. 향로전 담장 앞에는 훤칠한 감나무들이 가지마다 주렁주렁 붉은 감을 달아놓고 떨어뜨릴까 말까 망설이고 있었다. 하지만 가을이 더 익고 감이 더 커지면 감나무도 어쩔 수 없이 쥐었던 감을 놓을 것이다. 자연의 순리에 따르면 결국 이렇게 빈손으로 돌아가는 것이다. 조금 더 올라가자 울창한 대나무 숲이 나왔다. 빽빽하게 모여 위로만 치솟은 대나무들은 푸른 절개를 지키고 있었다. 대나무 사이를 통과한 죽풍竹風에 가만히 귀 기울여보니 그동안 잊고 있던 내 마음이 보였다. 이렇게 아무도 없는 산길을 홀로 걷다보면 자연스럽게 마음도 비워진다.

내 마음은 세상 어느 것과도 바꿀 수 없는 보배다. 우리는 너무 많은 물욕에 휘둘리며, 갖은 잡념을 머리에 인 채 무거운 삶을 살아가고 있지 않은가. 많이 가진 자일수록 탐욕과 망상이 더 일고, 그럴수록 마음에 얼룩이 져서 마음 닦기가 참으로 힘들다. 때와 얼룩으로 범벅된 내 마음은 보배가 아니라 쓰레기에 지나지 않는다. 송광사를 내려오면서 내 마음이 환해진 듯했다. 그곳에서 본 진정한 보배는 성보박물관의 문화유산도, 그리고 훌륭한 16국사도 아니었다. 언젠가는 빈손으로 돌아가야겠다고 마음먹은 나 자신이었다.

03

나를 버리는
걸쭉한 사랑

: 남원 광한루와
　춘향전

✤ 추어탕식 걸쭉한 사랑

추어탕은 온 국민이 즐겨 먹는 음식이다. 예전에는 가을철을 맞아 보양식으로 먹었다지만 지금은 때와 장소를 가리지 않는다. 뜨끈한 국물에 구수한 맛을 낼 뿐 아니라 힘도 북돋운다니 남자라면 너도나도 좋아하건만 여자들은 미꾸라지가 뱀을 연상시킨다며 거북해하기도 한다. 허나 미꾸라지를 삶은 뒤 갈아서 넣기 때문에 실제로 추어탕에서 그 형체를 찾아보기는 힘들다. 그래서인지 우리 집 아이들은 어렸을 때 추어탕에 왜 미꾸라지가 없느냐고 난데없는 질문을 해 적잖이 당황하기도 했다.

경상도 추어탕과 전라도 추어탕은 차이가 있다. 단적으로 비교하면 경상도 추어탕은 맑고, 전라도 추어탕은 걸쭉하다. 이런 음식 문화의 차이는 우리 집 식구에게서도 잘 드러난다. 전북이 고향인 어머니는 미꾸라지를 뼈째 갈아 된장을 풀고 파와 깻잎, 버섯 등 갖은 재료를 넣어 걸쭉한 추어탕을 만든다. 한편 경남에서 자란 아내는 어머니가 보내준 추어탕이 너무 걸쭉하다며 물을 섞어서 다시 끓인다. 국물이 맑고 산초를 넣어 시원하며 칼칼한 맛을 내는, 이따금 처형이 해준 영남의 추어탕을 먹어보면 호남의 추어탕에 재탕을 가하는 아내의 행동에 고개가 끄덕여진다.

하지만 솔직히 말해 추어탕은 호남의 것이 내 입에 맞는다. 추어탕 음식 문화를 이끄는 곳은 전라북도 남원이다. 영호남 따질 것 없이 남원 추어탕집이 전국적으로 분포된 사실만 봐도 알 수 있다. 그런데 추어탕의 진미를 맛보고 싶다면 전국 어느 곳에나 있는 남원 추어탕집이 아니라 남원 광한루원 곁에 있는 추어탕집에 가봐야 할 것이다. 추어탕 거리에는 수십 군데의 음식점이 몰려 있어 어디를 들어가야 할지 갈피를 잡기 힘들다. 한번은 이곳에 가서 '이층까지 올라오셔도 절대 후회하지 않습니다'라는 현수막 내용을 믿고 이층에 자리 잡은 한 음식점으로 올라가 추어탕을 먹어본 적이 있다. 곱게 간 미꾸라지와 푹 삶은 무청 시래기 그리고 들깨 가루로 육수를 낸 푸진 국물에 갖은 재료가 들어간 남원 추어탕은 탕이 아니라 마치 죽 같았다. 처음에는 하도 걸쭉해서 이게 뭔가 싶은 생각으로 먹었는데 차츰 이 걸쭉한 맛에 빠지고 말아 나도 모르게 뚝배기 바닥까지 훑고 말았다. 이때 먹은 추어탕은 누구 말대로 '추억탕'이 되어 잊을 수 없는 맛으로 혀끝에

1부 제 빛깔이 아름다운 보배

남아 있다.

이 추어탕보다 남원 하면 떠오르는 세 글자는 단연 '춘향이'다. 남원은 모든 것이 춘향이 일색이라 해도 과언이 아니다. 춘향테마파크, 춘향로, 춘향 터널 등의 공공시설물은 물론이고 춘향 가게, 춘향 음식점 등 개인 상점들도 춘향이 이름으로 넘쳐나다 못해, 춘향폐차장까지 생겨났다. 그러니 '남원골 춘향이'가 아니라 춘향골 남원'이란 말에 선뜻 한 표를 던지게 된다. 우리 고전문학의 백미로 꼽히는 춘향전을 모르는 사람은 없으니 춘향이를 전면에 내거는 마음에도 수긍이 되는데, 한편으로는 춘향이를 내세우기 전에 지금껏 춘향이가 사랑의 표상이 된 이유도 곰곰이 생각해봤으면 한다. 춘향이가 정말 사랑스런 이유는 조선시대의 흔하디흔한 열녀여서가 아니라 신분을 뛰어넘어 죽음까지 감수한, 당차고 독한 사랑을 보여줬기 때문이다.

나는 이 걸쭉한 추어탕이야말로 춘향이식 사랑을 정의내릴 수 있는 보기라 생각한다. 이름하여 '추어탕식 걸쭉한 사랑'. 추어탕에는 은근하게 감칠맛을 내는 들깨와 햇된장의 고소한 속삭임이 있으며, 자신을 버무려 화려한 멋을 자랑하는 파와 깻잎, 무청 등의 감각적인 매력도 있지만 무엇보다 제 몸을 으깨서 던질 줄 아는 미꾸라지의 철모르는 희생이 있다. 그리하여 춘향이식 사랑이라면 이것저것 따지는 게 아니라 사랑이란 이름을 걸고 자기를 버릴 줄 아는 순수함에 그 요체가 있다. 요즘은 청춘들에게 사랑에 대해 이야기하면서 밀고 당기는 작업의 정수를 가르치는 잔머리식 사랑이 도처에 흔하다. 이렇게 사랑이 맹맹해서야 어떻게 찐득함을 요하는 결혼까지 이어지겠는가. 사랑을 하려면 목숨 바쳐라 정도는 아니어도 춘향이와 이몽룡처럼 자존심을 버리고 자신의 배경도 내던져야 하지 않겠는가. 혹자는 말했다. 남원은 우리 얼 속에서 사랑이라는 한 맛을 우려내는 곳이라고. 이 말에는 춘향이와 이몽룡이 전제처럼 달려 있으니, 싱거운 사랑이 아니라 걸쭉한 사랑을 꿈꾸는 젊은이라면 남원 하고도 광한루원廣寒樓苑으로 발걸음을 옮겨야 되지 않겠는가.

✦ 이몽룡이 광한루에 오른 이유

춘향전이 우리 고전문학 가운데 으뜸이라는 데는 이견이 없다. 춘향전은 원래 판소리로 불리다가 누군가에 의해 소설화되었고, 후에는 문학작품으로 대중적인 사랑을 받고 있다. 그런데 춘향전을 지은 작자는 한 명이 아니라 여러 명이라고 보는 견해가 지배적이다. 무슨 말이냐 하면 춘향전이라는 문학작품이 탄생하기까지 수많은 사람의 입과 글로 전해지면서 여러 이야기가 덧대어졌다는 것이다. 이렇게 숱한 사람의 이야기가 쌓이고 쌓인, 판소리계 문학의 특징을 '적층성積層性'이라 한다. 특히 대중의 사랑을 독차지한 춘향전은 적층성이 높은 까닭에 내용이 조금씩 다른 이본異本이 많다. 예컨대 '열녀춘향수절가' '남원고사' '옥중화' 등이 모두 춘향전 계열의 작품이다. 이렇듯 특정 작가가 쓴 게 아니라 많은 사람이 오랜 세월에 걸쳐 공동으로 창작한 춘향전이야말로 우리 문학최대의 고전이자 우리나라를 대표하는 문화유산일 것이다.

조선시대에 굳은 절개를 보여준 열녀는 수없이 많다. 그저 성리학적 윤리를 선양하기 위한 열녀식 사랑은 대중에게 별 감동을 주지 못한다. 그런데 춘향전은 뜨뜻미지근한 판박이식 사랑이 아니라 열정적이며 경계를 넘는 사랑을 소재로 하기에 더욱 값지다. 춘향전이 대중의 마음을 사로잡는 이유는 신분과 제도를 초월한 결연함을 보여주기 때문이다. 사랑이란 감성에는 이성을 뛰어넘는 무언가가 있다. 어떤 이를 사랑하면 가슴이 벅차고 마음이 떨리며 나도 모르게 뜨거워지는 것은 이성과 윤리, 합리성과 객관성으로 재단하지 못하는 감성이 지배하기 때문이다. 그리하여 사랑이란 두 글자에 완전히 빠진다면 판단력이 흐려져 부와 신분, 지위와 계층으로 구속할 수 없는 세계가 열린다. 요지부동의 강고한 신분사회에서 사대부였던 이몽룡과 하층민이었던 춘향이가 이룬 철벽같

『춘향가』, 19세기경, 서울역사박물관. 춘향전은 우리나라 고전문학 중 으뜸이다. 특히 여러 사람이 창작에 관여한 탓에 내용이 조금씩 다른 이본이 많다.

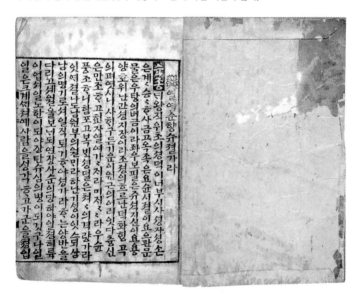

남원 광한루원의 오작교다. 광한루 건축물은 여러 설화를 따서 만들었다. 은하수를 상
징하는 호수 위에 견우·직녀 설화에 등장하는 오작교를 설치했다.

은 사랑은 제도에 짓눌려 진정한 사랑을 펼칠 수 없었던, 심란하고
괴로웠던 연인들의 환호를 받았을 것이다.

　춘향전에서 광한루는 사랑을 엮어내는 장치이자 서로 눈이 맞
는 무대다. 이몽룡이 봄바람에 춘정春情이 발끈하여 광한루에 올
라 그네를 타고 있는 춘향이를 보지 않았다면 둘의 드라마틱한 사
랑이 꿈엔들 있었겠는가. 이는 소설에 나오는 스토리만은 아닐 것
이다. 조선시대 남원 사람들에게 빼어난 경치를 선사해 뭇 사람의
낭만적인 공원으로 사랑받았던 광한루 일대에서는 충분히 가능
하다는 말이다. 하인 방자는 놀기 좋아하는 사또 자제 이몽룡에
게 '남문 밖 나가오면 광한루 오작교 영주각 좋구요'라며 여흥의 장
소로 광한루를 추천해줬다. 조선시대 남원의 옛 지도를 봐도 광한
루는 남원 읍성의 남문 밖을 나서자마자 있고, 광한루 서쪽에 위

치한 호수 위로는 든든한 오작교가 그려져 있다. 오작교에서 쭉 연결된 대로는 곡성이나 구례로 이어져 남원 백성이 숱하게 오가는 큰길이다. 또 광한루 앞에는 시장도 있었으니 이 일대는 아름다운 경관의 낭만적 공간일 뿐만 아니라 물건으로 넘치고 사람들로 붐비는 생활의 집결지였다.

춘향전이 고전이 된 오늘날에도 광한루廣寒樓가 사람들로 북적거리기는 마찬가지다. 실은 광한루보다는 광한루원이라 해야 맞다. 광한루는 일찌감치 1963년에 문화재(보물 제281호)로 등록되었고, 광한루와 오작교, 갖은 부속 건물과 호수를 품고 있는 정원인 광한루원은 2008년에 문화재(명승 제33호)로 지정되었다. 이 광한루원은 남원시를 가로질러 섬진강으로 합류하는 요천蓼川가에 있다. 높은 담장이 에워싼 광한루원은 서남쪽의 모서리를 빼고는 거의 직사각형 꼴이다. 이런 모양은 조선시대의 여느 정원과는 사뭇 달라진 것일 뿐 아니라 이곳의 건물들도 대개 20세기 이후에 세워졌다. 다시 말해 오작교와 자라돌, 그리고 광한루와 영주각을 제외하고는 1970년대에 지어진 건물들로서 역사적 가치는 떨어진다. 그렇더라도 이곳은 남원을 상징하는 문화유산인 데다 춘향전을 배경으로 하기에 연일 남원 시민들과 관광객으로 넘쳐난다. 광한루원에서는 손잡고 팔짱 낀 젊은 연인들을 흔히 볼 수 있어 춘향전의 뒤를 잇는 연인들의 이야기 탄생이 기대된다.

광한루는 정면 5칸, 측면 4칸에 팔작지붕을 얹은 2층의 누각 건물이다. 광한루 본루 동쪽에는 온돌방이 있는 익루翼樓가 딸려 있다. 아래층을 잘 보면, 본루가 휑하니 뚫려 있는 것과 달리 익루에는 흙과 돌로 세운 벽체가 있다. 익루는 온돌방을 들이기 위

신관이 춘 향을 형장 치다

근대에 발행된 『춘향가연정』에 실린 춘향이 형장을 받는 장면, 아단문고.

광한루는 정면 5칸, 측면 4칸의 팔작지붕 건물이다. '달 속의 궁전'인 월궁을 뜻하며, 호남에서
제일가는 누각으로 알려졌다. 2층 누각인 본루 외에도 온돌 시설이 있는 익루가 딸려 있으며,
북쪽에는 계단 시설인 월랑이 붙어 있다.

해 건립되었다고 전해진다. 아래층에는 벽을 세우고 불을 때는 아궁이 시설을 만들었다. 북쪽에는 계단 시설인 월랑月廊이 붙어 있다. 고종 때 건립된 이 월랑의 기능이 흥미롭다. 광한루의 월랑은 단지 올라가는 계단실로 세워진 것이 아니라 본루를 지탱하는 버팀목 노릇도 겸하고 있다고 한다. 본루가 북쪽으로 조금씩 기울자 한 대목장이 아이디어를 내 기울어짐을 방지하는 차원에서 보수한 것이라 전해진다. 이렇게 광한루는 익루와 월랑이 딸려 있다보니 동서남북의 방향에 따라 위용이 달라 보인다. 북쪽 월랑 옆에 붙은 호남제일루湖南第一樓의 편액처럼 광한루는 능히 호남에서 제일가는 누각이라 말해도 손색이 없다.

녹음이 제법 짙어가는 단오일이었다. 광한루에 성큼 올라간 이몽룡이 사면을 살펴보니 화류동풍花柳東風의 진경이 맘에 들어 저도 모르게 '장히 좋다'란 말이 튀어나왔다. 이 아름다운 산천경개의 요지에 누각을 처음 지은 인물은 황희黃喜였다. 양녕대군의 폐세자를 반대하다가 남원까지 내려온 황희는 1419년 광통루廣通樓라는 누각을 지어 남원의 빼어난 풍광을 건축물로 불러들였다. 처음에는 개인 누각이었지만 점차 남원 부사들이 이 건물을 고치고 수리해 사용하면서 관청 객사客舍에 딸린 누각이 되었다. 즉 남원을 방문한 관리들이 객사에서 머무를 때 자연 경치를 즐기도록 하는 부속 시설이 된 것이다. 그러므로 이 누각에 누구든 맘대로 올라갈 수 있는 것은 아니었다.

사또 자제 이몽룡이 광한루에서 밖을 바라보니 빽빽하게 들어찬 원림園林 사이로 요천이 흘러가고 있었다. 낙락장송落落長松과 떡갈나무들이 모여 깊은 숲을 이루고, 시냇가에서 무리를 이룬 꽃들은 활짝 피었으며, 버드나무가 길게 늘인 가지는 춘풍을 맞아 푸르게 출렁거렸다. 요천에는 늦은 봄에 취한 산 하나가 풍덩 잠겨 있고, 어느 미인은 두견화를 꺾어 머리에 꽂은 채 발을 담그고 있다. 광한루가 선사한 이 단오의 아름다운 풍광은 이몽룡의 마음을 춘흥으로 뒤흔들었다. 그는 고개를 돌려 오작교를 보면서 나지막이 속을 토해냈다. "천상의 직녀는 누구인가, 지극한 흥으로 오늘은 내 견우가 되리라." 그때 이몽룡의 눈에 운명처럼 한 장면이 꽂혀왔다. 제비같이 날아오르며 나비처럼 사뿐거리는, 천상의 고운 자태로 그네를 뛰는 춘향이의 모습이었다.

나도 이몽룡처럼 광한루에 오르고자 월랑으로 향했다. 그런데 이게 웬일인가. 월랑 정면에 '출입 금지'라는 푯말이 떡하니 버티고 있는 게 아닌가. 안에서 바라보기 위해 만들어진 누각을 그저 밖에서만 봐야 한다니. 어쩐지 답사객들이 광한루 주변을 빙빙 맴돌 뿐이며, 1971년에 건립된 완월정으로 몰려가 경치를 감상하고 있었다.

✤ 푸짐한 이야기 공작소, 광한루원

그나마 물에 뜬 광한루를 볼 수 있어 다행이다. 1971년 광한루원을 정비하면서 만들어진 호수에 광한루가 은은히 떠 있는 정경이 취할 만하다. 특히 호수 중앙에 있는 방장섬에서 보면 팔작지붕의 웅장한 누각이 쪽빛 하늘로 날아갈 듯하고, 물결 따라 어슴푸레 흔들리는 그윽한 누각도 호수 밑으로 잠길 것만 같다. 이렇게 광한루는 하늘과 땅 그리고 물을 연결하는 정원을 품었을 때 그 누

1부 제 빛깔이 아름다운 보배

명승 제33호로 지정된 광한루원은 광한루와 오작교, 호수와 부속 건물들을 품고 있는 정원이다. 광한루원은 신선사상과 여러 설화를 현실세계로 끌어들여 조성되었다. 이곳의 건축물은 마치 이야기 공작소처럼 숱한 스토리를 담고 있다.

1582년경 만들어진 자라돌. 430년의 세월이 반들거리는 표면에서 드러난다.

각의 아름다움이 살아나는 법이다. 광한루가 세워진 축대 앞을 살
펴보면 뭔가 튀어나온 물체가 있다. 이것은 1582년경에 만든 자라
돌鼇石이다. 멀리서 보기엔 작지만 가까이 가보면 길이 2.4미터가 넘
는 큰 바윗돌이다. 430년을 묵는 동안, 장수와 행복을 기원하는
많은 사람이 앉거나 만져서 표면이 반들반들하다. 1579년 호수 안
에 삼신산三神山을 만들었는데, 이 고장에 불이 자주 나자 삼신산
을 바라보는 자라돌을 설치해 화재를 방지했다고 전한다. 이외에
도 광한루원을 지을 때 풍수설에 근거했다는 이야기는 많이 있다.
　세종 시절 이곳 경치에 흠뻑 빠진 정인지鄭麟趾는 '광통루'를 '광
한루廣寒樓'로 바꿔 불렀다. 달나라 선녀가 살고 있는 월궁月宮을 떠

올리며 '달 속의 궁전'을 뜻하는 이름을 붙인 것이다. 광한루로의 개명은 이후 광한루가 숱한 신선들의 이야기를 끌어들여 건물과 정원 속에 담아내는 계기가 되었다. 1582년에 전라도 관찰사인 정철과 남원 부사 장의국은 큰 공사를 벌여 이곳을 지상의 세계가 아닌 천상의 세계로 창조했다. 광한루 앞으로 요천의 물을 끌어와 호수를 만들었고, 못 안에는 삼신산을 상징하는 작은 섬 세 곳(영주섬, 봉래섬, 방장섬)을 조성했으며, 호수를 가로지르는 오작교를 놓았다.

광한루원은 여러 설화를 현실화시킨 이야기 공작소다. 호수에 있는 섬은 신선이 살고 있는 삼신산이다. 신선사상에 따르면 발해 동쪽에 위치한 영주산, 봉래산, 방장산의 삼신산이 있는데, 이 산 위 궁전에는 신선이 살고 있다고 한다. 한라산을 영주산, 금강산을 봉래산, 지리산을 방장산으로 일컫는 것도 신선사상을 따른 것이다. 또 광한루가 천상의 궁전이니 호수는 곧 은하수다. 은하수에는 칠월 칠석에 서로 만나는 견우직녀 설화가 빠질 수 없기에 까막까치들이 연결하여 만든 다리인 오작교가 놓였다.

건축학자 김봉렬은 광한루원을 '설화로 이룬 천상의 세계'라고 정의하며 이렇게 말했다. "세상을 움직이는 것은 건축과 조경이 아니라 설화요 문학이었다. 광한루원의 진정한 건축적 가치는 어쩌면 여기에 있는지도 모른다." 이 말은 인문학적 건축학자의 심정을 솔직히 밝힌 것으로 큰 공감을 불러일으킨다. 광한루원에서는 건축미와 조경 구조보다 먼저 살펴볼 것이 이곳에 담긴 이야기다. 설화적 상상력은 건축과 조경에 투영되어 새로운 이야기가 재생산되고 있다. 이야기를 통해 건축과 조경이 이뤄졌지만 또다시 광한루원은 이야기를 재생산하는 스토리텔링의 공작소가 된 것이다. 월궁설화, 견우직녀설화, 신선 이야기 등의 설화를 끌어들여 만든 광한루원이 다시 춘향전과 같은 이야기를 재생산했다. 이렇듯 건축이 이야기와 결합되었을 때만이 매력을 유지하고 생명력을 보전한 채 순환과 재생을 이뤄내는 법이다. 달리 말해 이야기 없는 건축은 건조하고 무기력해 생명력이 질기지 못하다.

이렇듯 하늘세계의 이야기를 구현한 광한루원도 지상의 전쟁을 당해내진 못했다. 정유재란 당시 5만4000여 명의 왜군이 침략하여 남원성을 함락시켰는데 이때 광한루 또한 소실되었다. 허물어진 광한루를 남원 부사 신감申鑑이 1625년 본격적으로 재건했는데, 정철이 조성한 틀을 크게 벗어나지 않았다. 광한루원이 품은 천상의 설화도 그대로 전승되었다. 조선 중기의 문신으로 문장이 뛰어나고 영의정에까지 올랐던 상촌象村 신흠申欽은 신감의 형이다. 신흠은 정유재란 직전에 대장군의 종사관으로 남원 광한루에 다녀간 적이 있다. 그날이 마침 칠월 칠석이라 광한루에서 오작교를 바라보는 흥취가 여느 때와는 달랐다. 30년이 지나 허물어진 누대를 동생 신감이 다시 일으켜 세우자 1626년 광한루를 재차 방문해「광한루기廣寒樓記」를 썼다. 그가 본 광한루의 풍경은 여전히 신선이 살고 있는 하늘 위의 궁전이었다. 지리산에서 발원한 물은 구불구불 흘러 요천이 되었고, 이 요천은 광한루 앞에 와서 호수로 바뀌었다. 호수 위에는 은하수를 건너가는 오작교가 있다. 호수 밖에는 평야와 모래밭, 절벽과 바위, 그리고 꽃과 대나무들이 모여 있어 신선이 사는 동천洞天과 다름없었다. 세월이 흘러 백수白叟가 된 신흠은 불로초를 훔치지 못함을 안타까워하면서도 감회에 젖어 "하늘 위의 광한이 남원의 광한이 되지 말라는 법이 어디 있겠는가. 인간이니 천상이니를 따질 것도 없고, 풍진 생애와 신선놀이를 구분할 것도 없는 것이다"라고 술회했다.

✤ 걸쭉한 사랑과 걸걸한 동편제

사또 자제라 해도 '광한루로 오라'는 대뜸 없는 전갈에 순순히 응할 춘향이가 아니었다. 저녁 늦은 시각에 이몽룡이 월매집으로 찾아가 백년가약을 말하자 사랑의 물꼬가 급격히 트였다. 월매 앞에서 혼례 술 몇 잔으로 평생 동락을 언약한 이몽룡과 춘향은 이제 걸쭉한 사랑을 보여준다. 열여섯 살의 어린 나이치고는 대담하기 이를 데 없다. 둘이 안고 마주 누워 골즙骨汁을 내는데 가관이었다. "삼승 이불 춤을 추고, 샛별 요강은 장단을 맞춰 청그렁 쟁쟁, 문고리는 달랑달랑, 등잔불은 가물가물……" 어린 신랑신부의 첫날밤답지 않은 이런 걸쭉한 정사가 어디 있으리요. 서로 사랑가를 부르며 오글거리는 장난질을 칠 때도 방아와 맷돌을 은유하며 착 달라붙었으니 참으로 농밀했다. 걸쭉한 사랑의 클라이맥스는 옷을 벗은 채 하는 업음질이요, 말놀이였다. 춘향이 엉덩이에 붙어 손으로 볼기짝을 치는 이몽룡의 마부 행위는 외설스럽기까지 하다.

그러나 행복한 사랑은 오래가지 못했다. 곧 부친이 동부승지로 발령나자 더불어 이몽룡도 한양으로 올라가야 할 판이다. 앞날이 창창한 이몽룡이 한양으로 올라간다면 다시 먼 남원까지 돌아온다는 기약이 있겠는가. 이를 뿌드득 갈며 치맛자락을 확 찢어버리고, 패물을 집어던지며 이몽룡의 귀경에 저항하는 춘향이건만 이

별의 운명 앞에서 어찌 당해낼 수 있겠는가. 생각해보면 행복만이 지속되는 사랑은 드물다. 행복과 불행이 숱하게 교차되거나 가슴 시리고 마음 답답한, 고통스런 사랑이 오히려 세상을 뒤덮는다. 진정한 사랑이라면 이런 행복과 불행의 우여곡절을 모두 이겨낸 것이다. 사랑을 위해서 자신을 버리고 죽을 각오를 한 춘향이는 옥에 갇혔다. 옥중 죄인 신세인 춘향이는 머리가 쑥다발처럼 엉클어졌으니 거의 귀신의 모습이었다. 이런 비극의 정점에 선 춘향이가 부른 노래는 바로 그 유명한 옥중가인 「쑥대머리」다.

내 여동생은 가야금 병창과 판소리를 하는 소리꾼이다. 초등학생 때부터 국악에 입문해 30여 년의 세월을 함께 보냈다. 그런데 나는 다른 창은 몰라도 여동생이 「쑥대머리」를 부를 때면 옥중의 춘향이처럼 가슴이 먹먹해 눈물부터 와락 쏟아지려 한다. 「쑥대머리」의 첫마디인 '쑥대머리 귀신 형용'을 들으면 눈에서 이내 신호가 온다. 아무리 명창 임방울의 「쑥대머리」가 세상을 울렸다고 한들 내겐 여동생의 소리가 훨씬 더 눈물샘을 자극한다. 그것은 여동생이 국악인으로 자라면서 탄탄하고 안정적인, 행복한 길만이 아니라 힘들고 거친 불행의 길도 걸어왔음을 지켜봤기 때문이다. 어렸을 적에 아버지를 잃었고 한창 커나갈 때엔 스승인 박귀희 명창과 한농선 명창이 모두 타계했다. 어려운 집안 형편과 경제적 고난 속에서도 어엿한 국악인으로 성장해 악단을 이끌고 있는 걸 보면 대견하면서도 마음이 짠하다. 그런 까닭에 공연장에서 여동생이 「쑥대머리」를 부르면 그가 살아온 국악 인생에 대한 만감이 교차하면서 눈물샘부터 자극받는 것이다. 쑥은 무심히 자라나 귀신 형용도 되지만 어디서든 강한 생명력으로 살아남는 식물이 아니던가. 비극의 밑바닥에서 부르는 「쑥대머리」에는 옥중에서 귀신 꼴이 된 춘향이의 불행만 있는 것이 아니다. 변사또의 수청을 거부하고 이몽룡을 다시 만나겠다는 춘향이의 강한 의지도 읽어낼 수 있다.

춘향전의 고향인 남원은 판소리 동편제의 고향이기도 하다. 동편제의 시조인 송흥록宋興祿은 19세기 초반 남원시 운봉 비전리에서 태어났다. 흔히 판소리를 크게 동편제와 서편제로 구분하는데, 이를 정립한 인물이 정노식鄭魯湜이다. 일제강점기 좌익계의 독립운동가로 활동했던 그는 판소리와 소리꾼에 관해 떠도는 이야기를 수집하고 현장을 답사해 『조선창극사』라는 우리나라 최초의 판소리사를 저술했다. 이 책에서 그는 판소리의 큰 가닥을 호남의 동서에 따라 동편제와 서편제로 나누었다. 그런데 표준이 된 소리꾼이 바로 동쪽의 송흥록과 서쪽의 박유전朴裕全이다. 풀어 말하자면 동편제는 송흥록의 법제를 표준으로 하는 운봉, 구례, 순창, 흥덕 등의 지역에서, 서편제는 박유전의 법제를 표준으로 하는 광주, 나성, 보성 등의 지역에서 전승되는 소리라 했다.

송흥록은 당대의 가왕歌王으로 노래가 신의 경지에 이

송흥록 생가에 세워진 소리꾼의 모습.

르렀다고 한다. 최고의 명기名妓였던 맹렬과 그가 얽힌 일화는 흥미롭다. 어느 날 명창으로 칭찬이 자자했던 송흥록이 대구 감영으로 가서 소리를 했는데, 좌중에서 오직 맹렬만이 특별한 평을 해주지 않았다. 나중에 송흥록이 직접 집으로 찾아가 그 까닭을 묻자 맹렬이 대답했다. "당신은 명창이 맞지만 아직 미진한 대목이 있소. 목에서 세 동이의 피를 토해야 비로소 참명창이 될 것이오." 이 말을 들은 송흥록은 폭포 아래로 들어가 명창의 목을 갖기 위해 소리를 지르기 시작했다. 석 달간의 고된 훈련 끝에 드디어 검붉은 피가 목에서 터졌는데, 거의 서너 동이나 되었다. 그의 목소리가 얼마나 우렁찼던지 폭포 바깥으로 튀어나올 정도였다고 한다. 다시 대구 선화당에서 송흥록이 소리를 하자 이번에는 맹렬이 거의 넋을 잃었다. 송흥록에게 완전히 반한 맹렬은 그날 밤 행장을 차려 그의 고향인 운봉까지 왔다고 한다. 소리로 인해 진한 연분이 맺어진 것이다. 송흥록은 춘향전의 옥중가를 신묘하게 불렀다고 전해진다. 한번은 깊은 밤 진주 촉석루에서 옥중가를 했는데 좌중이 모두 눈물바다가 된 것은 물론이며, 귀곡성鬼哭聲을 하는 대목에서는 음산한 바람이 불더니 수십 개의 촛불이 꺼지고 어디선가 귀신 우는 소리가 나는 듯했다고 한다. 송흥록의 소리가 신과 인간의 경계를 넘나들며 모두를 감동시켰던 일화에 과장이 더해진 듯싶다.

송흥록의 소리는 동생인 송광록, 그리고 그의 아들인 송우룡으로, 다시 송우룡의 아들인 송만갑으로 이어져 송씨 집안은 우리나라 최고의 명창 일가를 이뤘다. 또 유성준, 김정문, 박초월, 강도근 등 빼어난 명창들이 남원 소리의 맥을 이어 남원의 운봉은 동편제의 태 자리로서 지대한 역할을 했다. 기교가 많은 서편제와 달리 동편제는 남성답고 웅장하며 호탕하게 소리를 지른다. 이것은 걸걸한 우조羽調의 특징이다. 통성으로서 호령하듯 소리를 내지르며, 망치로 내리치듯 끝을 맺는다. 이 걸걸한 목소리를 내려면 목이 좋을 뿐 아니라 배에 힘도 좋아야 한다. 넓은 마당에서 오직 육성으로 소리를 했던 시대에는 서편제보다 동편제의 소리법이 더 잘 통했는지도 모른다.

잔 목을 쓰지 않고 내지르는 동편제는 운봉을 감싸고 있는 거대한 지리산과 닮았다. 평야지역에서 농사꾼들의 애환을 담아 구성지고 오밀조밀한 멋을 보여주는 서편제와는 다르다. 지리산 기슭에서 태어난 동편제는 웅장하고 늠름한 모습으로 서 있는 산세이자 우렁차고 호방하게 흘러가는 계곡이며, 선 굵은 푸르름으로 무장한 수풀이다. 운봉의 지리산 자락에서 피나는 소리 훈련을 한 송흥록에게 다시 지리산은 걸걸하고 통 큰 동편제로 돌려주었다. 기교를 모르는 지리산은 험하지만 장쾌하지 않은가.

❖ 품이 넓은 지리산식 사랑

정인지는 '광통루'를 '광한루'로 고쳐 부르면서 이렇게 말했다. "호남의 경치 좋은 곳으로 우리 고을보다 나은 곳이 없고, 내 고장 경치 좋은 곳 중 광한루보다 나은 곳이 없다." 정인지가 제일로 꼽은 광한루의 절경은 호남의 산맥과 하천이 선사해준 것이다. 소백산맥과 노령산맥이 꼭 껴안고 있는 남원 사이로는 하천이 흘러가고 그 일대엔 평야가 펼쳐져 있다. 황희 정승의 아들이자 대를 이

1부 제 빛깔이 아름다운 보배

어 영의정에까지 올랐던 황수신黃守身은 산과 강의 기운을 듬뿍 받은 남원을 가리켜 "옥야백리 천부지지沃野百里 天府之地"라고 했다. 이는 비옥한 들판이 넓게 펼쳐졌으며, 하늘이 고을로 정해준 땅이라는 의미다. 이중환도 『택리지』에서 나라 안에서 가장 기름진 땅으로 남원을 꼽았다. 경치 좋은 산수, 비옥한 대지를 가진 남원은 전라도에서 가장 많은 역사 인물들을 배출한 땅이기도 했다. 산수와 대지, 그리고 인물이 고루 삼박자를 이룬 남원에서는 사랑 이야기로 화색이 돌 수밖에. 남원과 인근 지리산 자락은 춘향전 외에 김시습의 「만복사저포기」, 흥부전, 변강쇠전 등 고전문학의 무대가 되었다.

고전소설에서 전하는 남원식 사랑은 삶과 죽음의 경계를 허문 것이었다. 「만복사저포기」는 한문소설집인 『금오신화』에 수록된 단편소설이다. 남원시 왕정동에 있는 만복사는 정유재란 때 거의 사라졌고, 현재는 만복사지 오층석탑(보물 제30호)을 비롯한 석물과 절터만 남아 있다. 하지만 조선 전기의 만복사는 수백 명의 승려가 아침저녁으로 이뤘던 시주 행렬이 장관을 이룰 만큼 남원 지역의 대찰이었다. 이 소설은 만복사의 구석방에서 외로이 살던 양생이 부처님과의 윷놀이 내기에 이겨서 사랑을 나눈다는 이야기다. 무심하게도, 부처님이 보내준 아리따운 처자는 이승 사람이 아니라 왜구가 일으킨 난리 통에 숨진 저승의 영혼이었다. 그녀의 거처로 따라간 양생이 평생 그리던 사랑을 나눈 시간은 고작 3일이었다. 죽은 사람과, 그것도 며칠 동안만 사랑을 나눴음에도 양생은 그 인연을 평생의 결연으로 여겨 장가를 들지 않는다. 그 뒤에도 슬픔을 이기지 못한 양생은 그녀의 부모님이 준 집과 농토를 모두 팔고

지리산으로 들어가 약초를 캐며 살았다.

사랑에는 이별과 죽음이 꼬리를 물고 따라다닌다. 그래서 원초적으로 사랑은 비극이며, 사랑을 소재로 한 이야기는 비장미를 내포하는지 모른다. 난잡한 음담패설로 여기기 쉬운 변강쇠전도 실은 비극 중의 비극이다. 청상 과부살靑孀 寡婦煞이 겹겹이 끼여 있는 옹녀는 남들처럼 알콩달콩한 사랑을 할 수가 없다. 그녀는 열다섯 살 때부터 해마다 결혼했건만, 송장이 된 남편 상을 치르기 일쑤였다. 나중에는 옹녀와 입 맞춘 놈, 손잡은 놈들조차 나자빠지자 사내의 씨가 없어지겠다며 평안도와 황해도 백성이 합심해서 그녀를 내쫓는다. 쫓겨난 옹녀는 천하의 잡놈인 변강쇠를 만나 바위 위로 올라가서 대낮 정사로 혼례식을 치른다. 둘은 도회지에서 살림을 차렸지만 난봉꾼 강쇠의 도박과 싸움, 음주로 인해 오래가지 못했고, 결국 땅이 기름져 사람 살기 좋다는 지리산으로 들어오게 되었다. 하지만 장승을 도끼로 쳐서 장작으로 땐 강쇠는 이내 목신의 벌을 받아 죽고 말았다. 변강쇠전은 조선시대 유랑민들의 떠돌이 삶을 상징하는 이야기로서 그들의 이루지 못한 사랑도 속내에 품고 있다. 비참한 운명을 타고나 한 남편과 오래도록 사랑할 수 없는 옹녀의 삶은 비극이요, 천하잡놈으로 주색잡기에 열중하다가 신의 저주를 받아 천하일색의 옹녀를 두고 죽어야 하는 강쇠도 비극의 주인공이다.

남원의 동남쪽에 넓고 둥그렇게 펼쳐진 지리산은 신령스러운 민족의 영산이다. 넓은 지리산은 전북 남원 외에도 전남 구례, 경남의 함양과 산청 등에 걸쳐 있는 큰 산이다. 신선이 살고 있는 방장산으로 일컫는 이곳은 지금껏 도인들의 천국이다. 하지만 지리

1부 제 빛깔이 아름다운 보배

지리산은 갈 곳 없는 백성을 품어준 영험한 산이다. 그런 까닭에 조선시대에는 산중 백성이 풍흉을 모른다고 해서 '부산富山'이라 불리기도 했다.

산이 민족의 영산인 진짜 이유는 지친 몸 누일 데 없는 유랑민, 사랑을 잃고 방황하는 연인조차 따뜻하게 안아줬기 때문이다. 영혼과의 사랑을 잊지 못해 절망에 빠진 양생도 받아줬고, 천하잡놈인 깅쇠와 나락에 빠진 옹녀도 거두었다.

지리산은 높고 험준하지만 갈 데 없는 백성이라면 살 만한 곳이다. 기온이 따뜻하고 흙이 기름져 산봉우리에서도 곡식이 자랐기에 산중의 백성이 풍흉豊凶을 모른다고 하여 조선시대에는 '부산富山'이라 불렸다. 이 부산은 다른 땅에서 사랑받지 못한 백성, 그리고 사랑할 수 없는 백성이 모여서 의지하는 최후의 버팀목이었으리라. 이처럼 사랑이 부족한 사람을 보듬는 지리산이야말로 자신을 버리고 남을 살리는 큰 사랑이다. 그래서 지리산은 풍족한 삶에 만족한 사람들이 행여 오시려거든 마음먹을 산이 아니다. 아, 지리산의 시인 이원규는 「행여 지리산에 오시려거든」이란 시에서 이렇게 노래하지 않았던가.

그대는 나날이 변덕스럽지만
지리산은 변하면서도 언제나 첫마음이니
행여 견딜 만하다면 제발 오지 마시라

04

시작과
끝을 보다

: 서울 종묘

✤ 시작이 있으면 끝도 있다

직장생활에서 업무를 잘하려면 시작과 끝을 아는 게 중요하다. 언제 일을 시작해야 할지, 그리고 어느 때 마무리를 지어야 할지 잘 판단해서 결정한다면 업무 계획성과 추진력을 갖췄다는 소리를 들을 것이다. 이것은 직장 일 외에 다른 생활에서도 마찬가지다. 그래서인지 우리에게 시작과 끝의 의미를 강조하는 속담이 많다. '시작이 반이다' '천릿길도 한 걸음부터 시작된다'는 속담은 시작의 중요성을 말하는 것이요, '처음이 나쁘면 끝도 나쁘다'는 무엇보다 시작이 좋아야 함을 일컫는다. 무슨 일이든 첫출발이 소중하다는

1부 제 빛깔이 아름다운 보배

것을 아는데도 불구하고 시작에 대한 긴장과 두려움이 생겨나는 것은 어쩔 수 없다. 그래서 상인들 사이에 통용되는 '첫 마수걸이에 외상'이란 말은 처음부터 외상 손님이 들어왔으니 재수가 없고, 하루 장사를 망칠 것으로 예상한다는 뜻이나.

시작이 있으면 반드시 끝이 있고, 그에 따른 평가가 나오기 마련이다. 무슨 일이든 시작과 끝을 잘 알고 꾸준히 실천한다면 그보다 금상첨화는 없는데, 실상은 말처럼 쉽지가 않다. '용두사미형'이란 소리를 들었다면 처음엔 거창하게 시작했으나 끝은 보잘것없다는 평가를 받은 것이다. 비슷한 말로는 '왼발 구르고 침 뱉는다'가 있다. 처음에는 앞장서지만 뒤에는 꽁무니를 빼는, 말만 앞서고 책임감이 부족한 사람을 비유한다. 그래서 일을 시작했으면 끝까지 잘하라는 뜻으로 '시작한 일은 끝을 보라'는 금언이 생겨났다. '초생에 안 될 것이 그믐에 된다'처럼 처음에 안 되는 일이 종국에는 잘되는 경우를 일러주는 희망의 메시지도 나왔다.

개인의 삶을 넘어 역사에도 시작과 끝이 있다는 사실은 우리를 좀더 비장하게 만든다. 역사를 보건대, 왕조가 시작되면 반드시 종말을 맞는다. 푸른 대업의 꿈을 안고 출발할 때는 좋았지만 조정이 혼탁하고 말세가 도래해 왕조가 흔들거리다 망할 때는 그보다 더 비참한 일이 없다. 이런 영욕의 세월과 부침의 역사를 한눈에 바라볼 수 있는 문화유산이 있다. 곧 태조부터 순종까지 왕들의 묘廟가 일렬로 모여 있는 서울의 종묘다. 종묘는 세계문화유산으로 등재되어 있는 건축물이다. 그런데 이를 단지 하나의 건축물로만 보기에는 뭔가 아쉽고 알맹이가 빠진 느낌이다. 그것은 종묘가 인간이 삶을 영위하려는 것이 아닌 신을 모시기 위한 건축물이기 때문이며, 조선 왕조의 의례를 치르고 왕권 강화를 목적으로 하는 상징적 공간이기 때문이리라.

종묘는 서울의 문화유산에 관심 있는 학자나 건축가라면 반드시 답사하는 필수 코스다. 특히 건축가들에게 종묘는 조선시대의 국가적 건축물의 양식과 구조·성격을 확인하는 장소이자 무한한 건축적 영감과 정신적 에너지를 공급받는 충전소다. 그래서 한 건축가는 종묘를 두고 "비움의 미학을 극대화한 건축"이라 했고, "종묘 월대는 죽은 자와 산 자가 만나는 공간"이라 정의했다. 또 종묘를 "침묵의 기념비"라 규정하면서 종묘에서는 "일상의 소음이 사라진 곳에서 들리는 침묵의 소리, 시간이 정지된 곳에서 또 다른 세계로 진입하는 사차원적 경험"을 할 수 있다고 말하는 건축학자도 있다. 종묘는 수백 년 동안 신에게 제사를 지냈던 곳이므로 이곳에 서면 뭔가 신령스런 기운이 느껴진다. 우리는 건축물로 빽빽하게 들어찬 공간에서 정신적으로 공허를 느끼고, 오히려 물리적으로 텅 빈 자리에서 정신적 에너지로 충만함을 느낀다. 이렇게 비움에서 채움으로 전이되는 역설적 공간이 곧 종묘인 것이다.

✧ 조선의 출발, 종묘의 시작

역사 드라마나 영화에서 대신들이 '전하, 종사宗社를 보존하옵소서'라고 하며 머리를 조아리는 장면을 곧잘 볼 수 있다. 이때의 종사는 종묘와 사직을 함께 일컫는다. 종묘는 조선의 역대 왕과 왕비들의 신주를 모신 사당이며, 사직은 토지의 신社과 곡물의 신稷을 함께 이르는 말이다. 농업국가인 조선에서 토지와 곡물을 관장하는

종묘는 조선시대의 역대 왕과 왕비의 신주를 모신 국가 사당으로 세계문화유산에 등재되어 있
다. 이곳에서는 조선이란 나라의 영욕의 세월과 부침의 역사를 한꺼번에 볼 수 있다.

신은 나라 경제를 이끄는 힘이었다. 사직을 모시고 제사를 지냈던 조선의 사직단杜稷壇은 현 종로구 사직동에 위치해 있다. 이렇듯 종묘와 사직은 조선이란 나라를 상징하는 말이자, 조정의 운명을 헤쳐나가는 등불로 비유되었다.

우리나라에서도 고대 국가에서부터 종묘의 기원을 찾아볼 수 있다. 백제의 온조왕이 동명왕 묘를 세운 것이나, 신라의 남해차차웅이 혁거세 묘를 세워 시조를 모신 일 등이다. 중국의 예법을 수용하면서 그에 맞게 새 왕조를 창업할 때에는 왕이 머무르는 장소인 궁궐과 더불어 종묘와 사직을 두기 시작했다. 중국의 유교 경전인 『주례』에서는 "나라를 세울 때 궁궐을 중심으로 왼쪽에는 종묘를 세우고, 오른쪽에는 사직을 세운다"고 했다. 그런 까닭에 조선 왕조는 법궁이었던 경복궁을 가운데에 두고 동쪽에 종묘를 세우며, 서쪽에 사직단을 설치했던 것이다.

이와 대조적으로 끝장이 난 전 왕조의 종묘는 허물어지는 비극을 비껴가지 못한다. 시작과 끝은 운명적으로 맞닿아 있다. 조선의 태조는 즉위한 뒤 자신의 4대 조상(목조, 익조, 도조, 환조)을 왕과 왕비로 추존追尊했고, 개성에 있는 고려 왕조의 종묘를 허문 뒤 그 자리에 새 종묘를 세웠다. 무너진 고려 종묘는 늙어 생을 다 마친 고려의 운명을 상징하는 것이며, 그 자리에 세워진 조선 종묘는 이제 막 걸음마를 시작한, 조선의 신생을 의미했다. 조선 정부는 한양으로 천도하면서 더 새롭고 나아진 모습으로 종묘를 세우려 했다. 이는 태조에게 가장 큰 관심사였다. 그는 용산으로 직접 가서 종묘를 짓는 데 사용될 재목을 살펴보았으며, 종묘 터를 닦을 때나 건축할 때에도 거둥하여 상황을 점검했다. 1394년(태조 3)

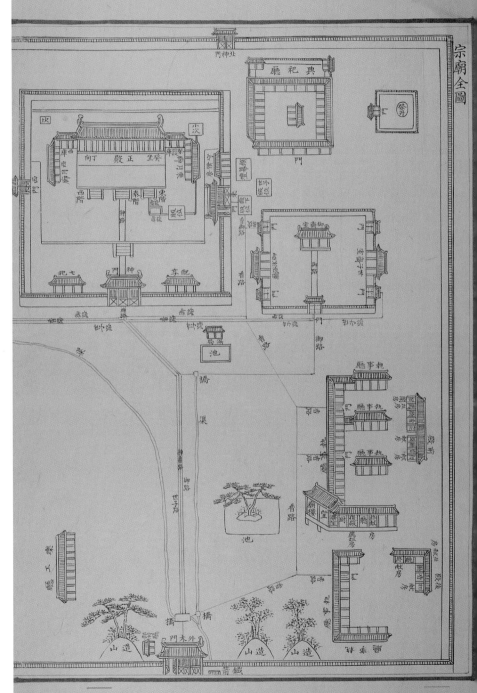

『종묘의궤』에 실린 '종묘전도', 규장각한국학연구원. 『종묘의궤』는 종묘와 영녕전에 관한 제도 및 의례를 기술한 책이다. 이곳에는 왕과 왕비의 신주 83위가 모셔져 있다.

12월 4일 공사를 시작해 이듬해 9월 29일에 마쳤으니 10개월 이상 소요된 큰 역사였다.

새 종묘가 준공되자 개성에 모셔진 4대 신주를 한양으로 옮겼다. 선왕들의 신주가 무사히 봉안되자 10월 5일 태조는 종묘를 찾아 제사를 지냈다. 그날 종로 일대는 조선 왕조의 출범을 기리는 성대한 의식과 축하하는 사람들로 북적거렸다. 태조도 기쁨에 겨워 세 번이나 가마를 멈추게 한 뒤 행사들을 살펴보았다. 또 백성에게 부역을 면제해주고 죄지은 자를 석방케 하는, 화합과 용서의 교서를 반포했다. 태조는 여기서 "종묘의 위패는 나라의 대본大本이니 종묘는 빛남이 있어야 하고, 겨울의 조상 제사와 가을의 천신薦新 제사는 공명해야 한다"고 일렀다. 한 왕가가 곧 국가로 인식되는 시대였으니 종묘의 위패는 나라의 근본이나 다름없었다. 빛나는 종묘를 세워 선대의 혼령을 모시는 일은 새 왕조의 출범을 알리는 경사였다. 이렇듯 종묘의 시작은 곧 조선의 출범을 상징했다.

동아시아를 호령했던 황제나 한 국가를 다스렸던 제후의 묘를 일렬로 배치하는 일에는 일정한 기준을 세워 처음과 끝을 둬야 한다. 자칫했다가는 불충의 죄를 짓기 십상이다. 한양에서 처음 지어진 조선의 종묘는 작은 규모로 7칸의 동당이실同堂異室 건물이었다. '동당이실'은 같은 건물 안에서 칸을 여러 개로 나눈 뒤 신위를 모시는 제도를 말한다. 이에 따르면 서쪽 끝에 1세를 두고 동쪽으로 가면서 후세의 신위를 배치한다. 이를 '서상西上'이라 한다. 이것은 중국 후한後漢의 2대 황제인 명제明帝가 죽은 뒤에 생겨난 형식이다. 이전에는 대체로 『예기』에 따라 소목제昭穆制를 채택했다. 소목제에서는 왕조를 처음으로 세운 시조를 중심에 두었다. 시조 묘를 가운데에 두고 서쪽 줄昭에 2·4·6세를, 동쪽 줄穆에 3·5·7세를 모시는 제도다. 동당이실과 달리 각 묘는 별도의 건물로 짓는다. 어찌 됐든 서상이나 소목제 모두 순서를 정하는 것이요, 차례를 짓는 문제와 별개가 아니다. 차례를 지을 때는 먼저 시작과 끝을 따져야 하며, 그 중심을 어디로 잡을 것인가도 고려해야 하는 법이다.

『예기』에서는 종묘를 세울 때에 천자는 7묘, 제후는 5묘로 규정했다. 제후국인 조선에서라면 종묘에 태조와 현재 왕의 4대 조상까지만 모셔야 맞는 것이다. 그런데 이는 나라가 번창하여 역사가 오래될수록 혼란을 일으킨다. 왜냐하면 새로운 왕이 계속 배출될 뿐 아니라 그중에는 업적이 큰 왕들도 있을진대, 묘의 숫자가 정해져 있어 더 이상 정전에 모실 수가 없는 것이다. 그렇기에 종묘와 별개로 또 다른 별묘別廟를 세우는 처방은 피할 수 없다. 한편 이를 거꾸로 생각해보면 이 별묘의 시작은 왕위 계승이 꾸준히 이뤄졌다는 뜻이니 나쁠 게 없다. 조선의 제2대 왕인 정종이 승하하자 종묘는 이미 차 있었다. 그리하여 송나라의 예제를 본받아 1421년(세종 3) 종묘 서쪽에 별묘를 지었다. 이것이 영녕전永寧殿이다. 영녕전은 태종이 지어준 이름으로 "조종祖宗과 자손이 함께 길이 평안하라"는 뜻이다. 태종은 영녕전을 통해 조선 왕조가 끝없이 영원하기를 바라는 마음을 내비쳤다.

하지만 왕조의 시작 이래로 평안만 있을 수는 없다. 내우외환에 시달리고 이를 다시 극복하는 부침이 되풀이된다. 조선을 뿌리째 흔든 가장 큰 환란은 역시 임진왜란이다. 임진왜란을 극복하지 못했다면 조선 왕조와 함께 종묘는 종말을 맞았을 것이다. 왜군이 충주를 함락시키고 한양으로 근접해오자 1592년 4월 29일에 조정은 종묘사직의 보전을 위해 광해군을 세자로 책봉한다. 조선의 운명이 풍전등화와 같으니 혹시 모를 사태에 대비하자는 것이다. 선조가 의주로 피란을 가게 되자 종묘의 신주도 말에 싣고 간다. 급한 피란길에 소상의 신주부터 챙기는 일은 젊은 세대라면 선뜻 이해하기 어렵겠지만 조선시대에는 신주를 자기 목숨보다 더 소중히 위했다. 그래서 '신주 모시듯' 한다면 몹시 귀하게 여기고 정성스럽게 다룬다는 뜻이며, '믿기는 신주 믿듯' 한다면 무조건 굳게 믿는 모습을 이른다. 광해군은 피란 중에 종묘의 신주를 모시고 다녔으며, 왜적이 철수하자 다시 신주를 들고 한양으로 돌아왔다.

신주는 재난을 피했건만 종묘는 참화를 면치 못했다. 왜적이 한양으로 쳐들어왔을 때 궁궐은 이미 화재로 소실되었기에 그들은 종묘로 침입해 거처를 마련했다. 그런데 밤중에 괴이한 일들이 벌어졌고, 졸병 중에 갑자기 죽는 이들도 생겨났다. 이곳은 조선의 종묘로서 신령스러운 장소란 말을 들은 왜장은 겁이 덜컥 나서 아예 종묘를 불태워버렸다. 환도 후에 잿더미만 남은 종묘를 본 선조는 아연실색했다. 이후 사라진 종묘를 어렵사리 중건하여 제 모습을 찾은 때는 15년의 세월이 지난 1608년 5월이었다. 우리가 지금 종로구 훈정동에서 보는 종묘의 씨앗은 이렇게 뿌려졌다. 광해군은 영의정을 지낸 심연원의 집에 임시로 봉안했던 신주를 종묘와 영녕전으로 옮겼다. 이날, 200여 년 전 태조가 했던 것처럼 죄인을 풀어주고 공신들의 품계를 올려줬다. 어떤 일을 시작하고 진행시키는 와중에 큰 문제에 봉착했다면 우리는 마음을 다잡고 '처음처럼'을 다짐한다. 재출발하는 종묘에 선 광해군도 그런 마음이었을 것이다.

✤ 잇고 또 잇고, 종묘 정전

종묘는 창덕궁 바로 앞에 위치해 있다. 풍수지리적으로 창덕궁의 주산인 응봉에서 내려온 산줄기가 종묘까지 이어진다. 서울의 옛 지도를 보면 종묘와 창덕궁은 별개로 떨어져 있는 것이 아니라 연결되어 있다. 한데 일제가 창덕궁과 종묘를 가로지르는 도로를 개설하는 바람에 두 구역은 완전히 분리되었다. 겉으로는 도로 개통을 위한 것이라지만 일제의 속내는 조선 왕조의 맥을 끊기 위함이었다고 전해진다. 산업화 시기에도 종묘 일대는 도시계획 문제로 뒤숭숭했다. 이럴 때 도시개발 논리가 앞장섰고, 문화유산 보존은 뒷전이었다. 서울 사람들은 종묘 공원 앞을 지나칠 때 종묘보다는 세운상가를 떠올린다. 하긴 종묘는 종로3가 거리에서 뒤쪽으로 물러나 있어 잘 보이지 않는 반면 세운3가는 대로변에서 사람들과 항상 마주하고 있다.

'불도저 시장'으로 알려진 김현옥은 1960년대에 이 일대를 정비하고, 건축가 김수근이 설계한 우리나라 최초의 주상복합건물을 지었다. 김 시장은 이 상가 건물에 '세운世運'이란 이름을 붙였다. 세운은 "세상의 기운이 다 모여라"라는 뜻이란다. 이름 탓인가. 이 주변은 소란스런 기운이 모여 시끄러운 공간이 되었다. 세운상가에서는 가전제품을 판매했으며, 한동안 컴퓨터 전자부품을 팔기도 했다. 또 '빨간책'과 야한 비디오를 파는 포르노 암시장까지 판을 쳤으니 신성해야 할 종묘 주변이 이래저래 굴욕을 당했던 셈이다.

그래도 종묘는 암울한 세월을 묵묵히 버텨왔다. 종묘 정전正殿은 조선 왕과 왕비의 신주 49위가 모셔진 곳이다. 역대 왕의 혼령을 모신 국가 사당이므로 이곳에서는 경건함과 엄숙함이 강조될

1부 제 빛깔이 아름다운 보배

「도성도」 중 동교 부분, 종이에 채색, 76.0×86.2cm, 조선 후기, 국립중앙박물관.

수밖에 없다. 누구든 종묘 정전에서는 무겁게 내리깔린 정적감에 기가 눌려 절로 숙연해진다. 이따금 분위기 파악을 못 한 사람들이 떠들기도 하는데 워낙 침묵과 정적의 블랙홀이 강하므로 순식간에 작은 소음들을 빨아들인다. 실은 한곳으로 흡입되는 것이 아니라 월대의 광활한 공간 속에 묻히는 것이다.

종묘 정전에서 우리 시야를 장악하는 것은 바닥에 깔린 광활한 월대다. 월대는 건물 앞에 설치하는 넓은 기단으로, 종묘의 월대는 가로 109미터에 이르는, 우리나라 최대의 규모다. 이 월대는 하월대와 상월대의 이중으로 구성되어 있다. 하월대는 마당 전체에 깔려 있고, 그 위의 상월대는 정전 건물 부분을 받치고 있다. 아래의 하월대도 꽤 높다. 지대석을 3단으로 쌓았으므로 계단을 통해서 올라가야 한다. 하월대 바닥은 세밀히 가공한 돌을 딱딱 맞춘 것이 아니라 화강석을 거칠게 손봐 툭툭 깔았다. 유심히 살펴보면 못난 놈들이 저마다의 맨얼굴을 그대로 드러내고 있으며, 수평도 잘 맞지 않아 들쭉날쭉하다. 그런데 돌 사이에는 풀이 흙을 디디고 자라날 여유가 있다. 다듬어지지 않고 빈틈도 많은 이 월대에서 순박한 자연미를 포용한 우리 건축의 너그러움을 본다. 왕실 의례가 치러지는 국가 건축임에도 불구하고 월대는 인공적 치밀함 대신 서정적이고 자연친화적인 질감을 택했다. 선과 선이 그리고 면과 면이 정확하게 일치하지 않음에도 통일감은 살아 있다. 비뚤비뚤하고 가지런하지 않은 돌들이 모여 일정한 통일감을 형성하는 게 또한 월대의 자랑거리다.

월대 가운데로는 신실로 통하는 신로神路가 깔려 있다. 이 신로는 종묘의 정문인 외대문 앞에서 시작해 정전이나 영녕전으로 쭉

1부 제 빛깔이 아름다운 보배

종묘제례를 치르는 장면이다. 한 신실에서 조선의 국왕이 전대 왕의 신위에 제사를 올리는 과정을 재현하고 있다.

이어진다. 신로는 말 그대로 혼령이 다니는 길이다. 보행을 자제해 달라는 표지판을 보고도 신로 위를 걸어서 다니는 관광객들이 있다. 여긴 사람 다니는 길이 아니다. 종묘가 뭔지 모르는 외국인이라면 모를까 우리나라 사람까지 그런 행동을 하는 것은 눈살을 찌푸리게 한다. 외대문에서 시작된 신로는 사실상 세 가닥의 길이다. 가운데 약간 높은 길은 신주와 향·축이 들어가는 신향로, 동쪽은 임금이 다니는 어로, 서쪽은 세자가 다니는 세자로다. 하얀 박석으로 깐 이 신로는 정전과 영녕전으로 이어지다가 신문神門 안쪽에선 검은 전돌로 바뀌어 월대 위로 올라온다.

월대 위에서 붉은 수평선처럼 날개를 쭉 펴고 있는 건물이 정전이다. 워낙 길기 때문에 한 번에 카메라 렌즈로 담아내기가 어렵다. 정전의 길이는 총 101미터에 달하며, 19칸의 신실神室을 중심으로 좌우에 각각 협실 3칸, 동·서 월랑이 5칸으로 구성되어 있다. 정전에는 약간의 배흘림을 준 기둥들이 일정한 간격으로 쭉 늘어서 있다. 기둥과 기둥은 단순한 반복이 아니라 한 왕이 통치했던 시대의 시작이자 끝을 의미한다. 그리고 그 기둥은 다음 기둥으로 이어지며 선왕에서 후왕의 시대로 교체가 이뤄진다. 겨울은 봄에, 봄은 다시 여름에 제 자리를 물려주면서 세월이 반복되지 않던가. 그런데 어디가 시작이고 어디가 끝이란 말인가. 대체 어디가 조선의 첫째 임금인 태조의 신실이요, 어디가 마지막 왕인 순종의 신실인가. 반복되는 기둥을 쳐다보고 있노라면 이내 혼란에 빠진다.

서상의 원칙에 따라 서쪽 끝이 태조의 신실이다. 서쪽 첫 번째 칸의 태조부터 시작해서 다음 칸에는 태종(3대), 세종(4대), 세조(7대) 순으로 쭉 이어지다가 순종(27대)에서 끝난다. 기둥과 기둥

宗廟修理都監儀軌

崇禎九年丙子十二月初十日清兵渡鴨綠猝

迫京城十四日朝先奉

廟社主移入江華午時

大駕繼發至崇禮門聞清騎已到弘濟院旋入南漢

山城十五日夕山城被圍丁丑正月二十二日

清兵渡甲串陷江都

宗廟

社稷兩署都提調海昌君尹昉率

宗廟奉事池鳳遂

社稷參奉李震行等埋安

廟社主被清兵堀出再埋再堀蒼黃之際

廟主一位及

社主四位跌方見失而

『종묘수리도감의궤』, 50.0×36.6cm, 1637, 국립중앙박물관. 병자호란으로 훼손된 종묘를 보수하고 신주를 수리하거나 새로 만든 사실을 기록한 의궤다.

사이의 신실마다 판문이 설치되어 있다. 종묘 의례 기간을 제외하곤 군게 닫힌 판문의 안쪽에 신위를 보관하는 감실이, 그리고 바깥에는 제관들이 제사를 지내고 다닐 수 있는 여유 공간인 툇간이 설치되어 있다. 이 감실에 왕들의 신위가 쭉 모셔져 있다. 중간중간에 빠진 왕의 신위는 영녕전에 가 있다. 종묘를 처음 출발시킨 태조는 기둥이 영원히 반복되길 기대했건만 결국은 순종의 기둥에서 막을 내렸다. 조선 왕조의 처음만이 아니라 끝까지 내보이면서도 종묘는 그저 담담할 뿐이다. 시간이 되풀이되며 세월이 흘러갈 뿐 특정한 누군가를 주인공으로 삼지는 않았다. 조선 왕조도 언젠가 끝날 것이라고 시간은 애초부터 예견하고 있었다. 그런 세월의 비장함을 종묘에서 본다.

그럼에도 조선 왕조는 27대까지 이어졌으니 긴 세월을 버틴 셈이다. 그 증거는 정전의 증축에서 확인할 수 있다. 1608년에 재건된 종묘는 왕위가 계속 이어지다보니 1726년(영조 2)에 4칸을(12칸에서 15칸까지) 증축했고, 다시 1834년(헌종 2)에 4칸(16칸에서 19칸까지)을 늘려 지었다. 현 정전의 구조는 헌종 시기에 완성된 것이다. 사실 기존의 정전 건물을 늘려서 짓는 게 새로 짓는 것보다 더 큰 고민을 안겨준다. 지금도 신축보다 리모델링이 어려우며, 이를 위해서는 도시와 건물을 재생하는 철학도 바탕에 있어야 한다. 종묘 증축은 태조가 서쪽 끝에 버티고 있으므로 어쩔 수 없이 동쪽으로 늘리는 방법을 택했고, 또 서쪽에는 영녕전이 자리하고 있으므로 동쪽으로 증축하는 방안에 손을 들어줬다. 건축학자 김동욱은 종묘 정전에는 세 시기의 건물이 공존한다면서, 증축에 따른 시대적 건축 기법의 차이를 여러 곳에서 발견했다. 예컨대 동쪽

1부 제 빛깔이 아름다운 보배

으로 갈수록 기둥의 배흘림이 약해지거나, 익공의 형상이 조금씩 달라지고, 계단을 옮기면서 장대석에 팬 홈 등이 그러하다. 종묘에서 증축 사실을 확인해보는 것도 건축 감상의 묘미일 것이다.

건물을 잇고 또 이으면서 정전의 웅장한 아름다움은 더 커졌다. 정전은 결코 화려하지도 세련되지도 않았다. 그것은 신을 모시고 의례를 올리기 위한 본연의 기능에 대한 배려다. 그래서일까. 단순함과 질박함은 통일감과 웅장함을 부여하고, 이것은 신성함으로 연출된다. 정전의 길고 거대한 지붕은 종묘의 웅혼함과 엄숙미를 더하게 만든다. 건축 구조상 지붕의 경사를 급격하게 만들었으므로 더욱 장엄한 건축미를 발산하고 있다. 지붕 구조에서 드러난 차이는 반복이 줄 수 있는 지루함을 없앤다. 가운데 신실의 지붕은 더 높고 웅대하며, 양 협실의 지붕은 한 단 아래로 내려앉았고, 월랑 지붕은 직각으로 방향을 틀었다. 신실 지붕이 끝나는 부분의 내림마루에는 잡상을 일렬로 세웠다. 이 잡상들은 잔잔한 호수에 누군가 돌을 던져 미묘한 파동을 일으킨 장난 같다. 담장 밖에서 보면 큰 지붕이 정전을 덮은 채 웅크리고 있는 모양이다. 밖으로 노출되지는 않았지만 조선 왕조를 떠받치는 에너지와 신성한 힘이 그 속에서 똬리를 틀고 있다.

✢ 잘돼도 못 돼도 조상 덕

종묘는 1995년에 세계문화유산으로, 종묘제례 및 종묘제례악은 2001년에 유네스코 인류무형유산으로 등재되었다. 문화유산은 크게 미술품·건축물처럼 형태를 지닌 유형의 유산과 전통음악·공예

기술과 같이 사람으로 전수되는 무형의 유산으로 나뉜다. 그런데 이것은 문화유산 관리를 위한 편의상의 구분일 뿐이며, 실제로는 유형과 무형은 떨어질 수 없는 관계다. 가령 뛰어난 문화유산인 고려청자는 도자기 장인이 보유한 무형의 기술이 없었다면 과연 유형의 형태를 가질 수 있었겠는가. 고려청자 기술이 지금까지 전승되지 못한 까닭에 유형에 숨은 무형 유산이 없는 것처럼 보일 뿐이다. 그런 점에서 유형과 무형의 문화유산이 잘 조화를 이룬 종묘의 가치는 단연 돋보인다. 신에게 제사를 지냈던 종묘는 의례 장소 보전이 잘되었을뿐더러 거기서 행했던 의례와 음악도 전승이 이뤄졌다. 종묘는 유교문화가 뿌리 내렸던 중국과 베트남에서도 찾아볼 수 있는 반면, 종묘제례와 종묘제례악은 우리나라에서만 찾아볼 수 있다.

의례를 중시했던 조선은 성종 때 『국조오례의國朝五禮儀』를 편찬하여 예법과 절차를 규범화했다. 나라가 직접 지내는 제사는 그 중요성에 따라 대사大祀, 중사中祀, 소사小祀로 나누어 치렀다. 그중 대사에서도 가장 중요한 것이 종묘제례였다. 종묘제례는 임금이 직접 치르는 다섯 번의 제사 외에도 수시로 종묘를 찾아 빌거나 고하는 의식이 진행되었다. 그러하니 종묘에는 한 달에도 몇 번씩 제사가 있었고, 이를 위해 조정이 쓰는 재원도 만만치 않았다. 종묘 제사를 지낼 때에는 장중한 종묘제례악이 연주된다. 종묘제례악은 단지 중국의 아악을 수용한 것이 아니라 세종의 의지에 따라 조선식으로 변화를 줬기 때문에 의의가 더 크다. 세조 때에는 역대 왕들의 덕을 기린 「보태평」과 선왕들의 무공을 칭송한 「정대업」을 정식으로 종묘제례악에 넣었다. 종묘제례악이 연주되는 동안에

1부 제 빛깔이 아름다운 보배

2001년 종묘제례 및 종묘제례악은 유네스코의 인류무형유산으로 등재되었다.

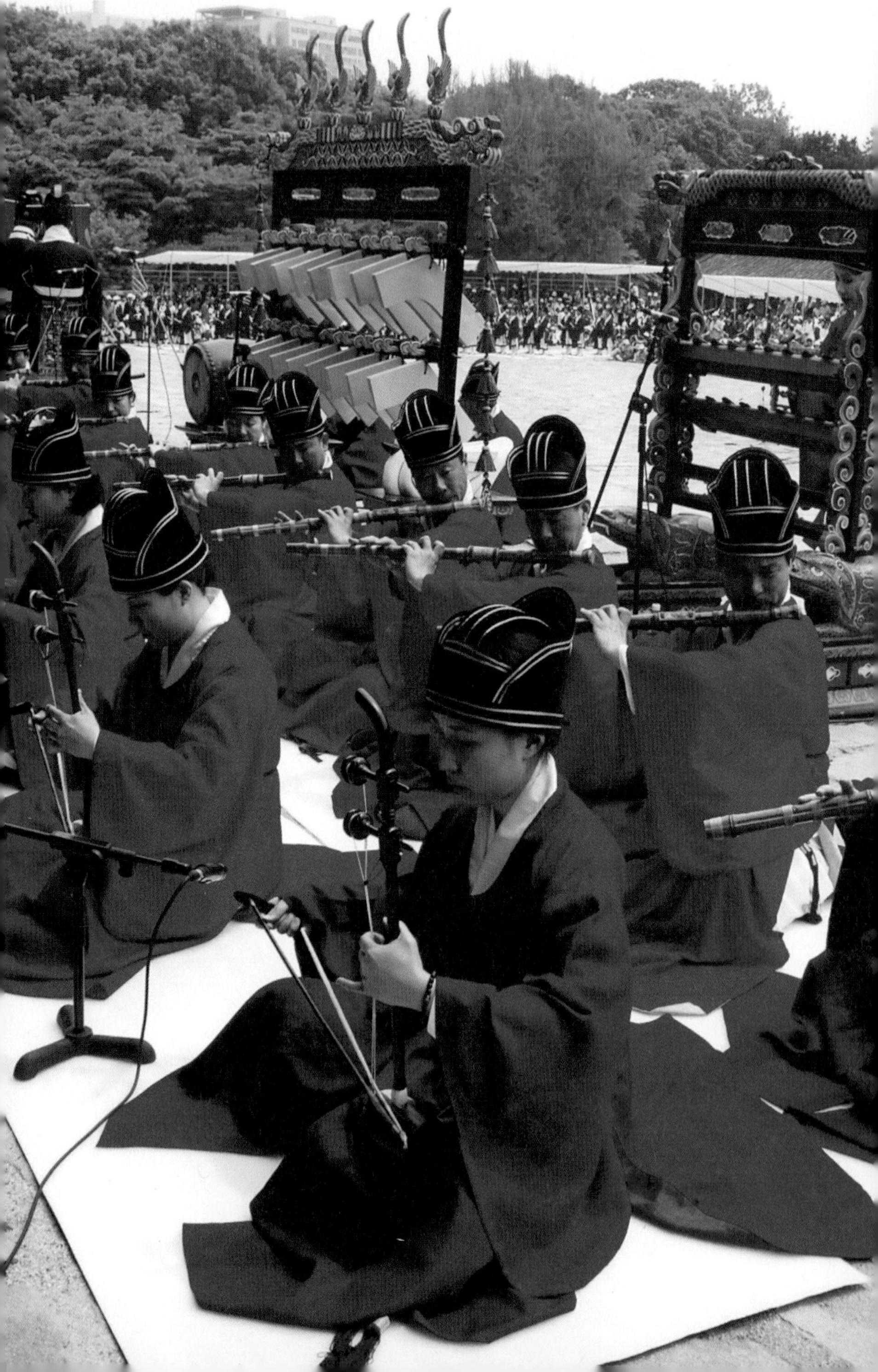

는 노래와 춤이 뒤따라 장관이 펼쳐진다. 조선시대의 종묘제례악은 국립음악원 격인 장악원掌樂院에서 주관했으며, 이 연주에 참여하는 인원만 해도 200명이 넘었다. 종묘 제삿날에는 제관과 집사, 악공들로 북적였으니 광활한 월대도 결코 넓어 보이지 않았을 것이다.

한 서양 건축가가 종묘를 '동양의 파르테논'으로 부른 이래 심심찮게 종묘를 이렇게 비유하곤 한다. 그런데 우리 것에다 외국의 문화유산을 끌어들여 설명할 필요가 있을까. 그리스 여신 아테나를 숭배하는 파르테논 신전과 조선의 역대 왕들의 신주를 봉안한 종묘는 성격이 다르다. 종묘의 신실 북쪽 벽에는 감실이 설치되어 있고, 여기에 신주가 모셔져 있다. 평상시에는 종묘의 신실 안을 볼 수 없다. 전시실로 꾸며놓은 향대청에 가보면 신실을 복원해두었으므로 내부 풍경을 가늠할 수 있다. 닭이나 개 소리가 들리지 않는 깊은 산속에서 자란 밤나무로 제작하는 신주 가운데는 구멍이 뚫려 있다. 이 구멍이 바로 혼이 드나드는 통로다. 우리는 사람이 죽어서 된 귀신을 흔히 영혼, 넋, 혼백이라 한다. 그런데 유교 사상에 따르면 혼魂과 백魄은 다르다. 사람이 죽으면 혼과 백으로 나뉘는데, 혼은 하늘로 올라가고 백은 땅으로 들어간다. 혼은 정신을 다스리는 양기의 넋이며, 백은 육신을 다스리는 음기의 넋이기 때문이다. 그래서 혼과 백을 모시는 장소도 이원적 체계를 갖는다. 요컨대 백을 모시기 위해 무덤을 조성하는 것이며, 혼을 모시기 위해 종묘나 사당을 짓는 것이다. 종묘나 사당은 조상을 숭배하는 상징적 공간이다. 우리나라에서 조상 숭배에 대한 관념은 고대부터 있었다. 그러다가 유교 사상이 유입된 뒤로는 남성 중심의

1부 제 빛깔이 아름다운 보배

조선시대 종묘제례는 국가의례인 대사 중에서도 가장 중요한 의식이었다. 임금이 직접 치르는
다섯 번의 제사 외에도 수시로 종묘를 찾아가 빌거나 고하는 의식이 진행됐다.

가부장제와 함께 서민들에게까지 널리 퍼졌다. 지금도 조상 숭배를 신조처럼 여기는 가문들이 있다. 무슨 일이 잘 성사되면 '조상 덕'이라 말하고, 조상이 꿈에 나오면 그 해몽을 놓고 고심한다. 조상 조상 하다보니, 자기 합리화로 툭하면 조상을 끌어다 붙이기도 한다. '잘되면 제 탓, 못 되면 조상 탓'이 그런 비유다. 또 '조상같이 알다'고 하면 어떤 물건을 소중히 여기는 것이요, '조상보다 팥죽에 마음이 있다'고 하면 예를 차려 할 일은 안 하고 잇속만 챙기는 짓을 이른다. 조상 숭배의 정점에 있는 의례가 제사다. '조상 덕에 이 밥을 먹는다'는 제사를 치른 덕에 쌀밥을 먹는다는 얘기다. 조상을 받들고 제사 치르는 일은 궁극적으로 후손들을 위해서다. 종묘 제사도 역대 선왕을 잘 모셔서 그 은덕을 받아 조선 왕조가 끝없이 영원하기를 바라는 의례였다.

우리 집은 아버지가 돌아가신 이후로 가난하게 살았다. 그런데 어머니는 좁은 방에서도 제사를 한 번도 거르지 않으셨다. 일찍 돌아가셔서 얼굴조차 본 적 없는 시어머니 제사도 빠짐없이 지냈다. 궁핍했던 시절 비좁은 방에서 제사를 반드시 지내야 하는 이유가 궁금했다. '어머니, 제사를 꼭 지내야 해요?' 어머니께서 대답하셨다. '이렇게라도 입에 풀칠하는 것은 다 조상 덕이 아니겠니.' 시간이 지나 살림은 좀 나아졌지만 자식들은 제사에 신경을 못 썼다. 제사 준비는 여전히 연로한 어머니 몫이었다. 나는 할머니가 된 어머니가 제사 때문에 계속해서 고생하는 모습이 안쓰러워 말했다. '어머니, 이제 제사를 좀 줄이지요.' '무슨 말이냐, 우리 집 자손들이 모두 밥 먹고 사는 것은 다 조상 덕이다. 제사가 안 끊겨서 너희가 평안한 거야.' 어머니 말씀에 따르면 이래도 저래도 모두 조상 덕이었다. 하지만 그토록 제사에 매진했던 이유는 죽은 조상보다는 산 자식들을 위해서였으리라. 조상이 죽으면 저승으로 떠나 후손들과 결별하는 것이 아니다. 죽은 뒤에도 여전히 우리 곁에서 보호해준다는 생각에 조상을 숭배하고 제사를 지내는 것이다. 조상의 덕을 입어 후손들이 영원하기를 바라는 심정은 왕조나 사대부나 서민이나 모두 한결같았다.

✤ 영녕전과 공민왕 사당

종묘 정전을 답사한 뒤 영녕전으로 발길을 돌렸다. 영녕전은 '별묘' 혹은 조묘祧廟라 부른다. 조묘는 정전에 있던 신위를 영녕전으로 옮겨왔다는 뜻이다. 어르신들은 제사를 치르기 위해 모였을 때 4대봉사라는 말을 쓴다. 옛날 사대부의 사당에서 4대조인 고조까지 모시며 제사를 지내는 것이다. 나라에 큰 공헌을 세워 영구히 봉안하는 신위인 불천위不遷位로 봉해진 조상도 사당에 모신다. 5대 이상 조상의 신위는 땅에 묻고, 시제 때에만 제사를 지낸다. 정전에서도 왕들의 신위를 모두 모실 수 없으므로 공덕이 부족한 왕의 신위는 땅에 묻는 게 합당하건만 차마 왕의 영혼을 그렇게 대접할 수 없었기에 조묘가 만들어진 것이다.

영녕전은 정전에서 밀려온 왕들의 신위가 모셔진 곳이라 규모와 격식이 한층 낮다. 어떻게 보면 구조는 같고 규모는 작은 정전의 축소판 같다. 정전에서 풍기는 웅대함은 덜해도 인간적인 느낌이 더 강하며, 한눈으로 조망할 수 있기에 부담스럽지 않다. 정전에서 옮겨온 신위의 수가 늘어나면서 영녕전도 1667년(현종 8)에

1부 제 빛깔이 아름다운 보배

중축을 했다. 솟을지붕을 쓴 중앙의 신실에는 태조의 4대조와 그 비가 모셔져 있다. 나머지 왕들은 정전과 마찬가지로 서상西上의 원칙을 따라 배치되었다. 서쪽 협실부터 정종(2대), 문종(5대) 등의 순으로 이어져 모두 34위의 신주가 안치됐다. 권력 싸움에서 밀려나 죽음에 이른, 한동안 조선 왕실로부터 제대로 대우받지 못했던 단종(6대)과 추존된 왕인 장조(사도세자)의 신실도 있다.

영녕전 신실의 끝은 영친왕의 신위가 봉안된 칸이다. 조선의 종말은 일제강점의 시작이었으니 그 사이를 오갔던 영친왕의 삶은 불행했다. 조선에 이미 망조에 든 1907년에 순종이 황제로 즉위하자 영친왕이 황태자가 되었다. 순종에겐 자식이 없으므로 고종의 다섯째 아들인 의친왕이 황태자가 되어야 함에도 동생인 영친왕이 황태자로 올랐다. 일본에 볼모로 끌려간 영친왕은 일본 왕족과 결혼했으며, 일본의 육군장교로 근무했다. 그는 오랫동안 일본인으로 살다가 국적이 회복되어 귀국했고 1970년에 세상을 떴다. 전주 이씨들에 의해 영녕전의 마지막 신실에 봉안된 그의 신위는 조선 왕조의 끝을 보여준다. 하지만 좋지 못한 종말도 우리 역사이므로 부정할 필요까진 없다. 역사가 어떻게 아름답기만 하겠는가. 영녕전에서는 축복과 찬양으로 출발한 조선의 역사뿐만 아니라 안타깝고 불행하게 막을 내린 역사도 다 비춰준다. 이렇듯 종묘는 시작과 끝의 이야기를 다 들려주는 문화유산이다.

영녕전을 나와 다시 정문 근처에 있는 공민왕 신당 쪽으로 걸어갔다. 조선 왕조의 종묘에서 고려의 공민왕을 모신 신당이 있다는 사실은 언뜻 수수께끼 같다. 공민왕 사당은 조선시대 종묘를 관리하는 사무소로 기능했던 망묘루望廟樓에 접해 있다. 한 칸의 작

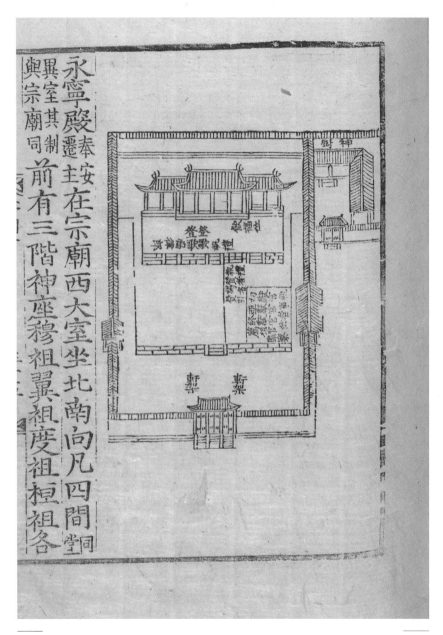

永寧殿 遷奉安主 在宗廟西大室坐北南向凡四間堂同
異室其制同
與宗廟同前有三階神座穆祖翼祖度祖桓祖各

『국조오례서례』「단묘도설」에 실린 영녕전, 규장각한국학연구원. 종묘 정전에 모든 왕과 왕비의 신주를 모실 수 없으므로 별묘인 영녕전을 세웠다. 영녕전에는 태조의 4대조 신위를 비롯하여 34위의 신주가 안치됐다.

은 건물 안에는 공민왕과 노국대장공주를 그린 영정을 모셔두었다. 서쪽 벽에는 말을 그린 3폭의 준마도가 있다. 이 신당은 종묘 창건 때부터 지어졌다가 임진왜란으로 소실된 이후 다시 지어졌다고 한다. 종묘를 창건할 때 어디선가 공민왕의 영정이 바람에 실려와 경내로 떨어지자 조정에서 논의를 거쳐 공민왕 신당을 건립했다는 전설이 전해진다.

조선의 신성한 국가 사당 경내에 있는 고려 왕의 신당은 대체 무엇을 의미하는가. 역사민속학자의 눈으로 보기에 이 공민왕 신당은 부군당府君堂의 일종이다. 조선의 관아 등에서는 대체로 한 칸의 작은 신당이 있었다. 문화유산도 중앙이 아니라 끝을 잘 감상해야 하는 법. 조선 후기에 창덕궁과 창경궁을 묘사한 「동궐도」(국보 제249호)에서도 아래쪽을 잘 관찰해보면 말을 관리하는 관청인 사복시司僕寺의 부군당이 그려져 있다. 부군당에서는 관아의 아전이나 종들이 제사를 주관했는데, 여기서 모시는 신이 주로 고려의 인물들이다. 이성계가 가장 두려워했던 최영 장군이 제일 많으며, 고려 말의 공민왕이나 우왕도 있다. 아이러니하게도 국가 기관에서 일하는 하급 실무자들에겐 고려 인물들을 모신 사당이 허용되었다. 이런 부군당이 점차 민간화되어 지금까지 한강변에 수십 개의 부군당과 부군당굿이 전승되고 있다. 종묘 전사청 앞에는 수복守僕들이 머무르는 수복방이 있다. 종묘에서는 제사를 준비하는 30여 명의 수복이 있었는데, 이들에 의해 공민왕 제사가 이어져왔으리라.

끝은 또 다른 시작이다. 고려 왕조는 끝났어도 그 억울함과 아쉬움은 고려 인물을 신으로 모시는 제사를 통해 새롭게 출발했다.

「동궐도」에 그려진 부군당. 273.0×576.0cm, 국보 제249호, 1830년 이전, 고려대박물관.
부군당은 조선시대 관청 내에 있었던 신당으로 고려시대의 인물신인 최영 장군과 공민
왕 등을 모셨다.

고려는 망했어도 그 인물들이 다시 신으로 태어났으니 시작과 끝
은 역설이요, 변증법이다. 아니, 이 공민왕 신당은 고려의 끝과 조
선의 시작이 화해한 결과일지도 모른다. 그렇게 시작에서 끝을 보
고, 또 끝에서 시작을 볼 수 있는 곳이 바로 종묘다.

         1부 제 빛깔이 아름다운 보배

05

쉼과 여유가
그립다

: 밀양 영남루

✤ 천년의 쉼터, 영남루

휴양의 역사는 자본주의의 득세와 밀접한 관련을 맺고 있다. 자본
주의는 기업의 이윤을 최고 목적으로 하는 체제이므로 시간을 쪼
개 작업을 관리하고 노동을 강화시키는 시스템으로의 지향은 피
할 길이 없다. "열심히 일한 당신 떠나라"와 같은 한 카드 회사의 광
고 문구처럼, 노동이 강화될수록 작업 스트레스가 가중되면서 일
을 접고 여행을 떠나려는 마음 또한 간절해진다. 철도를 비롯한 교
통수단이 발달하고, 시민과 노동자의 권익 차원에서 휴가가 주어지
면서 아름다운 해변이나 온천 등지에 휴양지가 발달하게 되었다.

우리나라 여행의 역사도 이와 다를 바 없다. 안타까운 점은 휴가철에 너도나도 잘 알려진 휴양지를 찾다보니 난리법석을 피하지 못하고 되레 휴가 스트레스를 받아 직장에 돌아간다는 사실이다. 이를 해결할 좋은 묘안은 없을까? 궤변일지 모르지만, 휴양지를 피해 쉬는 것이다. 우리 주변의 문화유산으로 고개를 돌려보면 색다른 쉼과 여유를 느낄 방법은 얼마든지 있다. 선조들이 누렸던 쉼의 공간에서 여유를 찾고 싶다면 밀양 영남루에 가볼 것을 권한다.

영남 제일의 누각이었던 영남루는 천 년 이상 우리나라 사람들의 쉼터가 되어주었다. 그곳에 가서 한 가지 사실에 놀랐다. 대부분의 관광객은 궁궐이나 사찰 등 문화유적지에 가면 한 바퀴 휙 돌아본 뒤 매점이나 벤치에서 일행을 기다린다. 그런데 웬일인지 영남루에 올라간 이들은 내려올 생각을 않는다. 모두들 기둥에 기대어 앉아서 시원한 바람을 쏘이며 휴식을 취하고 있다. 심지어 기둥에 기댔던 몸을 스르르 낮춰 마루에 누워 잠을 청하는 이도 있다. 영남루를 관리하는 이들에게는 이런 관광객을 깨워 일으켜 세우는 게 큰 고충이다. 문화유산 위에서 줄줄이 누워 있는 풍경이 보기에도 좋지 않을뿐더러 다른 관람객들의 동선을 방해하기 때문이다. 이런 일은 영남루가 여전히 아름다운 경관을 제공하는 동시에 마음을 편안하게 해준다는 사실을 입증해준다.

열심히 일한 자, 노동에 지치고 업무 스트레스에 골치가 아픈 자라면 영남루에 가보자. 먼 과거에서 흘러나와 다시 또 먼 미래로 흘러가는 밀양강(남천강) 풍경은 내 삶을 반추케 할뿐더러 남쪽에서 불어오는 시원한 바람은 마음속 깊이 박혀 있는 스트레스를 가

1부 제 빛깔이 아름다운 보배

시게 해줄 것이다.

✿ 산천은 예와 같으나 누각은 새로워라

누각樓閣의 진정한 아름다움은 누각 안에서 멀리 바라보는 것과 바깥 멀리서 누각을 바라보는 것이 어우러져 나온다. 어떤 이들은 영남루에서 바라본 경치만을 논하는데, 실은 절벽에 웅장히 솟은 영남루를 보는 게 먼저다. 영남루의 풍광을 제대로 감상하려면 먼저 멀리서 영남루를 바라보자. 밀양교를 지나 건너편에서 영남루를 볼 수 있고, 다리 중간에 설치된 난간에서도 볼 수 있다. 영남루를 둘러싼 풍경은 한 편의 시와 같다. 끊임없이 시상을 꿈틀거리게 하며, 무명의 시인을 탄생시키는 경치다. 추화산에서 흘러내려 온 산줄기가 낮은 어깨를 맞대고 있고, 대나무가 숲을 가득 메워 밀양의 보배를 살며시 감싸고 있다. 깎아지른 듯한 벼랑 위에서 위풍당당하게 팔작지붕을 펼치고 있는 영남루는 곧 날개를 펴고 하늘로 날아가려는 해동청을 닮았다. 밀양강에서 뱃놀이가 성행한 것도 이렇게 강 위에 떠가며 솟구친 영남루를 바라보는 재미에서였으리라.

이 풍광을 뇌리에 남겨둔 채 영남루에 올라가보자. 지금은 중앙 계단을 막아두었으므로 능파각 쪽 계단을 통해 올라가야 한다. 이 누각에 들어서자마자 남녀노소 가릴 것 없이 환하게 다가오는 멋진 강변의 모습에 탄성을 지른다. 밀양강은 동쪽에서 굽이쳐 나와 서쪽으로 흘러간다. 여기서 또다시 남쪽으로 유유히 방향을 꺾어 낙동강과 만난다. 밀양강 건너편의 삼문동 일대는 하중도와 같다. 밀양강의 물길은 이 하중도를 끼고 둥그렇게 돈다. 저 멀리서 다불산과 용두산의 줄기들이 성큼성큼 다가오다가 삼문동 아파트 숲에 가로막혀 더 이상 오지 못한다. 아파트 단지가 들어서기 전에는 광활한 땅에 서 있는 산줄기와 그 사이를 돌고 도는 강줄기의 경관이 예사롭지 않았을 것이다.

시선을 약간만 틀어도 영남루에서 바라본 경관은 다른 파노라마를 펼쳐낸다. 더욱이 능파각의 난간으로 가서 보면 완전히 다른 모습인데, 이는 휘돌아가는 강이 만든 풍경 때문이다. 매끈하게 화장한 강변의 모습에 약간의 실망감은 들지만 그래도 굽이쳐 돌아가는 밀양강은 여전히 강이다. 흐르지 않는 강은 강이 아니듯, 구불구불 굽이치지 않는 강도 제 모습이라 할 수 없다. 우리는 이렇게 자신을 낮추고 비껴가는 자연의 법칙에서 삶의 여유로움을 찾고, 상대방에게 베푸는 관용을 배운다. 제 맘에 들지 않는다고 어머니 품과 같은 강변을 일직선으로 자르거나 물길을 막는 일은 경관이 주는 여유와 넉넉한 자연의 멋을 빼앗는 반생태적 행위다. 아직까지 영남루의 경관에서 정감이 넘치는 까닭은 환경을 배제하지 않고, 자연을 품은 밀양강의 생명력이 여전하기 때문이다.

밀양강은 유유히 흘러가며 영남루의 역사를 무던히 지켜봤을 터이다. 신라시대에는 이곳에 영남사嶺南寺 사찰에 딸린 작은 누각이 있었다. 작은 누각이라지만 풍치가 제일 빼어난 곳이었으므로 누구든 밀양에 오면 들르는 명소였을 것이다. 고려시대부터 영남루는 본격적으로 이름을 날렸다. 고려 문신인 임춘林椿은 무신의 난으로 큰 화를 입어 영남 지방으로 피신했는데, 밀양에 와서 이 누각을 다녀간 뒤 시를 남겼다. 1344년 찰방으로 명을 받고 밀양 밀양강 건너편에서 본 영남루 전경이다. 절벽 위에 웅장히 솟아 있는 영남루가 날개를 펴고 하늘로 날아가려는 해동청과 닮았다.

에 온 성원도成元度는 밀양 군수의 추천으로 이 누각에 왔다가 아름다운 풍광에 적이 놀랐다. 그는 '붉은 난간이 우뚝 솟아 구름 하늘에 닿아 있고, 줄지은 산봉우리가 눈앞에 다 모여 있네. 아래에는 긴 강물이 끊임없이 흐르고, 남쪽에는 큰 들판이 끝없이 드넓네……'라는 시를 지었다. 성원도는 이 누각이 복주福州의 영호루, 울주蔚州의 태화루, 금주金州의 연자루, 진주晉州의 촉석루보다 더 빼어난 경관을 지녔다고 했다.

하지만 당시 영남루는 규모가 작고 내부도 비좁았으며, '죽루竹樓' 또는 '소루小樓'라 불렸다. 추녀가 짧아 비바람이 들이치고, 해가 길어지면 볕도 들어와 온전한 쉼터가 되지 못했다. 이를 아쉽게 여겨 영남루를 개창한 인물이 김주金湊다. 1365년에 밀양 군수로 부임한 그는 낡고 좁은 영남루를 고치려 했지만 마땅한 공장工匠을 찾기 어려웠다. 마침 사내종 가운데 일 잘하는 공장이 있었는데 늙고 병든 처지였다. 하지만 김주는 포기하지 않고 그를 진주의 촉석루로 보내 건축 상황을 살피도록 했다. 하늘이 도왔던지 그 늙은 종은 영남루를 지으면서 오히려 건강을 되찾았다. 증축된 영남루는 예전 모습이 아니었다. 부연을 단 겹처마와 넓은 마루뿐 아니라 높은 기둥이 설치되었으며, 단청도 칠해졌다. 강한 비바람과 뜨거운 햇볕도 걱정할 필요 없는 멋진 누각으로 재탄생했다.

이후 서울로 올라간 김주는 1372년 안찰사가 되었을 때에도, 1389년 관찰사로 명을 받았을 때에도 영남루를 다시 찾았다. 이곳에 올라서 감개무량해진 그는 소회를 털어놓았다. "산천은 옛날과 같으나 누각이 새로움에 감탄했다. 산은 아득하고 들은 넓으며, 물은 멀고 하늘은 길며, 바람과 구름의 모습을 바꾸고, 봄여름으로 경관이 다르게 보이니 진실로 조화가 무궁무진하다고 할 수 있다." 영남루를 직접 개창한 까닭에 남다른 애정을 품었던 그는 경상도에 오면 꼭 이곳에 들러 시간과 공간의 변화를 살펴봤다. 김주에게 영남루는 누각 그 이상의 존재였던 것이다. 그는 세월의 흐름을 영남루에서 느끼며 "누각 안에서 눈에 보이는 것은 다 옛 모습 그대로인데 누각 안에 보이는 사람은 이미 옛 모습이 아니니 어찌 바람을 쐬며 세 번 탄식하지 않을 수 있겠는가"라면서 인생의 덧없음을 한탄하기도 했다.

❖ 밀양 12경도에 숨은 뜻

나는 특별전시에 출품할 유물을 대여하기 위해 밀양시립박물관을 몇 차례 방문했다. 유물 대여 업무를 할 때는 먼저 전시관부터 둘러보는 게 관례다. 밀양시립박물관 전시실에 들어서면서 제일 맘에 들었던 문화유산은 경상남도 유형문화재 제308호로 지정된 「밀양 12경도密陽十二景圖」였다. 이것은 밀양강 주변의 명소 12곳을 그린 그림인데, 이를 보고 지은 제화시題畫詩까지 붙여 제작한 병풍이다.

이 작품은 전문 화가가 그린 그림이 아니지만 밀양의 실제 풍경을 그린 진경산수화였기에 마음에 와닿았다. 더욱이 그림을 오랫동안 소장해왔던 후손이 박물관에 직접 기증했기에 소장품의 출처와 유래가 명확해서 전시하기에 알맞은 작품이었다. 하지만 아쉽게도 유물 대여는 성사되지 못했다. 내 마음에 드는 유물은 역시 남들에게도 돋보이는 것을 어찌하랴. 「밀양 12경도」는 박물관의 상설전시실을 빛내는 주요 전시품이다. 박물관을 찾는 관람객들이 가장 보고 싶어하는 유물이기에 특별전시를 위한 오랜 기간의 반출은 어렵다는 회답을 받았다.

비록 유물 대여는 받지 못했지만 이 유물을 알게 돼서 기뻤다. 이 병풍의 7폭인 '남루화동도南樓畵棟圖'에는 임진왜란으로 불타기 전 영남루의 건재한 모습이 그려져 있기 때문이다. 이 그림은 원래 「금시당 12경도今是堂十二景圖」라 일컬었다. 실은 이 명칭이 「밀양 12경도」보다 그림의 유래를 잘 밝혀주고 있다. 금시당은 조선 중기에 좌부승지를 지낸 이광진李光軫(1513~1566)의 호이자 고향인 밀양에 낙향한 뒤 밀양강에 세웠던 정자의 이름이다. 금시당에서 휴식하면서 즐기곤 했던 이광진이 병이 나서 몸져눕자 더 이상 주변 경치를 볼 수 없었다. 이를 안타깝게 여긴 이광진의 장남 근재謹齋 이경홍李慶弘(1540~1593)이 부친이 누워서라도 볼 수 있도록 금시당 주변의 아름다운 풍광 12곳을 직접 그려서 바친 작품이라고 한다. 그림에 붙은 화제시는 이광진의 11대 손인 이용구李龍九(1812~1867)가 쓴 것이다.

이경홍은 효심이 극진할 뿐만 아니라 충성심도 컸다. 그는 임진왜란 당시 석동산에서 의병을 일으켰으며, 밀양 부사 박진과 함께 왜적을 맞아 항전했고, 밀양성이 전복되자 곽재우 장군 진영에 합류해 전투를 벌이다 순절했다. 이렇듯 효심과 충심이 모두 남달랐던 그가 늙고 병든 부친이 평소 좋아한 밀양강의 명소를 누워서도 유람할 수 있도록 그린 작품이 바로 「금시당 12경도」이다.

조선시대에는 이런 와유臥遊 풍속이 유행했다. '와유'는 누워서

「밀양 12경도」 중 '남루화동도', 경상남도 유형문화재 제308호, 밀양시립박물관. 「밀양 12경도」
는 이경홍이 금시당을 중심으로 밀양의 주요 명소 12곳을 그린 그림이다. '남루화동도'에는 영
남루와 밀양읍성이 그려져 있다.

그곳을 유람한다는 뜻의 '와이유지臥以遊之'를 줄인 말이다. 송나라의 종병宗炳이 늙어서 거동이 불편할 때를 생각해 누워서 보려고 유람한 곳을 그림으로 그려 방에 걸어두었다는 일화에서 비롯되었다. 지금처럼 사진이나 영상이 없던 시대였으니 젊었을 적에 다녀온 명승을 기억으로 되살릴 유일한 방법은 그림으로 남겨두는 것이었다. 「금시당 12경도」도 이런 와유 관습의 하나였다. 아름다운 밀양강과 금시당을 보길 원했던 이광진의 간절함, 병든 부친의 뜻을 알고 와유할 수 있도록 붓을 든 이경홍의 효심이 좋은 작품을 탄생시켰다.

이 그림은 영남루의 실경을 보여주고 있다. '남루화동도'에 그려진 영남루는 팔작지붕의 정면 5칸, 측면 2칸의 누각으로서 둘레에는 난간이 설치되어 있다. 동쪽에는 정면 3칸의 능파각, 서쪽에는 정면 2칸의 침류각으로 보이는 건물이 나란히 있다. 이처럼 영남루는 본루本樓를 중심으로 양쪽의 익루翼樓인 능파각과 침류각이 조화를 이루어 웅장미를 더한다. '남루화동도'는 1542년 밀양 부사 박세후가 중건했던 모습을 그린 것으로 추정된다. 김주가 영남루를 지은 뒤에도 수차례 개보수가 이뤄졌는데, 박세후 부사는 영남루를 해체해 복원했을 뿐만 아니라 침류각과 능파각도 중수했다.

그런데 '남루화동도'의 영남루가 지금보다 강건하고 웅대해 보이는 까닭은 무엇인가. 그것은 1479년에 창건한 밀양읍성의 성벽이 절벽을 지나면서 영남루를 떠받쳐주기 때문이다. 밀양읍성은 임진왜란 당시 일부가 파손되었고, 구한말 일제가 경부선 철도 건설 공사 때 성돌을 가져다 쓰면서 해체되었다. 1566년 이경홍이 「금시당 12경도」를 그렸을 당시에는 성곽이 온전히 남아 있을 때였으므로 강과 벼랑, 성벽과 영남루가 조화를 이루며 더없이 멋진 경관을 연출했다. 영남루를 비교적 작게 그리면서 밀양강과 성벽 라인 등 전체적인 풍경을 강조한 것은 영남루의 멋이 주변 경관 속에서 더 잘 살아나기 때문이다.

밀양시립박물관의 김재학 선생은 밀양시 문화유산의 산증인이다. 큐레이터가 아님에도 불구하고 누구보다 밀양 문화유산의 내력을 잘 꿰뚫고 있다. 하긴 공직생활 초창기부터 문화재 업무를 20년 이상 맡아왔으니 그 내공이 전문직을 능가한다. 내가 더 놀란 것은 문화유산에 대한 그의 남다른 애정과 특별한 관심이다. 현 밀양시립박물관에서 제일로 꼽는 문화유산은 인쇄를 하는 목판들이다. 이준록 책판(경상남도 유형문화재 제175호), 성호선생문집책판(경상남도 유형문화재 제177호) 등 귀한 목판이 한두 점이 아니다. 전시실 2층의 목판실은 목판을 위한 별도의 전시형 수장고로 만들었다. 훤히 보이는 통유리를 사용해 보관과 전시를 겸하고 있고, 관람객이 내부를 볼 수 있는 누드형 수장고다.

이 목판을 기증받은 1983년경에는 유물을 전문적으로 운송하는 업체나 탑차가 없었다. 이에 밀양고와 밀성고 등 인근 학교에 부탁해서 학생들을 일렬로 세운 뒤 목판을 하나씩 옆으로 전달해 박물관까지 운반했다. 목판 운반을 무사히 마치자 아이들 얼굴은 목판의 먹물로 인해 숯검정이가 되었다고 한다. 이처럼 귀한 목판을 박물관 수장고에 보관해두었지만 보존 처리가 또 문제였다. 그리하여 김 선생은 조선시대의 방법처럼 먹물과 소금물을 배합한 뒤 이 물을 솜뭉치로 조금씩 찍어서 이물질을 닦아냈다. 이런 보존처리 과정을 거친 목판이 무려 5800장으로, 3년에 걸쳐 다 이뤄졌다니 대단한 일이다. 밀양에는 종가宗家가 많다. 그는 평소 밀양의 종가를 방문해 안면을 익힌 뒤 후손들로부터 가문의 중요한 유물을 하나둘 기증받았다.

나는 이 밀양 문화유산의 지킴이에게서 영남루에 관한 현장 정보를 하나쯤 얻을 수 있으리라 생각했다. "김 선생님, 영남루에 관한 유물을 소장하고 있는 게 있어요?" "왜, 없겠어요. 영남루 지붕에 올렸던 기와들이 수장고에 있지요." "아니, 어떻게 영남루 기와를 입수했어요?" "밀양박물관이 예전에는 영남루 바로 옆에 있었어요. 영남루 기와 공사를 할 때 가보니 귀한 자료라 싶더라구요. 그래서 유형별로 기와를 챙겨서 박물관으로 가지고 왔죠. 이젠 영남루 지붕 공사를 하려면 먼저 우리 박물관에 와서 기와를 살펴보고 고증을 해가요." 역시 현장 밀착형 문화유산 지킴이는 달랐다. 그날 나는 18세기에 제작된 영남루 기와들을 볼 기회를 얻었고, 이후에는 그의 도움을 받아 명문과 문양이 잘 새겨진 암막새 및 망와를 특별전에 출품하기도 했다.

✤ 시원한 바람이 부는 영남루

조선시대의 밀양 부사들은 영남루를 보존하려고 노력했건만 번번이 공든 탑이 무너지곤 했다. 공들여 손질한 영남루가 한순간의 화마로 잿더미가 되었던 것이다. 지금의 영남루는 1844년 이인재李寅在 밀양 부사가 중건했을 때의 모습을 유지하고 있다. 이인재는 본루의 규모를 확장했으며, 본루와 능파각을 복도로 연결했다. 침류각과 본루 사이에도 월랑을 지어서 통하게 만들었다. 또 경내를 넓히고 부속 건물들을 지어 '밀주관密州館'이란 이름을 붙였다. 밀주관은 조정의 명을 받아 내려온 관원과 손님들이 머무르는 객관으로 사용되었다. 동래와 김해, 양산 등으로 부임하거나 업무차 내방한 관리들이 밀주관에서 유숙했으므로 사대부의 일기나 유람기에는 영남루에 대한 기록이 자주 등장한다. 출장 나온 관리들은 멀리 갈 것도 없이 밀주관에서 숙식하면서 한걸음에 영남루에 올라 휴식을 취할 수 있었다. 영남루는 이른바 근거리의 쉼터로서 업무로 쌓인 스트레스를 이곳에서 풀었던 것이다.

뜨거운 햇볕이 작열하는 7월에 영남루를 찾았다. '마른장마'라 부르는 이상한 날씨였다. 장마철임에도 비는 오지 않고 가마솥 더위처럼 푹푹 쪘다. 그런데 관람객들이 영남루 안으로 들어가면서 하나같이 하는 말이 "아, 정말 시원하다"였다. 높이 세운 다락형 누각은 멀리 바라볼 수 있는 동시에 통풍이 잘되는 구조로 만들어졌다. 우리는 보통 땅에서 올라온 지열 때문에 더위를 느낀다. 그런데 누하의 기둥 사이로 바람이 지나면서 지열을 식히므로 누상의 마루에서는 당연히 시원해지는 것이다.

우물마루를 지나 정면의 난간 쪽으로 가보니 탁 트인 남쪽 들판이 펼쳐졌다. 고려 말에 이곳을 찾은 성원도가 "나는 사방을 유람하며 누각의 경관이 빼어난 곳을 관람하는 일이 많은데, 반걸음도 올라가지 않고서 멀리 바라봄에 앞이 탁 트이고 끝이 없는 것으로는 이 누각과 같은 것이 없었다"고 한 말이 실감났다. 곧 멀리서 불어온 시원한 바람이 내 얼굴에 부딪혔다. 뇌혈관 속에 쌓였던 끈적끈적한 스트레스 침전물이 바람으로 용해되는 느낌이었다. 벼랑 위에 세워진 영남루로 부는 남풍을 중간에 막는 게 없으니

1부 제 빛깔이 아름다운 보배

속도가 붙은 바람의 시원함으로는 이 누각을 따를 게 없었다.

영남루의 천장은 바람이 잘 통하도록 높게 지어졌다. 천장은 서까래 등 가구架構 구조가 그대로 드러나 높이가 강조되고 웅장한 느낌을 주는 연등천장이었다. 연등천장에서는 보와 도리, 서까래 등에 꾸며진 장식을 확인할 수 있다. 천장의 네 귀퉁이에는 청룡·백호·주작·현무 등 사신사四神砂가 단청되었으며, 대들보 위로는 용머리가 튀어나오도록 장식했다. 천장과 공포 사이 곳곳에 현판과 편액이 걸려 있다. 본루 정면에 있는 '영남루嶺南樓' 현판은 조선 후기의 문신이자 글씨와 그림에 능했던 송하 조윤형曺允亨이 쓴 것이다. 그 양쪽으로 '영남의 이름 높은 누각'이란 뜻의 '교남명루嶠南名樓' 현판과 '낙동강 서쪽의 아름다운 고을'이란 의미의 '강좌유부江左唯府' 현판이 나란히 걸려 있다. 모두 조선 말에 영의정을 지냈던 귤산 이유원李裕元의 글씨다. 잘 살펴보지 않으면 지나치기 쉬운데, 본루 후면에도 '영남루' 현판이 중앙에 걸려 있다. 영남루 현판 가운데 으뜸으로 치는 이 글씨는 추사체의 맥을 이은 근대 서예가 성파 하동주河東洲가 쓴 것이다.

천장에 걸린 편액들을 유심히 살펴보다가 나는 1843년에 일곱 살의 이현석李玄石이 쓴 '영남루'와 열한 살의 이증석李憎石이 쓴 '영남제일루嶺南第一樓'를 봤다. 어린 나이치고는 꽤 명필이다. 실은 영남루의 편액 가운데 이것이 제일 유명하다. 이증석의 글씨는 반듯한 것이 짜임새가 느껴지는 반면, 이현석의 글씨는 호방하고 시원해 보였다. 이현석과 이증석은 모두 영남루를 중수한 밀양 부사 이인재의 아들이다. 이인재는 두 아들이 쓴 멋진 글씨의 현판을 새로 지은 영남루에 걸어두고 흡족해했을 것이다.

영남루에는 누각의 정면뿐만 아니라 천장과 공포 사이에 많은 현판이 걸려 있다. 이 현판은 본루 정면에 있는 것으로 글씨와 그림에 능했던 조윤형이 썼다.

영남루는 팔작지붕을 이은 정면 5칸, 측면 2칸의 누각이다. 본루인 영남루를 중심으로 양쪽에
익루인 능파각과 침류각이 연결되어 있다. 누하가 비워져 있거니와 천장도 높으므로 시원하게
불어오는 바람을 만끽할 수 있다.

영남루의 이름은 신라 경덕왕 때 건립된 '영남사'라는 사찰에서 유래했다. 신숙주申叔舟는 1460년경 영남루를 크게 개축한 밀양 군수 강숙경姜叔卿의 청을 받고 기문記文을 지어줬다. 이 기문에서 '영남이라는 누각의 이름은 좋은 경치의 아름다움이 영남에서 으뜸인 데서 비롯되었다'고 했다. 신숙주의 말대로 영남루는 영남에서 첫째가는 풍광을 지닌 누각이다. 후대로 갈수록 사람들은 영남루를 영남제일루의 뜻으로 여겼다. 1834년 대화재로 소실되었던 영남루를 다시 일으켜 세운 이인재에게 영남루는 곧 영남제일루였다. 그리하여 세상에 자랑하고픈 영남 최고의 누각에 두 아들이 쓴 '영남루'와 '영남제일루' 편액을 걸었던 것이다.

✤ 아랑사의 스산함

영남루 오른쪽에는 침류각과 연결된 월랑이 있다. 본루와 익루의 기단 높이는 제법 차이가 나기 때문에 두 건물을 연결시키는 행랑을 계단식 층층각으로 만들었다. 3단으로 지어진 층층각은 각 단에 지붕을 별도로 이었으므로 멀리서 보면 높낮이가 다른 지붕들이 춤을 추듯 율동적인 자태를 자아낸다. 마치 높낮이가 다른 소리가 주는 선율처럼 옛 건축물도 살아 있는 리듬을 주는 것처럼 어겨진다. 이렇게 영남루는 다른 높이의 건축물에 템포를 주어 서로 통하게 한, 선조들의 건축미를 일러주는 공간이다.

이 연결 통로 때문에 괜한 오해도 생긴다. 한 관람객이 일행에게 영남루의 기둥은 모두 57개라면서 그 근거로 층층각 기둥의 반은 본루에, 나머지 반은 침류각에 속하기 때문이라고 했다. 층층각은 연결 통로라 해도 별도의 건축물로 보는 게 맞는 까닭에 나는 고개를 갸우뚱했다. 그런데 일행 중 한 중년 여성이 재미있는 속설을 슬며시 꺼냈다. "글쎄, 죽어서 저승 갈 때 저승사자가 영남루 기둥이 몇 개인지를 물어본단다." 저승사자도 쉼과 여유를 중요시했던 것인가. 우리나라 사람이라면 3대 누각(평양의 부벽루, 진주 촉석루, 밀양 영남루)으로 일컫는 영남루에는 한번쯤 가보고, 그 기둥의 숫자 정도는 알아야 하는 법. 이 속설을 듣자 영남루의 기둥부터 세봐야겠다는 생각이 들었다. 영남루 본루의 누상과 누하의 기둥을 찬찬히 세어봤는데 모두 56개였다. 그 관람객의 논리를 따른다면 층층각의 기둥이 10개이므로 그 반인 5개를 더해 61개여야 하는데 57개가 나온 이유를 도무지 이해할 수 없었다. 저승사자를 만난다면 그 관람객과 나, 둘 중 한 명은 틀린 답을 할 터이니 누군가는 저승으로 가는 길이 고될지도 모른다.

영남루 아래에는 넓은 대밭이 있다. 대나무가 사람 키보다 높게 자라서 잘 보이지 않는데 이곳에 억울하게 죽은 아랑을 모신 아랑사阿娘祠가 건립되어 있다. 영남루 경내 후문으로 빠져나와 계단을 통해 내려와야 하므로 이곳엔 한낮에도 인적이 드물다. 아랑사에 들어가면 스산함이 밀려온다. 아랑사의 쪽문을 벗어나 좁은 계단을 따라 올라가면 대나무 숲 사이에 1910년에 세운 아랑유지비阿娘遺址碑가 있다. 이곳은 아랑 낭자의 시신이 유기되었던 곳이라 전해온다. 해질녘에 홀로 아랑유지비 쪽으로 발길을 옮긴다면 바람에 술렁이는 댓잎 소리와 함께 으스스한 기분이 들 것이다.

잘 알려져 있듯이 아랑설화는 고전소설인 『장화홍련전』에 영향을 주었다. 현대판 연쇄살인으로 스토리를 개작해 2006년에 영화 「아랑」이 개봉되기도 했다. 역사민속학자인 손진태는 억울하게 죽은 원귀가 조력자를 만나 원한을 푸는 이야기를 한 유형으로 묶어 '아랑형 전설'이라 했다. 조선 후기에 전래되는 민담을 모은 『청구야담』이니 『금계필담』과 같은 문헌에서도 아랑형 전설이 숱하게 전해온다. 모두 한 남자의 성폭행을 피하려다 살해당한 처녀 영혼의 억울함을 달랜다는 내용이다. 밀양의 아랑설화는 아랑형 전설의 모태가 되었다. 아랑은 억울하게 죽은 처녀 귀신의 원조인 셈이다.

아랑설화는 입에서 입으로 전해지면서 가지치기가 많이 된 탓에 설화의 원형을 찾기가 쉽지 않다. 『한국구비문학대계』에 수록된 아랑 민담들도 조금씩 차이가 난다. 밀양문화원에서 펴낸 『밀양지』에 실린 아랑전설의 줄거리는 이렇다. 조선 명종 시절 밀양 부사로 부임한 윤 부사에게 무남독녀인 아리따운 아랑이 있었다. 하루는 유모가 영남루로 달구경을 가자고 하자 아랑은 무심코 따라나섰다. 하지만 유모가 범인과 공모한 대로 몰래 자리를 비운 틈에 주기朱旗라는 관속官屬이 아랑을 겁탈하려고 했다. 아랑이 거칠게 저항하자 주기는 그녀를 죽여 대밭에 버렸다. 죽은 딸을 찾지 못한 윤 부사는 화병에 걸려 관직을 그만두고 서울로 올라가버렸다. 이후 새로 부임해온 밀양 부사들은 첫날을 지내면 모두 방에서 죽어나갔다. 그런데 어느 날 이 진사라는 선비가 영남루에서 자다가 꿈을 꾸었는데 난데없이 피투성이 처녀가 나타나 자초지종을 얘기한 뒤 빨간 깃대를 흔들면서 사라지는 것이었다. 이를 이상하게 여긴 이 진사는 과거에 급제한 뒤 아무도 가려 하지 않는 밀양 부사를 자원해서 이곳에 부임했다. 그는 빨간朱 깃대旗에 착안해 아랑을 살해한 주기와 유모를 잡아들였다. 범인들의 자백을 받아 대밭에 가보니 칼이 꽂힌 채 썩지 않은 아랑의 시신이 있어 좋은 자리에 안장해줬다는 이야기다.

아랑설화는 절개를 지킨 열녀 이야기로서 가부장제가 지배했던 조선에서 성행했다. 신분사회인 조선에서 사대부 집안의 처자가 관아에서 일하는 하인에게 성폭행을 당할 뻔하다가 살해당했다는 줄거리는 공분을 사기에 충분했다. 비참하게 죽은 아랑 낭자의 원한은 지금도 사무치게 다가오지만 아랑사에 모셔진 아랑 영정만큼은 도무지 마음에 들지 않는다. 1963년 이당 김은호가 육영수 여사의 부탁을 받고 그렸다는 이 영정은 1955년에 그린 논개 초상, 1960년에 그린 춘향 추상과 거의 판박이다. 특히 춘향 초상과는 얼굴뿐만 아니라 치마를 감싸고 살포시 든 손의 배치까지 똑같다. 일찍이 오주석 선생은 김은호 화백이 그린 논개와 춘향의 얼굴이 똑같다고 지적하며, 자기 부인을 모델로 삼아 두 초상을 그리는 법이 어디 있느냐고 비판한 바 있다. 후대에 그린 초상은 실제보다는 가공의 인물로 그려낼 수밖에 없음을 이해한다. 하지만 아무리 꾸며낸 인물이라도 동일한 얼굴의 모델을 반복 재생하여 영정으로 만드는 것은 죽은 영혼을 달래기 위한 목적에 부합하지 않는다. 내가 아랑사에서 스산함을 느끼는 진짜 이유는 바로 이것 때문이다.

2부

내 인생의
길라잡이

06

내 삶의
길라잡이

: 고산자 김정호의
「대동여지도」

✤ 우리 땅을 사랑한 옛 지도

내 차 대시보드 위에는 내비게이션이 장착되어 있다. 그런데 얼마
전부터 이 내비게이션이 제멋대로 켜졌다 꺼졌다를 반복한다. 아
마도 전원의 접속 상태가 불량해진 것 같다. 귀찮고 게으른 탓에
수리하러 가지 않고 미뤄두었지만 내심 불안하기만 하다. 혹시 갑
작스레 출장이라도 가게 되면 이 불량한 길도우미에게 의지하여
낯선 길로의 주행을 감내해야 하기 때문이다. 다른 자동차 운전자
들도 나와 같은 마음일 것이다. 난생처음 가는 길을 작동이 제대로
안 되는 내비게이션을 믿고 가야 한다니, 얼마나 불안한 일인가.

내비게이션이 출시된 지는 10여 년밖에 되지 않았다. 다시 말해 운전자들이 내비게이션이 가리키는 길을 따라 간 지는 10년도 안 되었다는 이야기다. 그전에는 초행길을 어떻게 운전했을까. 내 경우는 도로 표지판을 따라 무작정 가기도 했고, 지도책을 찾아보다가 내려서 사람들에게 묻기도 했다. 그래서 차 트렁크에는 늘 10만분의 1 축척의 도로교통지도 책이 비치돼 내 마음을 든든하게 해주었다. 당시에는 이 지도책을 미리 보며 길을 숙지한 뒤에 운전을 했는데, 목적지에 도착하지 못했던 적은 없다.

그런데 위성 위치 확인으로 목적지까지 길을 안내해주는 내비게이션이 나오자 낯선 길로의 운행은 편해진 반면 독립적으로 길을 찾는 운전 능력은 자못 떨어졌다. 10년 전에 비해 운전자들이 길을 익히거나 도로 주변의 정보를 기억하는 능력이 현저히 떨어진 것은 사실이다. 어찌 됐든 동네 음식점까지 검색되는 전자지도에는 엄청난 양의 정보가 들어가 있다. 이런 세밀한 정보와 막대한 축척에 놀라면서도 무언가 아쉬움이 든다. 그것은 우리나라 옛 지도가 보여주는, 땅에 대한 애정을 찾을 수 없기 때문이다. 지도地圖는 글자 그대로 땅을 그린 그림이다. 원천적으로 땅 위에서 가장 먼저 눈에 띄는 것은 산과 강이다. 그래서 옛 지도의 근간이 되는 정보는 역시 산줄기와 물줄기다. 그리고 여기에 행정 관청과 군사 기지들을 추가적으로 표시했다. 근대식 측량 기법이 들어오기 전이라 정확성은 떨어진다 해도, 옛 지도는 현대 지도보다 우리 산하를 사랑하는 데는 훨씬 더 큰 도움을 줬다. 더욱이 옛 지도의 반 이상이 회화식繪畫式 지도다. 회화식 지도는 한 폭의 그림과도 같아 보는 이들에게 즐거움을 주고, 감상까지 자아낸다. 요컨대 옛 지도는 우리 땅에 대한 관심과 애정을 불러일으키는 매력적인 문화유산이다.

조선시대 지도는 통치용과 군사용으로 제작된 것이기에 백성이 함부로 소유할 수 없었다. 그러던 중 조신 후기에 접어들면시 지도가 민간에 널리 보급되어 우리나라는 '지도의 나라'가 되었다. 박물관에서 유물 수집을 하다보면 약방의 감초처럼 목판으로 찍은 지도나 작은 수진본袖珍本 지도가 들어온다. 수진본은 소매에 넣고 다니는 휴대용 지도로서 민간에서 유행했다. 그리하여 옛 지도는 지역 역사의 길라잡이 노릇을 톡톡히 하고 있다. 박물관 전시실에 가보면 입구에는 항상 그 지역의 옛 지도가 마중 나와 있다. 복잡하기만 한 현대 지도와 달리, 행정 및 군사 정보를 알려주면서도 우리 산하의 아름다움을 넉넉히 품고 있어 관람객의 마음을 즐겁게 한다.

이렇게 옛 지도가 성행하면서 맺은 결정체가 다름 아닌 고산자 김정호의 「대동여지도」다. 과학적 측량 장비도 없이 우리 국토와 지리를 정확하게 파악했다는 사실도 놀랍지만 그 바닥에 깔려 있는 우리 땅에 대한 관심과 애정이 더 놀라운 것이다. 그런데 「대동여지도」는 김정호 한 사람이 아닌 조선시대 지도 제작자들의 지리관과 자연관이 녹아들어 결정체를 이룬 문화유산의 길라잡이로 봐야 할 것이다. 「대동여지도」는 조선시대의 모든 지도 제작자가 꿈꾸고 바랐던 바를 현실화한 땀과 노력의 산물이었다.

✤ 박물관에서 만난 「동국대지도」

김정호의 「대동여지도」가 사람들의 인식 속에 워낙 강하게 남아 있는 까닭에 그 외의 지도에 대해서는 잘 알지도 못하거나 소홀히 하는 일이 많다. 하지만 「대동여지도」는 망망대해에서 불쑥 솟아오른 화산섬이 아니라 줄기줄기 대간을 타고 올라가다 절정에서 솟아오른 백두산과 같다. 산은 산맥의 마디이듯이 「대동여지도」도 수많은 옛 지도의 결정체로 봐야 하는 법이다. 김정호의 「대동여지도」가 탄생하기 전까지 지도 제작에 땀을 흘렸던 선현들의 노력에도 관심을 기울여야 할 것이다.

국립중앙도서관, 서울대학교 규장각, 고려대학교 박물관 등은 귀한 옛 지도를 다채롭게 소장하고 있다. 서울을 제외한 지방에서는 영남대학교가 소중한 옛 지도를 다량으로 보유하고 있다. 우리나라 고서의 산실이었던 통문관 고서점에서 고지도 전시를 개최한 적이 있다. 이 전시를 본 당시 영남대 총장이 옛 지도를 통째로 구입하도록 했다고 전한다. 문화유산의 가치를 알아본 한 사람이 영남대학교를 옛 지도의 길라잡이로 만든 것이다. 이후 영남대박물관은 전시실에 별도로 고지도실을 꾸며두었으며, 옛 지도의 역사를 공부하는 연구자들에게는 필수 답사 코스가 됐다.

나는 대구에 출장을 갈 때면 이따금 영남대박물관에 들러서 옛 지도의 매력에 흠뻑 빠지곤 했다. 옛 지도를 체계적으로 분류해 전시하고 있는 이곳 고지도실을 둘러보면 한번쯤 이 문화유산을 빌려와 기획전시를 열고 싶다는 욕심이 든다. 특히 팔도지도와 도별 지도 코너에 전시되어 있는 옛 지도들은 내 직업적 욕망을 자극했다. 박물관 로비 기둥 옆에는 「대동여지도」 복제본이 웅장하게 전시되어 있다. 절첩식(병풍처럼 접혀 있는 형식)의 「대동여지도」
는 펼쳐서 연결하면 어마어마한 크기가 되기 때문에 어지간해서
는 전시를 시도하기조차 힘들다. 어쨌든 「대동여지도」를 펼친 장관
을 볼 수 있는 곳은 영남대박물관과 거창박물관이다.

관심은 애정을 낳고 이것이 또다시 노력으로 이어질 때 꿈은
곧 현실이 된다. 몇 차례의 협의 끝에 대여가 성사되어 내가 기획
한 특별전에서 영남대박물관의 옛 지도들을 전시할 수 있었다. 당
시 특별전 주제는 조선시대 동래에서 한양에 이르는 큰길인 '영남
대로嶺南大路'였기에 도로가 잘 표시된 옛 지도는 전시에서 빠질 수
없는 문화유산이었다. 나는 전시실 어귀에다 「대동여지전도大東興地
全圖」를 걸었다. 관람객들이 우리 국토 전체를 한번 떠올려보도록
한 것이다. 그런데 이 전도는 「대동여지도」를 축소해 만든 소형이기
에 이를 「대동여지도」와 헷갈려 하는 사람이 종종 있다. 「대동여지
도」는 너무 크고 여러 부분으로 나뉘어 있으므로 한반도를 전체적
으로 감상하려면 남북 길이 1미터 정도의 이 전도가 효용성이 훨
씬 더 높다. 이 전도 바로 옆에는 영남대박물관에서 대여해온 「팔
도전도八道全圖」를 전시했다. 「팔도전도」는 각 지역을 오방색으로 구
분했으며, 산과 강도 아름답게 묘사했다. 청나라와 인접한 평안도
와 함경도의 경계가 뚜렷하고, 울릉도와 독도가 우리 영토로 확실
히 표기되어 있다. 또 육로와 수로가 빨간 줄로 상세히 표시되어
있으니 특별전의 주요 유물로 손꼽기에 손색이 없었다. 더욱이 이
지도에는 백리척百里尺도 기재되어 있지 않던가.

이렇게 지도상에 백리척이 표기되어 있다면 정상기의 「동국대
지도」로부터 영향을 받았다고 볼 수 있다. 잘 알려져 있듯이 옛 지

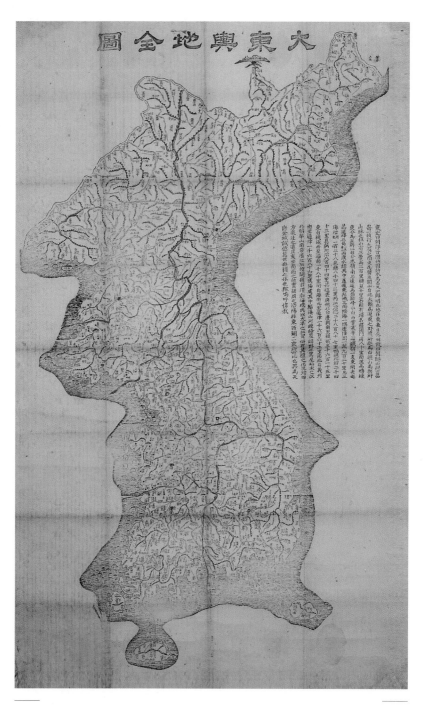

「대동여지전도」, 김정호, 목판본, 115.2×70.0cm, 1861, 서울역사박물관. 「대동여지도」를 축소시켜 제작한 지도다. 「대동여지도」는 여러 부분으로 나뉘어 있으므로 한반도를 전체적으로 감상하기에는 「대동여지전도」가 효과적이다.

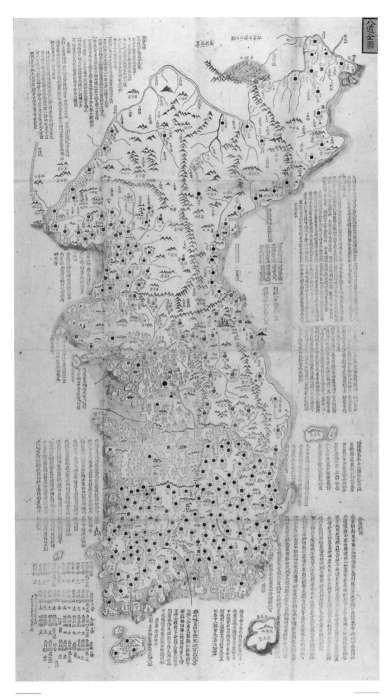

「팔도전도」, 135.0×58.0cm, 19세기 후반, 영남대박물관. 우리나라 영토가 전체적으로 표시된 전국 지도다. 주요 도시들이 오방색으로 채색되었고, 산천과 도로, 역 등에 대한 정보를 여백에 기록해뒀다. 민족의 명산인 백두산이 자세히 묘사되었으며, 울릉도와 독도까지 그려져 있다.

도의 역사에서 큰 분기점을 이룬 것이 정상기의 「동국대지도」다. 그전에는 지도에 축척을 사용하긴 했어도 일부에만 그쳐 우리나라의 실체를 파악하기 어려웠다. 그런데 정상기는 백리척을 기준으로 우리나라 전체를 그린 「동국대지도」를 내놓아 세상을 놀라게 한 것이다. 영조는 정상기가 죽고 난 뒤인 1757년에 이 지도를 보았다. 『영조실록』에는 이 지도와 영조의 첫 만남을 기록해두고 있다. 홍양한이 영조에게 정상기의 아들인 정항령의 집에 산천과 도로가 섬세하게 갖춰져 있고, 백리척으로 재어보니 착착 맞는 「동국대지도」가 있다고 보고했다. 이 지도를 가져오게 해서 본 영조는 "내 칠십의 나이에 백리척은 처음 보았다"며 놀랐고, 홍문관에 명하여 「동국대지도」를 모사模寫하도록 했다.

그러나 안타깝게도 「동국대지도」의 원본은 전하지 않으며, 베껴 그린 지도가 국립중앙박물관 상설전시실에 걸려 있다. 모사본이라도 워낙 가치 있는 문화유산이기에 보물 1538호로 지정되었다. 나는 이 지도를 국립경주박물관에서 개최한 '경상도' 특별전에서 처음 봤다. 전시실 초입에 걸린 이 지도를 본 내 마음은 250년 전 영조와도 같았기에 도무지 다른 코너로 발길을 돌릴 수 없었다. 특히 백두산에서 시작되는 백두대간을 유달리 굵게 묘사한 게 아주 인상적이었다. 마치 우리 몸의 굵은 척추와 닮았다는 생각과 함께, 선조들이 우리 땅의 산맥을 곧 뼈대로 인식했다는 점을 깨달았다. 그 뒤에 나는 국립중앙박물관에 가서 「동국대지도」를 다시 보았다. 이 지도가 품은 백두대간은 여전히 우리 땅을 굳건히 지탱하면서 살아 출렁이는 듯했다. 이것은 땅 위에 널린 정보를 제공하는 단순한 안내판이 아니었다. 우리 국토는 뼈대가 있고 피가 흐르는 생명체라는 자연관을 각인시켜주는 지리철학의 길라잡이었다.

✤ 두루 찾아보고 널리 수집하는 김정호

옛 지도의 최고봉에는 언제나 김정호의 「대동여지도」가 있다는 사실을 부인할 수 없다. 김정호는 더 정밀해진 형세와 더 풍부해진 정보, 그리고 더 커진 축척의 지도를 제작해 우리 지도의 수준을 세계적인 반열에 올려놓았다. 그리하여 옛 지도의 역사를 전시하는 중심에는 단연 김정호의 「대동여지도」가 있다. 앞서 말한 '경상도' 특별전에서도 '경상도의 땅과 자연' 코너에 가보니 「대동여지도」와 대동여지도 목판이 출품되어 있었다. 국립중앙박물관 상설 전시실에도 「동국대지도」 바로 옆에 「대동여지도」와 대동여지도 목판이 전시되어 있다. 「대동여지도」는 목판으로 인쇄했으므로 이렇게 지도와 목판을 나란히 보여줄 때 전시 효과가 더 커진다.

김정호의 이름을 모르는 사람은 없지만 그의 삶을 제대로 아는 사람도 드물다. 이는 김정호의 생애가 기록 속에 잘 남아 있지 않기 때문이다. 김정호의 생몰연대(1804~1866년으로 추정)조차 그와 같이 일했던 주변 인물들이나 그가 남긴 문화유산을 통해 개략적으로 추정할 뿐이다. 확실한 사실은 그가 번듯한 양반가에서 태어난 사대부는 아니라는 점이다. 족보가 없는 것으로 보건대 신분이 낮았으며 집안 형편도 어려웠던 듯하다. 다만 한문으로 쓰인 각종 자료를 읽고 정리한 것으로 미루어보아 몰락한 잔반이거나 중인층으로 짐작된다. 그러나 그의 삶에 관한 기록이 이처럼 미약하다고 해서 삶 역시 미지의 세계로 남겨진 것은 아니다. 그가 끈

질기게 노력하여 남긴 위대한 문화유산들이야말로 그의 생애를 정확히 웅변하는 길라잡이다.

문제는 일제강점기에 나온 『동아일보』와 『조선어독본』 등에 김정호의 생애가 잘못 실리면서 그에 대한 오해가 증폭되었다는 점이다. 이에 민족주의적 관점으로 김정호의 위대함과 우리 문화유산의 훌륭함을 설파하려다보니 사실과 어긋나는 신화들이 생겨났다. 가령 김정호가 지도를 제작하기 위해 전국을 돌아다니고 백두산에 올랐다는 주장은 근거가 없는 이야기다. 여태까지도 신화의 성역이 무척 강고해 김정호의 삶을 사실에 기초해서 말하는 지도학자들이 되레 대중에게 뭇매를 맞는 실정이다. 그러나 백두산에 일곱 번이나 오르거나 전국을 답사하지 않았다 해도 김정호의 삶은 충분히 위대하다. 보잘것없는 신분으로 나라의 지원을 받지 않고서도 자신의 힘으로 위대한 유산을 남긴 일은 우리 역사에서 전무후무한 업적이다.

또 하나, 김정호가 남긴 뛰어난 유산은 「대동여지도」만이 아니라는 점을 강조하고 싶다. 그는 옛 지도의 백미인 「대동여지도」를 제작하기 전에 이미 여러 결과물을 선보였다. 그리하여 김정호가 남긴 문화유산으로서, 문화재로 지정된 옛 지도 등이 무려 15점이 된다. 예컨대 보물 1594호로 지정된 「청구도」와 보물 제1358호로 지정된 「동여도」는 김정호가 험준한 봉우리 위에 올라가 꽃피운 문화유산이다.

흔히 김정호의 대표 작품으로 3대 지도와 3대 지지地志를 든다. 3대 지도는 「청구도」 「동여도」 「대동여지도」이며, 3대 지지는 『동여도지』 『여도비지』 『대동지지』다. 그런데 일반인들에게 생소한 '지지'

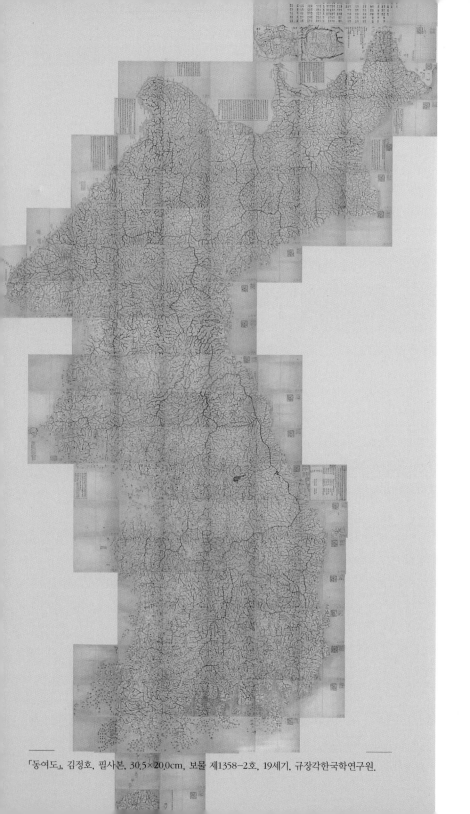

「동여도」, 김정호, 필사본, 30.5×20.0cm, 보물 제1358-2호, 19세기, 규장각한국학연구원.

邑門揚二天

臺島 北十
楸島 西北三里
慕島 北東四

鎮堡　鎮堡　大津關
者○雄串瞭望　北東十五里
　　中京十八年設置以本道
　　權管偹水軍業商紅之階通中國

烽燧 今卜卩 北東三十
　　雄串瞭望 卒有將

倉庫邑倉 紅所　里海邊
　　　　 工所一西三十

驛站 大津驛 北東一里
　　　　　　　里海邊

津渡 大津 北七里 通三和
　　　　　 朔寧 通十里

壇壝 阿新津松串壇 高麗以大川載小
　　鐵鹽覆海 貝祭　本朝固之見文

土產 鐵鹽覆海松 五味子紫草松葦鰒蛤魚 物十種

祠院鳳陽書院 丙戌賜建 朴世采廟文

疆域

東　東南　南　西南　西　西北　北　東北

海州
延安
白川
豐川
金川
長淵
松禾
殷栗

信川
文化
新溪
兔山
遂安
谷山
瑞興
平山
黃州
康翎
甕津
長連

田民

海州
延安
豐川
文化
兔山
長連
信川
新溪
載寧
遂安
安岳
鳳山
谷山
瑞興
平山
黃州
康翎
甕津

大東地志 疆域 民田

田　民戶　人口　軍保

大東地志

『대동지지』에 수록된 거리와 인구에 관한 자료. 『대동지지』는 김정호가 마지막까지 심혈을 기울여 만들었던 전국 지리지다. 그는 최선을 다했지만 이 지리지를 완성하지 못하고 숨졌다. 이 지지는 비록 미완성이지만 끝까지 지도 제작에 매달렸던 김정호의 성품을 잘 보여준다.

란 과연 무엇일까? 이는 각 지역의 지리적 내용과 특징을 기술한 지리지地理誌다. 잘 알려진 『세종실록지리지』와 『동국여지승람』과 같이 조선 정부에서 만든 지리지 외에 민간 또한 이런 책을 제작해 보급했다. 한정된 지면에 그려야 하는 지도에는 모든 지리적 내용과 정보를 담을 수 없기에 이것들을 모아 따로 지지와 같은 책으로 엮어냈다. 김정호는 "지도와 지지는 서로 보완하여 당대의 전례를 밝힐 수 있"으며, "지도로 천하의 형세를 살필 수 있고, 지지로 역대의 제도와 문물을 알 수 있는데 이는 실로 나라를 다스리는 큰 틀이다"라고 했다. 그는 지도와 지지의 불가분한 관계를 잘 알고 있었으므로 지도 제작과 아울러 지지 편찬에도 전력을 다했다. 김정호를 지도 제작자와 지리지 편찬자로 아울러 평가하는 것도 이런 이유에서다.

김정호의 인간적인 면모에 대해서는 유재건의 『이향견문록』을 통해 추측해볼 수 있다. 유재건의 가문은 원래 양반이었지만 몰락하여 중인 계층이 되었다. 문인으로 인정받아 오랫동안 규장각에서 일했던 그는 서민들에 대한 전기인 『이향견문록』을 집필했다. 유재건은 이 책에서 김정호에 대해 이렇게 말했다.

김정호는 스스로 호를 고산자古山子라 했다. 본래 재주가 많고 지리학에 깊이 빠져 있었다. 두루 찾아보고 널리 수집해 일찍이 「지구도」를 제작했고, 또 「대동여지도」를 만들었는데, 능숙한 그림과 조각 솜씨로 새기고 이를 인쇄하여 세상에 펴냈다. 상세하고 정밀하기가 고금에 견줄 만한 것이 없었다. 내가 한 질을 구해 보았더니 진실로 보배라 여길 만했다.

김정호에 대한 유재건의 평가는 정확했다. 김정호는 자료를 두루 찾아보고 널리 수집하는 사서司書이자, 능란하게 그림을 그리고 새겨 목판을 제작할 줄 아는 미술가이며, 또 그 상세하고 정밀함에 있어 고금에 견줄 자가 없는 꼼꼼한 학자였다. 유재건의 표현대로라면 지도 제작자로서 그만한 금상첨화가 없다. 당대 누구보다도 최고의 지도를 제작할 수 있는, 지도의 길라잡이로서 탁월한 능력을 보유한 인물이 바로 고산자 김정호였다.

✣ 청구도, 근대로 가는 길라잡이

우리나라 근대화는 1876년 개항이 기폭제가 되었고, 제국주의 일본과 서양의 영향을 받으며 출발했다는 의견이 중론이다. 외부로부터 유입된 문물과 제도의 영향으로 인해 근대화가 시작되었다는 사실을 부정하기는 어렵다. 그렇다면 조선 스스로 내적인 변화를 통해 근대화를 이룰 수는 없었을까. 충분히 가능했으리라 본다. 김정호가 제작한 지도들은 조선의 자율적인 근대화를 입증할 수 있는 문화유산이다. 그는 조선에서 전래되었던 전통적인 방식을 주춧돌 삼아 중국에서 도입한 서구의 근대 지식을 가미하고, 자기만의 창의적 기법을 덧붙여 새로운 근대식 지도를 제작했다.

「청구도」는 김정호의 첫 번째 작품이다. 이것은 처음으로 완성한 대축척 지도로서 김정호에겐 첫사랑처럼 마음을 들뜨게 했던 작품일 것이다. 한편 내게는 조선 사람이 자율적 근대화를 이룰 수 있었음을 보여주는 위대한 문화유산이다. 「청구도」는 1834년에 제작된 전국 지도로 축척이 216,000분의 1에 이른다. 이 초대형 지

「청구도」에 실린 동래 부분, 채색필사본, 31.5×21.5cm, 19세기 후반, 규장각한국학연구원. 1834년에 김
정호가 제작한 전국 지도다. 현존하는 지도 중 가장 큰 고지도로서 「해동여지도」를 참고하여 만들었으며,
2권의 책으로 엮여 있다.

도를 펼치면 크기(가로 462×세로 870센티미터)가 엄청나기 때문에 김정호는 이를 가로 22판과 세로 29층으로 나눠서 두 권의 책으로 엮었다. 보물로 지정된 「청구도」는 국립중앙도서관과 영남대 도서관, 고려대 도서관에 각각 소장되어 있다.

김정호의 위대함은 모방을 창조로 바꾼 데서 시작됐다. 「청구도」는 김정호가 완전히 새로 제작한 것이 아니라 「해동여지도」를 원본으로 삼아 발전시킨 것이다. 과학적 실측 장비가 없던 시절에 지도 제작의 첫걸음은 다른 지도를 성실히 베끼는 일에서 출발했다. 김정호가 여기서 걸음을 멈췄다면 위대한 고산자가 될 수 없었을 것이다. 그는 기존 지도를 섭렵해 「청구도」를 완성한 뒤 한 걸음 더 나아가 또 다른 「청구도」를 끊임없이 만들었다. 무슨 말이냐 하면, 첫 번째 「청구도」를 제작한 뒤 생기는 문제점을 보완하여 업그레이드된 제2, 제3의 청구도를 계속해서 제작했다는 것이다. 그리하여 「청구도」는 이본異本이 여러 점 있다. 이것들을 꼼꼼히 대조해보면 김정호가 「청구도」의 내용을 연이어 개선한 흔적을 찾아볼 수 있다. 김정호의 위대함은 자기가 이뤄낸 결과에 만족하지 않고 문제점을 꾸준히 고쳐나가려 한 데 있었다.

그는 기하학적 원리를 참조하여 지도를 제작했다. 김정호는 '청구도범례'에서 『기하원본』(기하학의 선구자인 유클리드의 저서를 번역한 책)에 수록된 '지도를 모사하는 방식'을 자세히 소개하고 있다. 그는 지도를 확장하거나 축소할 때 정확하게 정사각형의 넓이를 비율대로 나누고, 그에 맞춰 산천을 그리는 방식을 취했던 것으로 보인다. 또, 도면에 직접 눈금을 그리면 산과 강이 잘려나가는 것을 방지하기 위해 눈금선을 표시한 투명하고 비치는 종이를 활

2부 내 인생의 길라잡이

용했던 것 같다.

김정호는 발전된 지도 제작법을 응용하여 정확성과 세밀함을 추구하는 동시에 우리 회화의 특징을 살려 산천의 아름다움을 표현했다. 그의 지도를 보면 산줄기와 물줄기를 표현하는 방식에 과장이 없고 절제가 느껴진다. 지도라는 틀 속에서 우리나라 지형의 특징을 최대한 잡아 간략히 묘사하려 했기 때문이다. 「청구도」를 본 조선의 실학자들은 모두 감탄을 금치 못했다. 서얼 출신의 실학자 이규경은 "(청구도는) 면마다 하나의 지도로 만들어 책에 넣었는데, 번호를 따라 취해 보면 눈앞에 나열되어 손바닥을 보듯 하니 헷갈림이 없게 되었다"라면서 놀라움을 드러냈다. 그는 김정호에 대해 "생각하는 바가 앞 사람들을 훨씬 뛰어넘고 정밀함이 평범함을 넘어섰다"고 평가했다.

하지만 선배들을 뛰어넘었다 하여 새로운 지도 제작을 멈출 김정호가 아니었다. 사실 「청구도」에는 미흡한 점이나 오류들도 있었다. 김정호는 이런 점을 보완하여 더 혁신적인 지도를 만들려는 생각의 끈을 놓지 않았다. 변변찮은 측량 기구도 없이 정밀하고 세련된 근대식 지도를 만들 수 있었던 힘은 끊임없이 스스로를 혁신하고 지도를 개선하려는 의지에서 나왔다. 그 혁신의 결정체가 다름 아닌 「대동여지도」다.

✢ 목판본 「대동여지도」의 숨결

「대동여지도」를 인쇄한 목판은 보물 제1581호로 지정될 만큼 귀중한 문화유산이다. 인쇄용 목판의 중요성이 지도에 버금가는 것이다. 김정호가 「대동여지도」를 목판으로 찍어낸 데에는 중요한 이유가 있다. 예전의 지도를 보고 정보를 옮겨 쓸 때 지명과 위치가 틀려지는 일이 다반사였다. 사람이 일일이 필사를 하다보면 정보의 오류는 필연적으로 생길 수밖에 없었다. 그는 이런 실수를 줄이려고 목판에 새겨서 똑같이 인쇄하는 방식을 택한 것이다. 그런데 완벽주의자 김정호는 목판에조차 수정을 가했다. 국립중앙박물관의 장상훈 선생은 대동여지도 목판을 자세히 살펴본 결과, 잘못된 위치의 글자를 도려낸 흔적과 새로 글자를 삽입한 곳을 여러 군데 발견했다. 김정호는 목판본에서조차 자신의 실수를 인정하고 오류를 고치기를 게을리하지 않았다.

목판본 「대동여지도」는 1861년에 처음으로 간행했다. 「청구도」와 같이 백리척 축척의 지도로서, 백리는 지도상의 1척이 된다. 조선 전체를 남북으로 22층으로 나누어, 각 층을 1권의 책으로 만들었다. 병풍처럼 접었다 펼칠 수 있으며, 이것을 위아래로 연결시켜보면 가로 3.8미터, 세로 6.7미터에 이르는 초대형 지도가 된다. 이런 「대동여지도」를 직접 가서 볼 수 없다면 디지털 지도라도 보자. 지금은 앉아서도 옛 지도를 감상할 수 있는 호시절이다. 서울대학교 규장각 홈페이지에서는 「대동여지도」를 비롯한 우리나라 옛 지도를 온라인상에서 상세히 볼 수 있는 서비스를 제공하고 있다.

「대동여지도」는 목판의 숨결을 온전히 전달하고 있다. 목판으로 검게 인쇄하고 약간의 채색을 겸비한 「대동여지도」에서 대지를 감싸고 숨을 불어넣어주는 나무의 헌신을 느낄 수 있다. 우리에게 모든 걸 주는 나무는 보고 또 봐도 질리지 않는다. 나무로 지은 집은 살수록 정이 들고, 목판으로 인쇄한 고서에서는 온기가 사라지

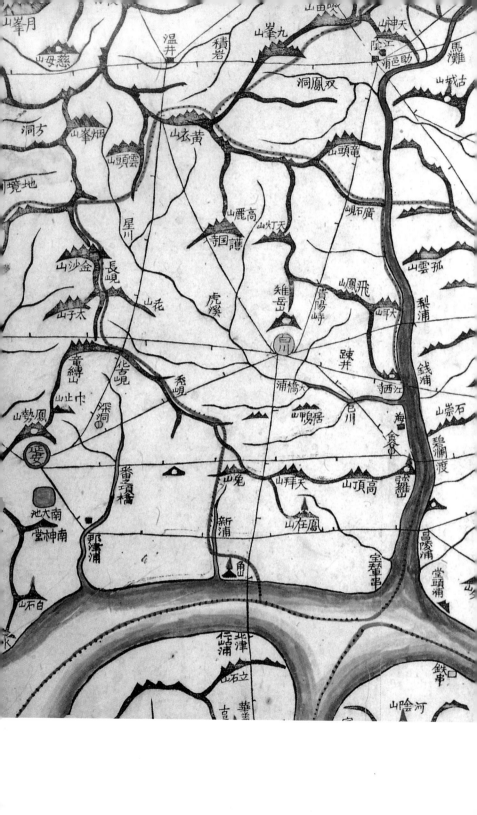

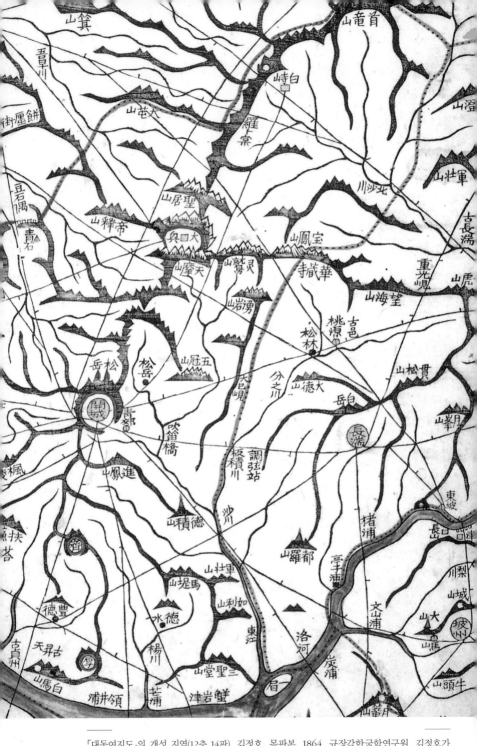

「대동여지도」의 개성 지역(12층 14판), 김정호, 목판본, 1864, 규장각한국학연구원. 김정호가 제작한 「대동여지도」는 백리척 축적의 지도로서 목판본이다. 조선 전체를 남북으로 22층 나누어, 각 층을 1권의 책으로 만들었다. 이를 위아래로 연결시키면 초대형 지도가 된다.

지 않는다. 모두 나무의 효과다. 김정호는 피나무를 사용하여 목판을 제작했는데, 사실 조선시대에 피나무는 판각을 잘 하지 않는 재료였다. 단풍나무나 박달나무처럼 단단한 나무를 많이 썼던 것이다. 한편, 이태호 교수에 따르면 피나무는 목질이 무르기 때문에 소각칼로 쓱쓱 밀어내기만 해도 판각을 쉬이 할 수 있었다고 한다.

「대동여지도」는 나무에 새겨 찍다보니 아무래도 그리는 지도에 비해 정보의 양은 줄었다. 하지만 판각으로 인해 온기와 생동감은 배가되었다. 또 간결하고 바른 선과 면의 형체는 김정호식 지도의 특징을 잘 나타내게 되었다. 김정호의 헌신은 그늘도, 우산도 되는 나무와 같았다. 그는 목판을 제작함으로써 지도를 직접 그려야 하는 수고를 덜어줬다. 또한 목판본 지도를 대량으로 인쇄해 백성에게 보급함으로써 조선을 한눈에 바라보고 감상할 수 있도록 했다. 이것이 다 국토에 대한 그의 따뜻한 애정이 아니고 무엇이겠는가.

「대동여지도」를 더 자세히 알고 싶다면, 바로 내가 살고 있는 지역을 관찰해야 할 것이다. 사실 이 땅이 없었다면 우리가 생존조차 할 수 있었겠는가. 그런 점에서 이 땅이 생생히 표시된 「대동여지도」는 내가 살고 있는 대지의 이로움에 감사하게 만든다. 나아가 기재한 지명과 정보를 알아봄으로써 지역의 역사에 애정을 품도록 한다. 「대동여지도」 속에 내가 사는 경남의 김해는 봉화가 피어오르는 분산盆山이 북쪽에 있고, 그 위로는 신어산에서 뻗은 산줄기가 둥그렇게 감싸고 있다. 동서로 물줄기가 나뉜 낙동강이 굽이치고, 하중도河中島들이 강 사이를 메우고 있다. 그 가운데 명지도에는 '자염최성煮鹽最盛'이란 글자가 또렷하게 쓰여 있다. 자염(우리의 전통 소금)을 가장 왕성하게 생산하고 있는 곳이란 뜻이다. 이

기록은 경상도 사람의 기억 속에서 잊힐 뻔했던 영남 최고의 염전을 조사하여 복원하는 데 실마리가 되기도 했다.

우리가 갈 수 없는 북쪽 땅도 유심히 살펴보자. 국토의 분단은 지도의 분단을 낳았다. 국토가 나뉘어 북한 땅은 밟을 수조차 없고, 북쪽 지도도 상세히 제작할 수 없다는 현실을 김정호가 알았다면 얼마나 절망했을까. 지금의 분단된 지도가 아니라, 남과 북이 하나 된 김정호의 지도를 보면 아픈 현실을 어서 넘어서야겠다는 생각이 절로 든다. 북쪽을 쳐다보면 자연스럽게 민족의 영산인 백두산 쪽을 향하기 마련이다. 톱니 모양의 산세는 김정호의 「대동여지도」에서 잘 드러나는 특색이다. 그런데 백두산에는 톱니 모양의 형세 위에 거대한 봉우리가 몇 개 겹쳐져 있다. 김정호는 「청구도범례」에서 이렇게 말했다. "산이 있는 곳에 산을 그리되 봉우리를 지나치게 과장되게 하지 말고 단지 형세만을 갖추도록 하며, 높고 험한 곳에는 봉우리를 겹쳐서 그리고, 나머지는 톱니 모양으로 그린다." 그가 말한 바가 백두산에서 그대로 나타나는 것이다. 신령스러운 명산인 금강산이나 한라산도 모두 톱니 형태 위에 그 산의 고유한 특징을 첨가시켰다.

❖ 내 삶의 위대한 길라잡이

백두산에서 시작된 산줄기는 두류산과 태백산을 통과하고, 지리산까지 연결된다. 눈여겨볼 점은 「대동여지도」의 산줄기가 중요성에 따라 굵기가 다르다는 것이다. 우리 몸을 잡아주는 골격에도 굵은 뼈와 가느다란 뼈가 있듯이 국토를 지탱하는 산줄기도 그 중요성에 따라 두텁게 혹은 가느다랗게 그렸다. 우리 산하의 특징을 알려주려는 김정호식 배려다. 굵고 힘차게 뻗어나온 백두대간에서 가지를 친 수많은 산줄기가 얽히고설킨 채 굳게 손을 잡고 있다. 어디에도 끊어진 곳은 없다. 건강한 몸에서 골격과 그 사이를 연결한 힘줄이 잘린 곳이 없는 것과 마찬가지다.

한편 물줄기도 다 같은 물줄기가 아니다. 드넓게 흐르는 강줄기의 본류는 푸르고 굵게 표시했으며, 본류에서 갈라진 지류는 검은색 선으로 얇게 나타냈다. 물줄기만 봐도 실제 강이 유유히 곧게 흐르다, 꺾이고 감아 도는 흐름이 눈앞의 장관처럼 펼쳐진다. 지류는 어느 산줄기로 향하다 닿을 듯 말듯 한 지점에서 멈춘다. 김정호는 강의 원류와 지류의 구분을 중요하게 여겼으며, 물줄기가 시작되는 발원지를 중시했다. 우리나라에서 흐르는 강의 발원지는 원천적으로 산의 계곡이다. 이것이 「대동여지도」에서 물줄기가 산까지 연결되는 까닭이다.

김정호는 "산줄기와 물줄기는 땅 위의 뼈대와 핏줄이 된다"고 했다. 그래서인지 그의 「대동여지도」는 궁극적으로 우리 몸을 연상시킨다. 우리 국토가 마치 심장이 박동치고, 맥박이 뛰어 대동맥에서 모세혈관까지 피가 흐르는 신체로 보인다. 김정호는 우리 국토를 부분과 전체가 조화롭게 이어진 유기체, 숨 쉬고 피가 흐르는 생명체로 바라봤던 것이다. 그렇기에 죽은 화석이 아니라 살아 있는 국토를 담은 지도를 후손들에게 선사할 수 있었다.

「대동여지도」에서는 자연과 인문이 화합하고, 국토와 행정이 조화를 이룬다. 마치 마술을 보여주듯이 김정호는 살아 있는 국토 위에 다시 인문과 행정의 세계를 펼쳐냈다. 그리하여 여기에 기입된 지명만 해도 1만1000개가 넘는다. 행정 정보는 기호로 표시했다. 읍치邑治(지방 행정의 중심지), 역참驛站(관리들에게 말과 숙식을 제공하는 기관)과 성지城池, 창고와 목장 등 국가가 운영하는 행정 관서들을 상징적 기호로 만들었고, 해당 위치에 세세히 표시했다. 도로는 직선으로 나타내고, 그 위에 10리마다 점을 찍어 거리를 헤아릴 수 있게 했다. 금수강산을 전체적으로 이해하게 만든 김정호야말로 국토의 길라잡이며, 우리 땅에 대한 관심을 유도한 「대동여지도」야말로 시대의 내비게이션이 아니고 무엇이겠는가.

박물관의 문화유산을 정리하고 그 숨결을 파악하는 일을 하는 내게 고산자 김정호는 위대한 삶의 길라잡이다. 나는 두루 찾아내고 널리 수집하는 김정호를 닮고 싶다. 19세기 조선의 선구적 지식인으로 알려진 최한기는 김정호와 친한 벗이었다. 그래서 「청구도」 앞에는 최한기가 쓴 「청구도제」가 실려 있다. 김정호가 청구도를 제작할 때 최한기의 후원이 있었음을 짐작케 하는 글이다. 이 글에서 최한기는 김정호의 성격을 비춰줬다. "벗 김정호는 스무 살 안팎부터 지도와 지리지에 깊이 뜻을 두고 오랫동안 찾아 열람하여, 여러 방법의 장점과 단점을 자세히 살폈다"고. 오직 지도 하나에 심오한 뜻을 두고, 숱한 자료를 찾아 여러 방법을 심사숙고했던 김정호. 그는 약관의 나이에 마음먹은 일을 죽기 직전까지 매달렸다. 그는 마지막까지 『대동지지』를 편찬하려다 완성하지 못한 채 숨을 거뒀다. 그래서 내게 『대동지지』는 「대동여지도」 못지않다. 한길만을 걸어가며 생애 전체를 오롯이 지도에 바쳤던 그를 상징하는 『대동지지』. 그것은 내 삶의 길라잡이다.

07

시험과
고갯길

: 문경새재와
토끼비리

✤ 시험은 고개인가

우리나라는 시험공화국이다. 시험공화국에서는 오직 합격한 자와
불합격한 자, 두 부류로만 나뉠 뿐이다. 합격이 목표인 시험공부는
영 재미가 없다. 내가 초등학교에 입학해서 박사 학위를 받을 때까
지, 그리고 중간에 치른 취업시험들을 돌이켜보건대, 시험을 위한
공부는 재미가 없었다. 그런 탓에 돌아서면 암기한 것을 그만 까먹
어버렸다. 요새 아이들이 시험 때문에 스트레스를 받는다지만 내
학창 시절에도 만만치 않았다. 고등학교에서는 매주 월요일 한문
과 영어 단어 쪽지시험을 봤고 분기별로 치르는 중간, 기말 고사

외에도 수시로 모의고사를 봤다. 이 모든 시험의 목표는 학력고사를 잘 치르는 것이었다. 당시에는 내신 점수가 크지 않았으므로 평소 열심히 공부하는 학생들도 학력고사를 망치면 원하는 대학에 합격할 수 없었다. 반대로 운이 좋아 학력고사를 잘 치르면 대학으로 가는 길이 만사형통이었으니 한 번의 시험에 너무 많은 운명이 걸려 있었던 것이다.

우리나라를 시험공화국으로 만든 배경에는 대학시험과 고시가 있다. 나는 생각지도 않았던 법과대학 행정학과에 입학했다. 학과의 교과나 학사 행정이 사법고시나 행정고시에 초점이 맞춰져 있어 고시에 관심이 없었던 나는 소외된 이방인 같았다. 한 번에 홈런을 때린 고시 영웅들과 매번 고배를 마시며 고시촌을 떠도는 고시 낭인들 사이에 끼여 있었기 때문이다.

청춘들에게 특히 사법고시 합격은 꿈에 그리던 일이었다. 사법고시는 일제강점기 고등문관 시험으로 시작되었으며, 해방 후에는 고등고시로 불렸다. 현실적으로 사법고시 합격은 지망생들에게 명예와 부를 한꺼번에 안겨주었다. 사법고시생들은 합격하면 인생 역전의 기회를 얻었으므로 시험 하나에 모든 것을 걸고 매진했다. 그렇지만 그 한 번의 높은 고개를 넘지 못하는 고시생들에게는 10년 공부가 헛것이었다. 그러니 이게 무슨 공부란 말인가.

조선시대에도 심한 시험 열병을 앓았다. 시험공화국의 뿌리는 조선의 양반사회를 떠받쳤던 과거 제도에까지 닿아 있다. 과거시험은 사법고시보다 훨씬 더 어려운 등용문이었고, 더더욱 높은 고갯길이었다. 과거시험을 치르기 위해 숱한 선비가 험난한 고개를 넘어야 했는데, 그것이 우리가 잘 아는 문경새재다. 물론 문경새재는 과거시험을 보는 선비들 외에 조정의 부임 명령을 받은 관리들이 걸었던 고개이자 무거운 짐을 이고 졌던 민초들이 넘었던 고개다. 그럼에도 문경새재가 과거를 치르기 위해 한양으로 가는 고갯길로 생각되는 이유는 합격과 낙방 사이를 오갔던 선비들의 사연이 무엇보다 애절하게 전해지기 때문이다.

뜻밖에도 국가가 지정한 문화재 가운데는 걷는 길과 넘는 고개가 많다. 강원도 영동과 영서를 잇는 구룡령 옛길(명승 제29호)과 대관령 옛길(명승 제74호), 경북 영주시의 죽령 옛길(명승 제30호), 문경의 토끼비리(명승 제31호)와 문경새재(명승 제32호), 그리고 문경에서 충주로 넘어가는 계립령 하늘재(명승 제49호) 등등. 근대 시기 철도와 고속도로는 이런 옛길을 빠른 속도로 밀어냈다. 자연과 사람보다 산업화가 우선시되자 우리 선조들이 걸어온 옛길은 벼랑에서 추락할 위기를 맞았다. 그러던 중 건강한 삶과 생활의 여유를 중요시하는 웰빙 시대가 도래함에 따라 그동안 잊혔던 우리 옛길을 돌아보기 시작했다. 옛길은 자연경관이 수려할 뿐 아니라 무한한 문화 콘텐츠를 담고 있는 역사의 보물창고다. 행인들이 옛길에 남긴 발자국만큼 역사도 쌓여 있는 것이니, 지나온 날들을 살펴보려면 고개와 옛길 문화유산을 뚜벅뚜벅 걸어봐야 할 것이다.

✤ 말도 벌벌 떠는 토끼비리

옛길은 지금의 도로처럼 뻥 뚫린 게 아니었다. 직선으로 뻗은 근대식 도로는 무지막지하게 고개를 뚫고, 산허리를 자르고 달려갔지만 우리 옛길은 산을 만나면 타고 넘는 여유가 있고, 강과 마주치면 돌고 도는 아량이 있었다. 우리 산하를 없애지도, 배제하지도 않은 채 꼭 껴안은 채로 오랜 세월 굽이굽이 이어져왔다. 이런 까닭에 벼랑길은 자연을 보듬은 옛길의 모습을 잘 보여준다. '잔도栈道'는 천도와 마찬가지로 벼랑에 낸 작은 길을 뜻한다. 문경의 토끼비리, 밀양 삼랑진의 작천 잔도, 양산의 황산 잔도 등은 조선시대에 부산에서 한양까지 가는 길인 영남대로에 있었던 벼랑길로서 자연을 껴안은 옛길의 원형이었다.

문경의 토끼비리는 숱한 행인이 밟고 지나친 까닭에 돌길이 반질반질하다. 벼랑길 곳곳에는 석회암 바위가 있다. 행인들이 스치고 간 익명의 발길들로 인해 이 돌들이 반들거린다. 그러니 1000년 이상 선조들의 미투리와 짚신으로 닳아버린 토끼비리야말로 역사적 삶의 현장이자 최대의 문화유산이라 할 수 있다. 하지만 그 중요성에 비해서 토끼비리는 잘 알려져 있지 않다. 위험한 벼랑길인 데다 길로서 쓸모가 없어져 요사이는 인적도 드물고 찾기도 어렵기 때문이다. 토끼비리에 가려면 문경시 마성면 신현리의 진남휴게소에 당도해서 산길을 따라 올라가야 한다.

토끼비리는 한자로는 '토천兎遷' 혹은 '관갑천串岬遷'이라 한다. '천도遷道'는 강이 있는 절벽을 파내서 조성한 벼랑길을 이른다. 비리는 '벼랑'과 '벼루'를 뜻하는 경상도 방언이다. 토끼비리를 글자 그대로 풀어보면, 토끼가 다닐 만한 험하고 가파른 낭떠러지를 의미한다. 지명에 토끼가 쓰인 배경에는 고려 태조와 얽힌 스토리가 있다. 태조가 남쪽을 정벌하러 이곳에 이르렀는데 길이 막혀 오도가도 못하는 처지가 됐다. 그때 토끼 한 마리가 벼랑을 따라 달아나면서 길을 열어줘 무사히 갈 수 있었다. 그 뒤로 이곳을 '토천'이

문경의 토끼비리는 벼랑에 낸 작은 길이다. 이 벼랑길 곳곳을 뒤덮고 있는 석회암 바위에는 숱한 행인이 지나친 발길로 인해 반들거리고, 움푹 팬 부분들이 있다.

라 불렀다고 한다.

가파른 산길을 따라가다 산허리까지 이르면 허리춤을 엮는 끈처럼 토끼비리가 오정산의 벼랑을 따라 둘러져 있다. 곳곳에 설치된 '낙석주의' '위험'이라 쓰인 안내판을 보니 슬며시 겁이 났다. 낙석보다 더 무서운 것은 벼랑길 오른쪽의 낭떠러지다. 급경사로 깎아내린 절벽으로 발걸음을 디딜 때마다 토사가 우르르 떨어진다. 자칫 미끄러질 것 같은 두려움에 벼랑 아래의 아름다운 영강 풍경은 도무지 눈에 들어오지 않는다. 중간중간에 난간이 설치되어 추락을 막고 있긴 하지만 워낙 길 폭이 좁아 고소공포증과 겁이 많은 나는 무서움이 가시지 않는다.

이런 좁은 길로 어떻게 말과 가마가 지나갔을까. 말들도 부쩍 겁을 먹었을 터이다. 조선 중종 때 정승을 지냈던 이행李荇은 토끼비리를 노래한 시에서 "여윈 말 벌벌 떨며 걸음마다 넘어졌지"라고 읊었다. 겁이 많은 사람은 토끼비리를 기어가다시피 했다. 조선 초기의 문신 어변갑魚變甲은 「관갑의 사다리길」이란 시에서 "기어가니 늦다고 꾸짖지는 말게나"라고 읊었다. 일생일대의 중대한 시험을 보려면 벼랑길을 걷는 듯 겁이 나고 긴장도 된다. 소심한 나는 시험을 볼 때마다 긴장해서 좋지 않은 결과를 맛보곤 했다. 시험에서나 벼랑길에서나 용기와 대담함을 지니고 마주쳐야 어려운 고비를 넘을 수 있는데, 그게 말처럼 쉽지 않다.

하지만 벼랑길 중간에서 멈출 수는 없는 법이다. 용기를 내서 가다보니 토끼비리 끝 구간인 잔도마루였다. 이 잔도마루는 말안장과 같다 하여 '안부鞍部'라고 한다. 산 능선의 석회암 지대를 인공으로 움푹 파서 길을 조성했으므로 '凹' 모양새와 같다. 바닥을 보니 오랜 세월 사람들의 발길로 인해 암석이 반질반질 매끄럽고 윤까지 났다. 아, 나도 모르게 웅크리고 앉아 손으로 바닥을 쓰다듬었다. 밟아서 생성된 이 윤기는 우리 선조들이 남긴 지친 삶의 흔석이며, 도중에 멈추지 않고 통과한 끈기의 빛깔이리라.

잔도마루에서 매끄러운 문화유산을 확인했다면, 병풍바위까지 올라가 진남교반 일대의 절경을 볼 차례다. 이곳에서는 층암절벽 꼭대기에서 내려다보는 조감의 아찔함과 즐거움을 동시에 맛볼 수 있다. 오정산 자락이 영강과 만나 강변에 길고 깊은 협곡을 형성한, 경북 제1의 절경인 진남교반 일대가 손금을 보듯 환하게 들어온다. 영강은 오정산이 꼬리를 슬며시 내린 산자락을 자르지 않은 채로 굽이치고 흘러간다. 그 모양이 하회마을 지형의 독특한 'S'자 형처럼 구불구불하다. 조선의 시인 묵객들은 험한 산길인 토끼비리를 구절양장九折羊腸(아홉 번 꼬부라진 양의 창자)으로 표현했다. 토끼비리와 더불어 영강도 양의 창자처럼 구불구불하게 오정산 자락을 감싸고돌았다. 우리 자연의 순수한 형태는 구불구불이다. 산길이나 물길이나 자연을 휘감는 곡선을 이룬다는 사실은 우리 산하의 너그럽고 부드러운 마음을 일깨워준다.

✥ 한 맺힌 돌고개 성황당

여기서는 옛길만 조감되는 게 아니다. 근대화로 인한 길의 운명도 확대경으로 볼 수 있다. 저기, 영강 위를 직선으로 가로지르는 철교와 구교(진남교), 신교(진남2교)가 형제처럼 나란히 놓여 있다. 이 철교는 점촌과 문경을 잇는 문경선 기차가 다니는 곳이다. 이 노선 때문에 오정산에도 신현터널이 뚫려 있다. 1950~1960년대에 문경의 자원을 개발하기 위해 부설한 이 산업철도는 줄곧 내리막길을 걷다가 2005년에 운행이 중단되었다. 아래쪽의 진남역도 폐역되어 현재는 철로자전거가 다니는 관광시설로 바뀌었다. 2차로의 좁은 구도로와 연결되었던 진남교도 더 넓은 문경대로가 깔리면서 진남2교에 바통을 넘겨주고 지금은 뒷길로 퇴장했다. 여기서는 잘 보이지 않지만 오정산의 한가운데를 진남터널로 파고든 중부 내륙 고속도로가 뒤쪽으로 지나가고 있다. 쌩쌩 달리는 차들로 교통량이 제일 많은 고속도로다. 이렇게 세월이 흐름에 따라 길의 운명도 바뀐다. 어느새 새 길은 헌 길이 되고, 그 길 위에 또 다른 길이 놓일지 모르는 일이다. 그러하기는 우리 삶도 마찬가지다. 가는 길이 하나가 아니듯, 삶의 길과 거기서 넘어야 할 시험도 여럿이다. 내가 원하는 결과가 나오지 않았다고 해서 자포자기하지 말아야 할 이유다.

다시 왔던 길로 돌아가다보면 석현성의 성곽 길과 마주친다. 석현성은 삼국시대에 축성한 고모산성의 날개 부분에 해당되는 성곽이다. 이 성곽 길을 따라 쭉 올라가면 성문인 진남루에 다다른다. 진남루 근처로 가면 갑자기 탁 트인 개활지가 나타나 가슴을 시원하게 한다. 석현성 성곽이 뱀처럼 구불구불 올라가다 저 멀리 고모산성에 닿는 풍경이 장관이다. 삼국시대에 축성했던 고모산성은 거대한 규모로 산 정상에 올라앉아 있다. 임진왜란 때 이곳에 쳐들어온 왜군도 고모산성의 규모에 놀라 진군을 주저했다는 일화가 전해진다. 이렇게 옛길은 군사들의 이동 경로로 활용되었기에 전쟁 일화를 품고 군사 요충지를 통과한다.

이 고개를 '돌고개'라 부른다. 진남루를 지나는 이 고갯길은 한 양으로 가는 영남대로 구간으로 토끼비리를 어렵사리 지나온 선비 들이 넘어가는 곳이다. 조선시대에 돌고개는 문경 길손들의 통행 이 가장 빈번했던 곳으로서 주막뿐만 아니라 꿀떡을 파는 떡점도 있어 '꿀떡고개'라 불렸다. 주막과 성황당은 고개와 길이 만든 부 산물로서 옛 고갯길에는 빠짐없이 있었다. 진남루 안쪽에도 선비 들이 쉬어가는 주막과 평안한 여정을 기원하는 성황당이 있다. 또 한 문경에 마지막까지 남아 있던 영순주막과 예천의 오래된 삼강 주막을 모델로 하여 주막거리를 복원해두었다. 그런데 꿀떡고개에 인적이 끊기니 스산하고 애처롭다. 이곳에 전해오는 전설을 통해 꿀떡을 먹고 합격을 기원했던 선비들의 모습을 아스라이 그려볼 뿐이다.

성황을 모시는 신앙은 중국에서 시작됐으며 고려시대에 우리 나라로 전파됐다. 원래 성황신은 한 도시를 지켜주는 신이었다. '성 황城隍'은 도시를 방어하는 성과 둘레를 파서 조성한 물길인 해자垓字 를 말한다. 조선시대에 성황 신앙이 백성에게 퍼지면서 성황신은 마을을 지켜주는 신으로 변모했다. 성황당이 음운의 변화를 일으 켜 서낭당이 되었다는 주장도 있다. 성황당(혹은 서낭당)은 보통 고갯마루와 마을 어귀에 있으며, 그 형태는 돌무더기나 당집, 당나 무 등으로 다양하다. 돌고개 성황당도 고갯마루에 있으며, 조선시 대의 당집 형태를 잘 유지하고 있다. 돌고개 성황당은 한 칸의 맞 배지붕으로 된 작은 당집과 세월을 머금고 사방으로 뻗어간 묵은 나무 두 그루가 당집의 앞뒤로 있다. 당집을 처음 지을 때의 상량 문을 보면 이 성황당이 1796년에 건립되었음을 알 수 있다.

문경의 돌고개 성황당은 1796년에 처음 건립되었다. 맞배지붕의 작은 당집 뒤로 사방으로 뻗어
간 당나무가 버티고 있다. 돌고개 성황당에는 원한을 품고 자결한 뒤 구렁이로 변신하여 나그
네를 해코지했던 처녀의 전설이 전해진다.

돌고개 성황당 전설에 따르면 한 선비를 원망하다 자결한 처녀의 혼을 위로하기 위해 이를 세웠다고 한다. 과거를 보러 가는 한 선비가 돌고개 마을의 초가집에서 하루를 묵었다. 이 집 주인이 범상치 않은 선비의 얼굴을 보고 자신의 딸과 연분을 맺어준 것이 되레 악연이 되었다. 며칠을 머무르다 한양으로 떠난 선비는 당당히 급제했지만 야속하게도 돌고개 마을의 처녀는 잊어버렸다. 애타게 기다려도 선비가 돌아오지 않자 그녀는 원망하다가 결국 목숨을 끊었고, 이내 큰 구렁이로 변신했다. 한을 품은 이 구렁이는 돌고개를 지나가는 나그네들에게 해코지를 했다. 이 소문은 온 나라로 퍼졌고, 그때서야 선비는 처녀의 원귀를 위로하고자 성황당을 짓고 제사를 올렸다는 이야기다.

시험 합격으로 신분이 급격히 상승되는 시대에는 이런 러브 스토리가 심심찮게 회자된다. 순진한 처녀가 고시생을 열심히 뒷바라지했음에도 사법시험에 합격한 남성에게 차여 실의에 빠졌다는 실화는 흔히 들을 수 있다. 뒷간에 가기 전과 나온 뒤의 마음이 다른 것은 인지상정일까. 하지만 높은 관문인 고시를 통과했다고 올챙이 시절에 도와준 연인의 정성을 단번에 잊는 법조인이 어떻게 사회 약자들을 법으로 보살필 수 있겠는가. 어쨌든 부와 지위를 한꺼번에 안겨주는 시험은 애틋한 연인들을 갈라서도록 만들었다. 돌고개 성황당은 이곳을 지나쳤던 과거 급제의 길이 어떤 여인에게는 멍울진 한의 길이 되었음을 전설로 쓸쓸하게 말하고 있다.

❖ 새들도 넘기 힘든 고개

토끼비리에서 문경새재로 가기 위해 문경대로를 타고 북쪽으로 올라갔다. 신현리를 벗어나자 드넓은 벌판이 마원리까지 이어져 있다. 험준한 산맥 사이에서 생활하는 문경 사람들에겐 소중한 평야가 아닐 수 없다. 그런데 다른 상념에 골몰해 있다가는 새재휴게소를 지나쳐 이화령 터널까지 가버리기 십상이다. 차들이 쏜살같이 질주하는 문경대로에서 길을 잘못 들어섰다가는 낭패를 당한다. 옛길과 새 길의 접목이 쉽지 않아서인지 새재 휴게소 사이로 잘 보이지 않는 샛길을 만들어놓았기 때문이다. 새재휴게소에서 우회전한 뒤 문경도자기박물관 샛길을 통과해야 문경새재도립공원으로 가는 옛 도로로 진입할 수 있다. 문경새재의 진입로는 광활한 주차장과 대형 음식점들로 버글거려 옛 정취를 잃었다. 버스에서 무더기로 내린 관광객들로 무척 소란스럽다. 꼭 가봐야 할 관광지로 첫손에 꼽힌 문경새재도립공원은 수려한 경관과 아름다운 풍광을 즐기기 위해 연간 수십만 명의 관광객이 찾아와 오르고 또 오른다.

문경새재는 험준한 조령산과 주흘산이 마주본 틈새를 따라 이어지는 고갯길이다. 백두산에서 내려오던 백두대간은 태백산에서 서남쪽으로 방향을 틀어 소백산이 되었고, 이 굵은 산줄기는 주흘산과 속리산을 거쳐 지리산까지 뻗어나간다. 한반도 중앙을 대각선으로 가로지른 소백산맥은 영남에서 기호 지방으로 이동하는 사람들에게 굉장히 불편했다. 나그네들은 가파르고 험한 산맥들 사이에서 낮고 편한 지름길을 찾았다. 이런 고갯길이 죽령, 하늘재, 이화령, 문경새재였다. 백두대간의 험준한 이웃 산에 비해 산이라고 말하기에는 쑥스럽지만, 그렇다고 고개라 부르기에는 제법 높은 애매모호한 곳이다.

'새재'는 한자로 조령鳥嶺이라 쓴다. 하늘을 나는 새들도 날아 넘기 힘든 고개라는 뜻이니, 땅에 발붙이고 사는 사람들에겐 오죽할까. 옛 문헌에서는 초점草岾이란 지명도 곧잘 썼다. 초점은 '억새가 많은 고개'라는 뜻으로 이 또한 새재가 된다. 한편 새재는 조선 초기에 계립령 하늘재를 제치고 새롭게 열린 고갯길이란 의미도 담고 있다. 이렇게 새재의 뜻풀이는 한길이 아니라 여러 길로 다가설 수 있다. 조선이 한양을 수도로 삼아 창업하자 자연스럽게 영남과 한양을 오가는 길손이 많아졌고, 새재의 중요성도 한층 높아졌다. 경상도 지역을 이르는 영남嶺南은 '조령의 남쪽'이란 뜻에서 유래되었다니 조선시대에 새재는 지역을 나누는 분수령으로 상징하는 바가 컸다.

새재는 신분과 귀천을 막론하고 한양으로 가려는 길손들로 북적였다. 그 가운데 과거시험을 치르기 위해 지나갔던 선비들의 사연은 문경새재를 이야기 고개로 만들었다. 문경새재라 하면 먼저 청운의 꿈을 안고 과거를 보러 가는 선비를 떠올린다. 선비들이 많고 많은 고개 중에서도 문경새재를 넘었던 데에는 그만한 이유가 있다. '문경聞慶'은 '기쁘고 경사스런 소식을 듣는 곳'이란 의미를 담고 있다. 과거를 준비하는 선비들에게 경사스런 소식은 곧 과거 급제이니 문경새재 넘는 것을 불문율처럼 여겼다.

심리적으로 주술이나 금기도 영향을 미쳤다. 과거를 앞둔 선비들에게 떨어진다는 뜻의 낙落자를 말하는 것은 금기였다고 한다. 선비들은 추풍령을 건너면 추풍낙엽처럼 과거에서 떨어지고, 죽령을 넘으면 시험에서 죽죽 미끄러진다고 여겼기 때문에 문경새재로 몰렸다. 중요한 시험은 사람의 운명을 가르기에 별것 아닌 금기에 애가 타고 주술을 신봉하기까지 한다. 요즘의 수험생들도 시험을 앞두고는 되도록이면 미역국이나 죽을 먹지 않는다. 미역국을 먹으면 합격에 미끄러진다거나, 죽을 먹으면 시험에서 죽을 쑨다는 믿음 때문이다. 유사한 행위가 유사한 결과를 나을 것이라는 주술 관념에서 비롯된 것인데, 평상시에는 대수롭지 않아도 수험생들에게는 절실히 통하는 바다.

지금의 문경새재 길은 등산로로서 정비를 잘해두었으므로 사실 새들도 넘기 힘든 길은 아니다. 제1관문에서 출발하여 조령 정상까지 거리로는 6.5킬로미터이며, 보통 성인의 걸음으로는 두 시간쯤 걸린다. 길의 너비는 자동차가 다닐 만한 신작로를 연상시킬 정도이니 옛길의 고즈넉함을 느낄 수 없는 게 흠이다. 하지만 이따금 길가에 설치된 '영남대로 옛 과거길' 표지판을 따라 올라가면 어른 두세 명이 겨우 통과할 만한 좁은 산길이 나온다. 일직선으로 쭉 뻗은 등산로와 마주쳤다가 다시 멀어지기를 반복하는, 구불구불하고 좁은 이 길이 바로 문경새재 옛길이다. 선비들이 지나갔던 과거길의 정취를 느끼고자 한다면 이 길을 따라 걸어볼 것을 권한다.

❀ 새재 주막에서 승천한 다섯 용

옛길박물관을 지나 주흘관主屹關에 도착하자 날씨가 갑자기 궂어졌다. 멀리서 몰려오는 먹구름이 곧 비를 뿌릴 태세다. 그러나 제1관

문경새재 초입부에서 볼 수 있는 장관이다. 현재 주흘관 앞에는 넓은 개활지가 펼쳐져 있다.
주흘관 문루에서 양쪽으로 팔을 쫙 펼친 성곽이 주흘산과 조령산의 능선을 타고 올라간다.

문부터 물러설 수는 없다. 문경새재에는 제1관문인 주흘관, 제2관문인 조곡관鳥谷關(조동문鳥東門이라도 한다), 제3관문인 조령관鳥嶺關이 중요한 길목을 지키고 있다. 이들은 함께 사적 제147호 '문경 조령 관문'으로 지정되었다. 이 관문을 통과할 때마다 어려운 시험을 한 고비 넘겼다는 기분이 든다. 하산 때 마주치는 등산객들은 다음 관문까지 얼마나 남았느냐고 물어온다. 거리에 상관없이 내 대답은 한결같다. "얼마 안 남았어요, 힘내세요." 고갯길에서는 설령 거짓말이라도 힘을 주는 게 고마운 법이다.

세 개의 관문은 모두 임진왜란 이후 패전을 교훈삼아 남쪽에서 쳐들어온 외적을 방어하려고 세운 것이다. 다들 임진왜란 때 신립 장군이 문경새재에서 배수진을 치지 않고 충주 탄금대로 물러나 진을 치고 적들과 싸웠기 때문에 대패했다고 말한다. 그렇지만 전쟁에서는 경우의 수가 아주 많아 하나의 조건을 두고 '무엇무엇을 했으면'이란 가정을 하는 것은 옳지 않다. 다만 사후약방문이라 해도 실패를 거울삼아 중요한 길목에 관문을 설치해 진지를 구축하는 것은 필요하다. 시험에 한 번 틀린 문제를 다시 틀릴 수는 없는 일 아닌가. 똑같은 실패를 거듭 겪는다는 것은 비참한 일이다.

영남의 제1관문인 주흘관은 다른 관문에 비해 옛 바탕이 잘 남아 있다. 문루의 동서로 뻗어나간 성곽이 주흘산과 조령산의 양쪽 능선을 타고 올라간다. 말이 협곡이지 이 일대는 넓은 개활지이기 때문에 팔을 쫙 벌려 산 사이를 막고 있는 주흘관의 품이 장대하다. 이 장관을 더 잘 보려면 주흘관 동쪽에 있는 문경새재 성황당으로 올라가야 한다. 병자호란 때 주화론主和論을 주장한 최명길

문경새재의 제1관문인 주흘관이다. 문경새재에는 주흘관을 비롯하여 제2관문인 조곡관, 제3관문인 조령관이 주요한 길목을 지키고 있다.

이 세웠다는 전설이 전해지는 성황당이다. 이곳에서는 앞쪽으로 둥그렇게 뻗어나간 성벽의 온전한 모습, 즉 산세와 어우러져 굽이 굽이 이어지는 우리 성벽의 자세를 잘 볼 수 있다.

주흘관에서 30여 분 발품을 팔면 조령원터에 다다른다. 여기서부터 조곡관까지 문경새재의 볼거리가 집약되어 있다. 조령원터는 두 차례의 발굴 조사 결과 고려시대 온돌과 부엌 시설이 드러나 이 위에 목조 건축물을 복원해두었다. 그런데 이 건물은 마치 텅 빈 창고처럼 보일 따름이며, 오히려 고려와 조선 정부가 운영했던 원院에 대한 이해를 그르치게 한다. 조선시대까지 원은 공무를 수행하는 관리를 주축으로 여행자들에게 숙식을 제공하는 시설이었다. 그런데 상업이 발달하고 길손이 늘어나면서 주막과 객주 등 사설 여관이 증가했고, 원은 쇠퇴를 맞았다. 문경새재 구간에도 동화원, 신혜원, 조령원 등 세 개의 원이 있었지만 차츰 쇠락하고, 주막이 더욱 번창했던 것으로 보인다.

조령원터에서 마당바위를 거쳐 20여 분 더 올라가면 새로 복원한 주막이 나온다. 새재에는 나그네들이 노곤함을 달래고 쉬어갈 수 있는 주막이 많았다. 이 주막 주변에는 새재를 지나갔던 사대부들의 시를 옮긴 시비들이 세워져 있다. 먼 곳으로 가는 노정의 주막에서 잠을 자는 나그네의 마음은 편치 않았을 것이다. 초시初試, 복시覆試, 전시殿試에 모두 장원급제하여 삼장 장원三場 壯元으로 유명했던 이율곡은 눈이 오는 어느 겨울 날 새재를 넘었다. 마침 해가 저물자 주막으로 와 잠을 청했다. 고단한 여정으로 피곤했어도 몸종은 옷을 다렸고, 야윈 말은 마른 풀을 씹어 영양분을 보충했다. 새재에 긴 어둠이 찾아왔건만 이율곡은 잠을 못 이뤘다. 그 심정을 "잠 못 드는 긴 밤 적막도 깊은데, 싸늘한 달빛만 사립짝에 얼비치네"라고 읊으며 「새재에서 묵다」라는 시로 남겼다.

다섯 살 때부터 시를 지어 신동으로 소문났고, 이율곡이 백세의 스승으로 칭찬했던 김시습도 이 새재를 넘었다. 수양대군의 왕위 찬탈에 반대하여 세상을 등지고 방방곡곡을 유랑했던 그의 마음은 쓸쓸하고 고독했다. 새재에 아름다운 봄이 찾아왔건만 그에게는 진정한 봄이 아니었다. 새재 시골집에서 묵었던 김시습은 "이 좋은 봄날에도 고향으로 못 가는데 소쩍새 울며불며 새벽바람 맞는구나"라고 노래했다. 이외에도 문경새재에 관한 시는 수백 편에 이르며, 시를 읊은 이도 류성룡, 정약용, 김종직 등 시대를 주름잡았던 인물들이다. 이렇듯 새재에는 역사의 가시밭길을 걸었던 인물들이 남긴 발자국이 깊이 패여 있다. 우리가 새재를 걷는 이유는 이처럼 새재에 남겨진 선현들의 발길을 따라 그 시대의 정서를 음미하기 위함이다.

과거를 보기 위해 한양으로 올라갔던 영남의 선비들은 새재 주막에서 묵었다. 그리하여 이곳에는 선비들의 합격과 낙방에 얽힌 이야기들이 전설처럼 전해온다. 오랫동안 문경새재의 지킴이이자 알림이로 활동했던 안태현 선생이 쓴 『옛길, 문경새재』에도 새재 주막의 주모가 꿨던 꿈에 관한 흥미로운 이야기가 실려 있다.

영조가 임금을 지낸 18세기 초반이었다. 새재에서 주막을 하던 주모가 하루는 여섯 용이 나오는 꿈을 꿨다. 여섯 용이 하늘에서 내려와 자기 주막으로 들어왔는데, 술을 먹은 다섯 용은 승천을 했지만 한 용은 점잖게 있다가 승천을 못 하는 꿈이었다. 이상한 꿈이라고 여기던 차에 마침 여섯 선비가 주막으로 들어오려 했다. 그녀는 술상을 장만해놓고 숨어서 그들을 지켜봤다. 여섯 선비는 모두 고향이 안동으로 함께 과거시험에 응시하기 위해 한양으로 가던 참이었다. 아니나 다를까, 여섯 선비는 주모가 없는 데서 술을 먹어도 되는가를 두고 갑론을박하더니 나섯 선비는 술을 마시고 나서 각자 술값을 상 위에 올려뒀고, 나머지 한 선비만 끝까지 술을 마시지 않았다. 여섯 선비가 다시 일어나자 그때 주모가 나와서 대뜸 말을 꺼냈다. "술을 마신 다섯 분은 과거를 보러 가시고, 술을 마시지 않은 한 분은 고향으로 돌아가시는 게 좋겠습니다." 선비들은 주모의 말에 아랑곳하지 않고 과거길을 나섰다. 하지만 결국 주모의 꿈대로 다섯 선비만 급제를 했다. 주모의 꿈은 선견지명이었던 것이다.

이 이야기는 역사적 사실에 근거한 까닭에 더욱 흥미롭다. 주모의 꿈 이야기에 등장하는 실제 주인공은 안동 출신의 선비인 김성탁, 이상정, 류관현, 류정원, 김경필, 이광정이다. 이들 중 다섯 명은 1735년의 증광시에서 한꺼번에 과거 급제를 했고, 이상정의 동생인 이광정만 낙방했다. 과거시험에서 한 고장 출신의 급제자가 다섯 명이 나온 일은 보기 드문 경사였다. 안동의 다섯 용이 승천한 이 이야기는 세상 사람들의 화젯거리였고, 영조도 이 선비들을 크게 칭찬했다고 전한다.

❖ 멈추고 돌아보는 문경새재

조선은 문관들에게 권력이 집중된 중앙집권적 사회로서 정부는 시험을 통해 관리를 선발한다는 원칙을 두고 있었다. 그러하니 뼈대 있는 가문의 양반이라면 문과시험에 온 생을 걸 수밖에 없었다. 사대부들은 이 문과시험에 합격해야 양반사회에서 인정을 받았고, 관리로서 탄탄한 성장 가도를 걸을 수 있었다. 문과 제도는 정기적으로 3년마다 치르는 식년시와 부정기적으로 보는 별시가 있었다. 식년시는 예비시험인 초시와 본시험인 복시, 그리고 최종 결정 시험인 전시를 거쳐 최종 33명을 선발했다. 사법시험도 1차, 2차, 3차를 거쳐 최종 합격이 결정되지만 그 어려움은 조선시대의 문과시험에 못 미친다. 복시를 통과하려면 기본적으로 유교의 기본 경전인 사서삼경을 달달 암기하고 있어야 했다. 암기력이 부족한 사람이라면 문과 응시를 포기하는 게 나았다.

조선 초기와 달리 세월이 흐르자 과거 제도에도 썩은 물이 고였다. 과거시험에서 부정부패가 일어났고, 시험장에서도 부정행위가 만연했다. 조선 사회가 과거 제도에 지나치게 함몰되다보니 초래된 결과다. 사실 시험은 일정한 지식과 자격을 갖췄는가를 심사하는 통과의례일 뿐이다. 시험이 목적이 된 세상에서는 경쟁이 과열되고, 혼탁한 행위가 오가며, 시험 결과에 비관하여 목숨까지 버리는 일이 일어난다. 단언컨대, 자신의 인생을 모두 걸어야 하는 시험은 없다.

우리 삶도 걷는 길과 매한가지다. 삶이나 길은 모두 출발지와 목적지를 이어주는 과정이요, 경로다. 우리는 대부분 목적지만 바라보고 길을 걷지만, 걷는 과정도 아름답고 소중할 뿐 아니라 옛길은 지나간 삶을 반추할 기회를 준다. 앞만 보고 달리는 오늘날의 도로에서는 뒤를 돌아볼 여유가 없는 데 반해, 조붓하고 고즈넉한 옛길에서는 어디서든 멈추고 돌아볼 수 있다. 문경새재에서

「평생도」, 180.5×474.0cm, 광복 이후, 국립민속박물관. 문경새재를 지나 과거에 합격하면 그림 속의 인물처럼 높은 관직으로의 길이 열렸다.

는 내가 걸어왔던 인생길을 뒤돌아보고 성찰하는 일이 가능하다. 열심히 공부했음에도 망쳤던 시험이나, 운 좋게도 아슬아슬하게 통과했던 시험은 인생길에서 뒤돌아보면 아무것도 아니다. 내가 걸었던 인생길에서 시험도 중요한 발자국이지만 그것에 지나치게 얽매일 필요는 없다는 이야기다.

이런저런 상념에 묻혀 길을 걷다보니 벌써 용추폭포다. 문경새재 길은 맑고 빼어난 새재 계곡이 항상 따라다니기에 걸을 맛이 난다. 용추폭포 일대는 아름다운 새재에서도 절경으로 소문이 났다. 이 용추폭포에 이르러서는 계곡이 좁아지고 물살이 빨라져 아름다운 폭포를 이룬다. 바위 위에 올라서서 이 계곡을 내려다보면 용이 꿈틀거리며 계곡을 파헤치다 하늘로 승천한 흔적처럼 보인다. 속이 시퍼렇게 가물거리는 물빛을 보니 수심도 여간 깊은 게 아니다. 용으로 승천하기 위해 이무기가 저 물속에서 수백 년 동안 자신의 허물을 벗어가며 숱한 고난과 시험을 거치고 있는지도 모른다. 용추폭포 바로 옆의 교귀정은 새로 부임하는 신임 경상도 관찰사와 임기를 마친 구舊 감사가 관인官印을 인수인계하던 곳이다. 경상도에서 절대 권력을 행사했던 경상 감사가 이곳에 모여 인수인계를 했다는 사실은 문경새재의 지역적 상징성과 중요도를 판가름해준다.

문경새재 길은 빠르게 걷기보다는 주변을 잘 살피면서 걸어야 한다. 얼추 20분을 더 걸으니 웬 한글 비석이 세워져 있다. 경북 문화재자료 제226호로 지정된 '조령산불됴심표석'이다. 거친 화강암에 '산불됴심'이라는 한글을 음각한 비석으로 글씨체가 자연스러우면서도 강렬한 인상을 준다. 요새 글꼴로 치면 목판과 타이프체를 적절히 혼합한 듯한 모양새다. 남아 전하는 조선시대의 수많은

문경새재의 절경인 용추폭포.

비석 가운데 한글로 각석한 비석은 찾기 힘들다. 그나마 잔존하는
비석들도 모두 한문과 국문을 혼용하고 있다. 순전히 한글로만 쓰
인 비석은 문경새재의 산불됴심비가 유일하다. '산불됴심'은 곧 '산
불조심'이다. 조선시대에 문경새재 일대는 쓰임새가 다양한 재목이
많아 봉산封山으로 지정됐다. 봉산은 궁궐이나 관아, 선박들에 사
용되는 목재를 공급하기 위해 지정한 곳으로 함부로 벌목하거나
불을 피울 수 없다. 이 산불조심은 백성에게 화전火田을 강력히 금
하고 불조심을 경고하는 문구임에도 멋모르게 웃음이 나온다. 바
로 아래에서 봤던 나무 사이에 걸어둔 '산불조심' 현수막이 선조들
의 해학과 운치가 살아 있는 이 비석과 비교되기 때문이다.

제2관문을 지났더니 경사가 제법 가팔라진다. 이제야 비로소 고갯길인 것 같다. 등에서 땀줄기가 조금씩 흘러내릴 즈음 낙동강 발원지에 도착했다. 낙동강 발원지를 태백산 황지 한 곳으로만 알고 있었던 나는 의아스러웠다. 하지만 『세종실록지리지』에서는 낙동강 발원지를 태백산의 황지, 문경의 초점, 순흥 소백산 세 곳으로 이르고 있으며, 한발 더 나아가 낙동강 발원지를 다섯 곳으로 적어둔 사료도 있다. 발원지가 하나라는 인식은 서양의 근대가 영향을 미친 획일적 사고방식에서 비롯된 것인지 모른다. 사실 낙동강은 수없이 많은 계곡과 하천이 모여 강을 이루었다. 문경새재의 발원지에서 가느다랗게 흘러내린 물은 새재 계곡을 타고 가다 조령천으로 합수되며, 문경 신현리에서는 다시 영강과 합류하고, 상주 사벌면에 이르러서 끝내 영남 물길의 대동맥인 낙동강으로 흘러 들어간다. 여러 오솔길이 모여 큰길을 이루듯, 물길 역시 숱한 지류가 힘을 보태 거대한 낙동강을 탄생시켰다. 고개에서 갈라진 보잘것없는 좁은 길이라 해도 언젠가는 드넓은 평야를 힘 있게 가로지르는 대로와 연결되는 법이다. 내 인생이 오솔길에서 출발한다고 해서 의기소

조령산불됴심표석, 경북 문화재자료 제226호.

침하거나 불만을 가질 필요가 없는 이유다.

입시철에 시험 합격과 소원 성취를 비는 사람들의 발길로 끊이지 않는다는 책바위를 지나 급경사의 고갯길을 통과했더니 마침내 목적지인 조령관이 눈에 들어왔다. 한양으로 가기 위해 하루에 60리 이상을 걸어야 했던 조선시대 선비들이 조령관을 보는 반가움은 이루 말할 수 없었을 것이다. 마침내 조령관의 관문을 통과했더니 충북 괴산 땅에 세워진 '백두대간 조령탑'이 우뚝하니 서 있다. 이 관문을 사이로 경북 문경과 충북 괴산이 마주하고 있다. 무거웠던 하늘은 더 이상 참지 못하고 먹구름에서 물길을 내 비를 뿌렸다. 우산이 없어 비를 그냥 맞아야 했는데도 문경새재 정상에 오른 기분은 상쾌하기만 했다. 이 빗방울이 새재 계곡으로 모여들어 낙동강으로 흘러갈 것이 자명한 일처럼, 문경새재에 오른 내 발길도 선조들의 발걸음 위에 쌓여 고갯길의 역사로 나아갈 것이 분명하다.

08

땅과 사람의
상생

: 부안의 높이 솟은
  돌기둥

✤ 땅은 살아 있는 생명체

세상의 좋은 말 중에서도 '상생相生'이란 낱말은 참 듣기 좋다. 서로
조화를 이루고 균형을 유지하는 상태인 상생은 오늘날 가장 필요
한 말일지 모른다. 왜냐하면 우리나라 어디에서도 서로 맞지 않
아 물고 뜯는 '상극相剋'은 흔히 볼 수 있는 반면, 말로는 그럴듯하
면서도 상생이 이뤄지는 일은 좀처럼 보기 어렵기 때문이다. 이
제는 기성세대에 속하게 된 나 역시 젊은 세대에게 상생의 모습
을 보여주거나 만들어주지 못했으므로 떳떳하지 못한 것은 매한
가지다.

상생은 사람과 사회적 집단뿐만 아니라 인간과 자연 사이에서도 아주 중요한 말이다. 인간도 실은 자연의 일부이고, 자연을 떠나서는 존재할 수 없다. 허나 과학과 기술이 발달하고, 건축과 토목으로 세운 인공적 도시가 지배함에 따라 사람과 자연은 분리되는 상황에 이르렀다. 특히 단기간에 급격한 경제 성장을 이룬 우리나라는 자연과 멀어지거나 지나온 삶을 부정하는 처지에 놓여 있다. 우리에게 생명을 주는 땅과 물에 대한 파괴는 심각한 지경인데도 아직까지 고쳐지지 못하는 것이다.

그런데 자연도 사람이 한 만큼 그대로 돌려준다. 가령 더 높이더 크게 짓는 토건사업으로 인해 도심의 싱크홀은 필히 오고야 말았다. 거대한 인공물을 세우기 위해 땅을 깊고 넓게 파다보니 어딘가에서 지하수와 흙이 유출되어 한구석이 주저앉아 거대한 구멍이 생기는 것이다. 도심의 지반 침하 현상은 자연에 큰 병이 생겼다는 증거이자 지금껏 땅 파기에 열중해온 인간에 대한 경고다.

나는 자가용으로 출퇴근을 하다가 이따금 공황 상태에 빠질때가 있다. 검은 아스팔트와 시멘트 고층 빌딩들이 앞을 가로막고 있으며, 도로가 차들로 꽉 막혀 오도 가도 못할 뿐 아니라 경적까지 울리는 교통지옥. 이때 마치 도시 전체의 혈관이 막혀 사회적 뇌졸중이 온 듯한 막막함이 든다. 그럴 때는 어디엔가 차를 주차해놓고 보슬보슬한 흙 위를 걷거나 만지고 싶은 충동에 빠지는데, 그 어디서도 땅을 찾을 수가 없다. 아스팔트와 시멘트, 보도블록으로 메워진 도시에서 땅조차 쉬이 밟을 수 없는 것이다. 내게 엄습해온 공황은 자연과 분리될 때 느끼는 심리적 불안감에 다름 아니다.

근대의 서양 과학에서 땅을 하나의 물질로 바라본 것과 달리, 우리 선조들은 산과 강, 땅을 하나의 조화를 이룬 생명체로 여겼다. 이것이 풍수 사상의 출발이다. 요컨대 산은 뼈대요, 강은 핏줄이며, 땅은 뼈대와 핏줄을 감싸는 살이라는 생각이다. 자연도 하나의 생명체라는 생태주의적 관점을 견지했으니 집을 지을 때도 땅과 조화를 이루려 했고, 땅을 파면서도 땅의 기운을 해치지 않으려고 조심했다. 그럼에도 불구하고 사람이 부모로부터 물려받은 선천적인 문제로 인해 병이 나듯이, 자연도 병을 일으켰다. 자연이 일으키는 병마는 사람에게 해를 끼치는 자연재해다. 그리하여 사람이 아파서 침을 맞거나 뜸을 뜨는 것과 마찬가지로 자연에 대해서도 치료하는 일이 필요해진 것이다.

전라북도 부안의 문화유산을 답사해보면 사람과 자연의 조화를 어떤 방식으로 도모했는지, 그리고 땅에 대해 어떤 치료를 했는지 알 수 있다. 부안에 가면 높이 솟은 문화유산이 곳곳에 눈에 띈다. 부안 서문안 당산, 부안 동문안 당산, 서외리 당간지주, 쌍조석간, 부안 남문안 당산, 돌모산 당산 등이 그것이다. 이들은 흔히 짐대나 솟대로 불린다. 장대처럼 높게 치솟아 있으며 꼭대기에는 오리가 앉아 있는 이런 문화유산은 인문과 자연의 조화를 꿈꾸는 지표였다.

예로부터 풍수가들은 우리나라의 형세를 배가 가는 행주형行舟形으로 보았다. 전남 화순에 있는 운주사는 누워 있는 와불臥佛과 천불천탑의 이야기로 유명한 사찰이다. 운주사에 천불천탑이 조성된 전설을 살펴보면, 우리나라 지형은 배가 가는 형국인 행주형이란다. 나라 전체를 배로 본다면, 태백산과 금강산은 뱃머리이고,

부안 동문안 당산제를 지내는 모습이다. 정월 대보름이 되면 아침부터 농악을 울리며 풍년을
비는 줄다리기를 한다. 줄다리기를 끝내고 제사를 지낸 다음에 그 줄로 당산을 감는 '당산 옷
입히기'를 한다.

월출산과 영주산은 배의 꼬리다. 부안 변산이 배의 키舵이며, 영남 지리산이 노楫이고, 화순 운주산이 배腹에 해당된다. 배가 물에 떠서 가려면 무게중심을 잘 잡아야 하므로 선박의 복부 자리인 운주산 아래에 천불천탑을 세워 든든하게 했다는 것이다. 이것이 풍수에서 말하는, 허약한 곳을 북돋워 땅의 이치를 조화롭게 하는 '비보裨補'다.

✤ 행주형 부안, 당간과 돛대

운주사 전설을 따르자면 우리나라의 지세는 배요, 부안은 이 배가 앞으로 가는 데 진행 방향을 바꿀 수 있는 키다. 삼면이 바다로 둘러싸여 있고 남북으로 길게 뻗은 지형인 까닭에 우리나라의 지세는 곧잘 배가 가는 형국으로 설명되곤 한다. 나라 전체가 행주형이듯 고을이나 마을도 행주형 지세를 갖춘 땅이 있다. 배가 순풍을 타고 무사히 가는 데 필요한 장치가 돛대다. 그래서 행주형 지역에서는 돛대처럼 우뚝 솟은 것을 세우는데, 이것은 행주형 땅의 나쁜 기운을 눌러 순항하도록 기능한다.

서문로를 따라가다가 부안향교로 올라가기 전 길가에는 오래된 정미소가 하나 있다. 슬레이트와 양철판을 재료로 한 옥상옥의 건물인데, 예전에는 꽤 법석거렸던 모양이다. 이 건물 뒤편에 우뚝 솟은 돌당간이 있다. 멀리서 보면 건물에 속한 굴뚝처럼 보이지만, 골목으로 들어가면 높이가 7미터 넘는 서외리 당간지주(전라북도 유형문화재 제59호)가 서 있다. 거대한 남근바위를 떠올리기에 충분한, 솟구친 용모가 금방이라도 음기를 누를 태세다. 우리나라의 남근바위는 마을에서 아들을 낳게 해달라는 기자祈子 신앙물로 모신다. 이것은 음기가 센 지세를 누르는 풍수 비보의 장치물에서 파생된 것이다. 이 당간지주는 남근바위가 아니라 사찰에서 법회 행사 때 깃발을 달기 위해 세운 기둥이다. 당간지주를 통해 오래전 이곳에 사찰이 있었음을 알 수 있다.

신라 말기의 고승이며, 풍수 사상의 비조인 도선道詵에 의해 나말여초 시기에 풍수 사상이 널리 퍼졌다. 도선은 사람이 병들면 뜸과 침으로 기운을 차리게 하듯이, 병이 든 산천에 절을 짓고 불상과 탑을 세워 치료하고자 했다. 그래서 불교가 남긴 문화유산을 제대로 이해하려면 양식과 문양을 살펴보는 것도 중요하지만, 풍수지리의 눈으로 산천의 구조와 입지 조건을 따지는 일이 우선이다. 고려시대에 이르러 산천의 기가 허하거나 지나친 곳을 불교의 공력으로 조화롭게 하고자 사찰과 탑을 세우는 '비보사탑법裨補寺塔法'이 크게 유행했다. 고려 태조가 『훈요십조訓要十條』를 통해 도선이 정한 자리에 개창한 사원 외에는 함부로 사찰을 짓지 말라는 유언을 남겼던 까닭에 이후의 왕들도 그의 사상을 극진히 받들었다. 고려 신종 때에는 '산천비보도감'이라는 국가 기관을 세워 공식적으로 풍수비보적 장치물을 세우는 일을 했다. 결함이 있는 땅에는 절을 세우고, 기세가 과한 땅에는 불상을 세우며, 달아나는 지세의 땅에는 탑을 올려 머무르게 하고, 등진 땅에는 당간을 세워 불러들이는 비보가 이뤄졌다. 이는 땅과 인간의 상생을 도모하여 천하의 수레바퀴가 스스로 굴러갈 수 있도록 한 국가적 역점 사업이었다.

서외리 당간지주도 이런 풍수비보의 역사를 담고 있을 터이다. 하늘로 우뚝 솟구친, 위엄 있는 기둥에는 작은 거북이 두 마리가 양각되었고, 위쪽을 눈여겨보면 기둥을 휘감은 용이 조각되어 있다. 세월이 흘러 마모되었음에도 비바람이 치는 날에는 당장이라도 기둥을 타고 하늘로 올라갈 태세다. 당간 하단부에는 숭정 후 44년崇禎後 四十四年, 즉 1671년(현종 12) 부안의 양반인 김상고金尙古 등이 설립했다는 명문이 있다. 그러나 이는 처음 만들었다는 이야기가 아니고 원래 있던 것을 중건했다고 봐야 한다. 사찰의 시설물이었던 서외리 당간은 이렇게 해서 행주형 고을을 위해 일하게 되었다. 나쁜 기운을 누르고 좋은 기운을 불러들여 백성의 마음을 다독이는, 그야말로 든든한 기둥이 되었다.

이제는 남문안 석장을 보기 위해 발걸음을 옮겨야 한다. 남문안 석장은 부안읍성의 남문 안에 세워졌던 것이다. 주민들이 이 석장을 당산으로 모시기에 문화재 명칭도 '부안 남문안 당산'(전라북도 민속자료 제18호)이다. 남문안 석장은 부안교육문화회관의 넓은 뜰 한쪽에 있다. 한눈에 보기에 이 석장은 당간지주와도, 또 오리가 있는 짐대와도 다른 느낌이 든다. 높이가 거의 5미터에 이르는 석장은 끝이 좁고 뾰족하다. 범선에 달린 돛대와 흡사하다. 18세기경 김응선金應先 등 부안의 양반들이 주축이 되어 세운 이 돛대는 부안 땅의 나쁜 기운을 누르고 있다. 부안이 순풍에 돛 달고 멀리 나가려면 이 돛대는 꼭 필요한 비보 장치다. 거의 마모되었지만 석주에 새겨진 거북을 보건대 서외리 당간을 본떠 만든 것 같다. 석주를 끼운 좌대도 거북이 모양이다. 장수와 길상을 상징하는 거북을 아래에 받쳐 마을의 안녕과 평화를 기원했을 것이다.

모든 일을 조화롭게 풀려는 비보가 조선시대의 일만은 아니다.

2부 내 인생의 길라잡이

요즘 실내 인테리어 풍수라는 것이 젊은 직장인들 사이에서도 유행이다. 예컨대 바람이 들어오는 현관에 식물을 두어 기운을 상승시키고, 사무실 북쪽에는 차가운 성질을 없애고자 따뜻한 색상의 조명을 두며, 화火의 기운이 넘치는 남쪽에는 기획과 개발 부서를 배치하는 일 등이다. 사람의 용모도 비보적 상생이 이뤄진다. 날카로운 인상의 사람은 안경을 써서 부드럽게 만들고, 눈썹이 약해 보이는 남자들은 관상학적으로 우직하며 신뢰감을 주는 곧은 눈썹을 문신하기도 한다. 키가 작은 사람은 높은 구두를 신고, 살이 쪄 보이는 사람은 짙은 색 옷을 입는 일 모두 조화와 균형을 이루려는 바람에서 나온 것이다. 땅과 사람, 사람과 사람, 얼굴과 용모 등에서 상생과 조화를 꿈꾸는 것은 시대를 초월한 인간의 일관된 희망이다.

✤ 매창과 허균

부안은 풍류의 땅이다. 부안이 이렇게 멋스런 땅이 될 수 있었던 배경에는 여류 시인 매창梅窓이 있었다. 조선시대에 황진이와 쌍벽을 이룬 매창은 1573년(선조 6) 부안현에서 아전 이양종의 딸로 태어나 부안 지방을 대표하는 명기가 되었다. 그녀는 죽어서도 그 명성이 잦아들지 않았기에 부안 아전들은 입으로 전해지던 매창의 시를 모아 『매창집』을 펴내기도 했다. 이매창 묘는 1983년 문화재(전라북도 기념물 제65호)로 지정되었으니 현재까지도 그녀는 기생 신분을 뛰어넘는 이름값을 하고 있는 셈이다.

매창이 영원히 잠들어 있는 부안읍 오리현의 매창뜸은 읍내에서 남쪽으로 내려가야 하는 외곽지역이다. 매창뜸은 오른쪽에는 도시형 아파트가, 왼쪽에는 시골 논밭이 펼쳐진 접점에 있다. 2001년에는 부안군이 매창 묘 일대를 매창공원으로 조성하면서 그 모습이 크게 바뀌었다. 매창공원 앞에는 부안문화원이, 인근에는 도서관과 교육청까지 있어 이 주변은 부안의 문화교육센터가 되었다. 매창공원은 평온함과 한가로움을 안겨주며 공원 전체가 시비로 가득 차 옛 시의 아름다움에 빠져들게 한다.

그러나 공원으로 다시 가꾸다보니 오히려 매창 묘는 찾기 어려워졌다. 한참을 찾다가 어떤 묘를 발견하고는 가봤는데, 매창 묘가 아니라 이중선李中仙의 묘였다. 이중선의 언니인 이화중선李花中仙은 익히 들어 알고 있는 명창이지만, 이중선은 생소하다. 이화중선의 명성에 가려진 탓도 있지만 꽃다운 나이에 유명을 달리해서다. 당시 소리꾼들에게 그녀는 육자배기와 흥타령을 잘 뽑는 명창으로 알려졌었다. 1932년 부안의 어느 집 골방에서 이중선이 숨을 거두자 우리나라 명기 명창들이 소복 차림으로 모여 소리장으로 그녀의 죽음을 애도했다고 한다. 나는 그녀의 애처로운 죽음에 슬픔을 표하면서 매창 묘 옆에 잠들게 한 것은 참 잘한 일이라고 생각했다. 매창과 이중선이 상생하고 의지하면 죽어서나마 외롭지 않으리라.

매창 묘는 매창공원 표지석이 있는 원형 광장의 동북쪽에 자리 잡고 있다. 묘로 올라가는 계단 입구에는 매창의 시 가운데 그 유명한 "이화우 흩뿌릴 제"로 시작하는 '이화우梨花雨' 시비가 있다. 나는 이 시비보다 '취하신 님께'라는 시비 앞에서 걸음을 멈춘 채 떠나지 못했다. 나도 모르게 마음이 동했던 것이다.

부안 매창공원 내의 이중선 묘(위)와 매창 묘(아래)다. 매창은 여류 시인이자 부안 지방을 대표하는 명기다. 이중선은 이화중선의 동생으로 명창이었지만 젊은 나이에 숨졌다.

취하신 손님이 명주 저고리 옷자락을 잡으니

손길 따라 명주 저고리 소리를 내며 찢어졌군요

명주 저고리 하나쯤이야 아까울 게 없지만

님이 주신 은정까지도 찢어졌을까 그게 두려워요

매창의 자존심과 절개가 수백 년의 세월을 뛰어넘어 다가왔다. 명주 저고리와 님의 교분을 은근히 비유하면서 취객의 지나친 집적거림을 꼬집는 기지가 당당하지 않은가. 비록 기생 신분이라도 자신이 가진 시적 재능과 자의식은 명문가의 사대부도 감히 넘볼 수 없다는 표현이다.

낮은 언덕 위에 있는 매창 묘는 포근함과 안온함을 느끼게 한다. 음택 풍수에서 흔히 말하는 주산에서 내려온 산맥과 좌청룡 우백호가 감싸고 있지 않아도 그녀에게 이 자리는 명당이다. 묏자리로 명당을 찾는 이유가 무엇인가. 궁극적으로 후손들의 발복發福을 위함이 아니던가. 매창 묘는 후손들의 발복과는 상관없지만 그녀의 이름이 자자손손 이어지고 사람들의 발길이 끊이지 않는 그런 터다. 생전에도 그녀를 보기 위해 전국의 호사가들이 모여들었으며, 그녀가 죽은 뒤에도 묘를 찾아오는 사람이 줄을 이었다.

매창 묘 일대에는 그녀의 시비뿐만 아니라 매창을 흠모했던 시객들의 시비까지 세워져 있다. 그중 시선을 잡아끄는 것은 허균의 시비다. 허균은 그녀가 죽은 뒤에 「매창의 죽음을 슬퍼하며」라는 시를 썼다. "아름다운 글귀는 비단을 펴는 듯하고, 맑은 노래는 구름도 멈추게 하네"로 시작되는 시를 읽어보면 허균이 매창의 죽음을 얼마나 슬퍼했는지, 또 하늘이 내려준 매창의 재주를 얼마나 아꼈는지 실감할 수 있다. 이렇게 매창은 얼굴 기생이 아니라 실력파 명기였다.

1601년 7월 한양으로 양곡을 운반하는 임무를 맡은 허균은 부안에 와서 계생을 만났다. 계생은 매창의 원래 이름이다. 허균은 그때의 심정을 『성소부부고惺所覆瓿藁』에서 "거문고를 뜯으며 시를 읊는데 생김새는 시원치 않으나 재주와 정감이 있어 함께 이야기할 만하여 종일토록 술잔을 놓고 시를 읊으며 서로 화답했다"고 밝혔다. 허균은 매창이 이귀李貴와 이미 정분을 나눈 사이임을 알았기에 그날 밤에는 매창의 조카를 침소에 들게 함으로써 사람들의 의심을 피했다고 덧붙였다. 이후 허균과 매창의 인연은 오랫동안 이어졌다. 허균은 매창이 죽기 한 해 전인 1609년에 편지를 보냈다. "그 시절에 한 생각이 만약 잘못되었더라면 나와 그대의 사귐이 어떻게 10년 동안이나 그토록 다정할 수 있었겠는가"라는 내용이었다. 두 사람이 오랜 세월 정신적 연인이자 마음을 기대는 상생관계였음을 넌지시 풀어낸 것이다.

허균은 파격적이고 자유분방한 사상가였다. 계급적 서러움을 당하는 서얼이나 아전과 친분이 깊었을 뿐만 아니라 불교를 숭상하고 기생을 가까이했다. 이런 허균에게 부안의 변산은 솔깃한 땅이었다. 그는 1608년 공주 목사로 재직하다 파면된 뒤 부안 변산의 정사암靜思庵에 머무르면서 쉬었다. 정사암은 부안 부사 김청金淸이 변산 우반동 골짜기에 지은 암자였다. 우반동은 현재 부안군 보안면의 우동리와 우신리의 옛 지명이다. 허균은 호남의 고을을 암행할 때 우반동의 아름다운 경치에 반한 적이 있다. 그는 변산 우반동 골짜기의 수려한 경치를 "저녁노을이 서산에 걸리고 하늘 그림자가 물 위에 드리워졌다. 물을 내려다보고 하늘을 올려다보며 시를 읊고 나니 문득 속세를 벗어난 기분이었다"라며 선경으로 묘사했다. 적서차별을 타파하려는 그의 생각을 담은 『홍길동전』은 부안 변산에서 머물렀던 시기에 쓰거나 떠올렸을 가능성이 높다. 홍길동의 이상적 왕국인 율도국은 변산이란 땅에서 꿈꿀 수 있기 때문이다.

부안 변산은 은둔자의 땅이다. 숨어 살면서 도인같이 지내기에 더없이 좋은 곳이므로 비결서에서는 현실로부터 벗어나 생명을 보존할 수 있는 십승지十勝地의 하나로 등장한다. 십승지는 일종의 낙원이나 이상향이다. 조선 중기의 학자이자 역학과 풍수학에 도통했던 남사고南師古도 "부안 호암 아래 변산의 동쪽은 은신하기에 최적지다"라고 하지 않았던가. 변산은 세상을 피해 깊은 산골에 숨고자 하는 은둔자들에게 가장 알맞은 환경을 제공해줬다. 산봉우리가 겹겹이 둘러싸여 있고 숲이 울창한 데다 거대한 바위들이 모여 있어 은신처로는 따를 곳이 없었다. 은둔자 가운데는 단연 도둑이 많았다. 변산의 도둑은 이인좌의 난에도 반란군으로 참가하여 영조를 놀라게 했다. 이렇게 세상에 겁을 준 변산 도둑은 연암 박지원의 『허생전』에도 등장한다. 한양 최고의 부자 변씨에게 돈 1만 냥을 빌려서 떼돈을 번 허생이 찾아간 곳이 바로 변산 도적의 소굴이었다. 관군도 1000명에 이르는 도적 떼를 감히 칠 수도 없지만 도적 역시 관군 등쌀에 도둑질을 못 해서 배를 곯고 있는 형편이었다. 이때 허생이 도적들을 교화시켜 마누라와 소를 데리고 오게 한 뒤 이들을 모두 이끌고 무인도로 들어갔다. 이 무인도에서 허생과 변산 도둑들은 배부르고 편안한 이상향을 구축한다. 새

변산반도는 부안 땅이 서해안으로 돌출한 반도다. 산세가 깊고 수려한 이곳은 예로부터 은둔자
의 땅이었으며, 비결서에는 십승지의 하나로 등장한다.

「부안격포도형변산좌우도扶安格浦圖形邊山左右圖」, 19세기 중후반, 73.5×107.0cm, 영남대박물관.
부안 변산을 좌우로 책 펼치듯이 그린 지도이다. 격포는 변산반도의 서쪽 끝에 있는 포구다. 포
구 안쪽에는 소금을 생산하는 염막鹽幕이 표시되어 있다.

로운 세상을 갈망했던 허균이나 박지원, 그리고 그들의 아바타인 홍길동이나 허생은 십승지 변산의 눈을 통해 지상낙원을 꿈꿨을 터이다.

✤ 돌짐대와 오리의 수수께끼

부안현扶安縣은 1416년(태종 16) '부령현扶寧縣'과 '보안현保安縣'의 이름을 따서 만들어졌다. 부안현의 울타리인 부안읍성은 상소산上蘇山을 주산으로 설치됐다. 성종 때까지 토성이었으나 중종대에 이르러 석성으로 축성되면서 비로소 읍성의 면모를 갖췄다. 상소산은 성황당이 있어 '성황산'으로도 부르며, 고을의 기운을 보호해주는 뒷산에 해당된다. 지금의 부안 군청 일대가 조선시대 부안읍성의 중심지였다. 이 부안 군청에서 당산로를 따라 서남쪽으로 조금만 가면 원불교 부안교당에 다다른다. 이 교당 앞 당산공원에 서 있는 짐대 2기와 석장승 2기가 부안 서문안 당산(중요민속자료 제18호)이다. 부안 주민들은 짐대나 석장승을 모두 '당산'이라 부른다. 당산은 마을을 지켜주는 신으로, 주민들은 매년 여기에 제사를 올려서 마을이 무탈하기를 기원한다. 그러나 마을신으로 모신 일은 후대에 생겨났으며, 원래는 풍수상 취약한 지세를 보하고자 세운 짐대였다.

짐대와 석장승이 좌우로 쭉 세워져 있다. 키 큰 순서대로 둔 듯해 운동장 조회 모습이 떠올라 웃음이 새어나온다. 이런 부자연스런 연출은 짐대와 석장승이 원위치에서 옮겨지다보니 생긴 일이다. 짐대 1기는 부안읍성의 서문 안쪽에, 다른 1기는 남문 안쪽에 있

중요민속자료 제18호로 지정된 부산의 서문안 당산이다. 당산공원에 서 있는 짐대 2기와 석장
승 2기로 구성되어 있다. 이곳 주민들은 마을을 지켜주는 당산으로 여긴다.

었으며, 석장승 2기는 서문 바깥에 있었다고 한다. 이를 모아서 공원 한쪽으로 몰아세운 것이다. 풍수에서는 무엇보다 그 위치를 정한 이유가 있을 터이니 그곳에서 벗어났다면 제 역할은 기대하기 어려운 법이다.

그래도 이를 제작한 300여 년 전으로 돌아가서 땅의 상생을 기원했던 백성의 마음을 생각해본다. 4미터 높이의 꼭대기에 오리가 앉아 있는 짐대와 오리가 잘린 채 석주만 남아 있는 짐대는 희미하나마 1689년(강희 28) 2월에 세워졌다는 명문이 새겨져 있어 값지다. 대개의 민속 조형물이 제작 연대를 몰라 출현 배경에 논란이 있는 데 비해, 부안의 짐대는 제작 연대를 정확히 알 수 있기에 귀한 자료다. 1689년에 이 짐대를 세운 배경은 부안에서 일어난 자연재해에 있는 듯하다.

민속학자들은 높이 세운 짐대(솟대)를 '소도蘇塗'에서 기원한 것으로 보기도 했다. 솟대와 소도가 음이 유사하다는 음운론적 근거에서다. 잘 알려져 있다시피 소도는 삼한 시대에 제사를 지내는 장소이자 함부로 들어갈 수 없는 신성 구역이었다. 하지만 부안의 짐대가 설립되는 조선시대의 사회사적 배경을 따져보면 이런 논리가 적용될 가능성은 희박하다. 비록 지금은 당산으로 모시는 신앙물이 되었다 하더라도 현재라는 외형에서 더 들어가 분석을 가하고 원인을 규명하면 비보풍수의 실체가 밝혀진다. 부안과 고창의 석장石檣(돌기둥)을 연구한 고故 정승모 선생은 짐대의 설립 배경으로 부안읍성의 확장과 인구 증가, 그리고 장마와 홍수로 인한 피해를 들었다.

고급스럽고 화려한 미술품을 선호하는 사람이라면 이런 민속

문화유산이 너무 소박하거나 하찮게 여겨질지 모른다. 하지만 짐대와 장승은 투박한 민중의 따뜻한 기운을 느끼게 해주는 문화유산이다. 내게 이 돌기둥은 화려하지 않고 보잘것없더라도 그리스 신전의 기둥보다 더 든든하게 다가온다. 거칠게 다듬어서 팬 흔적이 많아도 이 기둥은 행주형 땅을 떠받쳤던 든든한 기둥이 아니던가. 정상에 올라앉은 오리 상도 조악해 보일지언정 문화유산에 담긴 민중의 믿음만큼은 정성스럽기 이를 데 없다. 자신이 살고 있는 고을이 평화롭고 모든 사람이 건강하며 행복하기를 기원하는 신앙심이 이 거칠고 투박한 짐대에 오롯이 표현되었다.

부안 군청 삼거리에서 북쪽으로 올라가 동문안 삼거리에 다다르면 또 하나의 당산과 마주치게 된다. 부안 동문안 당산은 짐대 1기와 석장승 2기로 구성되어 있으며, 중요민속자료 제19호로 지정되었다. 석장승 2기는 길가 공원에서 세워져 있고, 짐대는 주택가 안쪽으로 들어가 있다. 서문안 당산처럼 석장승 2기는 동문 바깥에, 짐대 1기는 동문 안쪽에 세워졌던 것들이다. 퉁방울눈의 석장승 한 쌍은 남신상과 여신상이 함께 세워지곤 해 정겹다. '당산 하나씨(당산 할아버지)' 혹은 '문지기 장군'이라 부르는 상원주장군은 벙거지를 쓰고 손을 몸에 붙인 모습이 제주도 돌하르방과 비슷하다. 마주한 하원당장군은 당산 할머니로서 퉁방울눈에 이빨을 드러내고 웃는 표정이 익살스러운 탈을 연상시킨다. 구한말 이 땅에 들어온 선교사들은 이런 장승들이 악마를 쫓기 위해 그로테스크한 표정을 짓는다고 했다. 내게는 기괴함보다는 귀신을 웃겨서 보낼 만한 해학의 표정으로 비치니 같은 신앙물을 보더라도 마음에 따라 읽어내는 방식이 다른 것이다.

부안 동문안 당산 가운데 석장승이다. 동문안 당산은 석장승 2기와 짐대 1기로 구성되어 있다. '당산 할아버지'로 부르는 상원주장군은 제주도 돌하르방과 생김새가 비슷하다.

부안 동문안 당산 가운데 짐대다. 돌로 제작된 짐대는 주택가 안쪽에 세워져 있으며, 맨 위에는 오리를 얹었다. 이 사진은 오리가 도난을 당해 새로 제작하기 이전의 본모습이다.

마을 안에 있는 돌짐대는 예전의 위치 그대로이건만 장대 끝에 있던 오리는 누군가 훔쳐가서 새로 제작한 것이다. 오리를 잘라가는 일은 짐대의 눈을 제거하는, 아주 몹쓸 짓이다. 땅과 하늘을 연결시켜주는 상징물인 오리는 행주형의 땅이 가야 할 방향을 제시할 뿐 아니라 땅의 지세를 읽어내는 '눈'이다. 눈을 제거한 짐대와 행주형의 마을은 갈피를 잡지 못하고 우왕좌왕하다 암초에 부딪힐지 모른다. 더욱이 짐대 위의 오리는 신령스런 새다. 옛 고승들이 사찰이 들어설 땅을 잡을 때 나무오리木鳧를 날려 보냈다는 전설이 전래된다. 고승이 어딘가를 가다가 도량의 기운을 느끼고 나뭇가지를 꺾어서 주물럭거리면 오리가 되는데, 이 오리를 날려 보내서 내려앉은 곳에 사찰 터를 잡았다는 그런 옛이야기다. 실제로 사람이 살 집터나 묘지를 정할 때도 새를 공중으로 날려 보냈던 풍속이 있었음을 추측해볼 수 있다. 이렇게 택지의 묘안을 가진 동물인 오리를 잘라버린다면 땅의 기운을 살리는 짐대는 생명력을 잃었다고 해도 과언이 아니다.

❖ 땅의 근본을 파고든 유형원

부안군 변산의 우반동은 위대한 학자를 배출한 곳이다. 이 우반동이 세상에 널리 알려진 것은 반계磻溪 유형원柳馨遠 선생 때문이다. 1653년 유형원은 서른두 살의 나이로 이곳에 내려온 뒤 20여 년을 살면서 『반계수록』을 집필하고 실학의 터를 다졌다. 유형원 유적지(전라북도 기념물 제22호)는 보안면의 무형문화재전수교육관에서 반계로를 따라 올라가다가 우동제에 못 미친 야산 아래쪽에

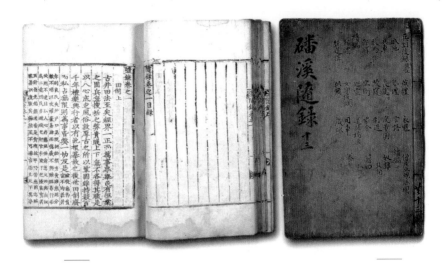

반계 유형원 선생은 부안군 변산 우반동에서 20여 년을 살면서 『반계수록』을 집필했다.
이 책에는 폐법을 고치고 국가를 개혁하기 위한 혁신안들이 수록되었다.

있다. 유형원이 거처했던 유적지에는 문화재 안내판 외에 별다른
게 없는데, 매봉으로 올라가는 산 중턱에 반계서당과 우물, 묘를
조성해두었다. 그런데 묏자리에 봉분까지 만들었으므로 반계 선
생이 이곳에 안장되었을 거라는 오해를 불러일으킨다. 그러나 사
실은 1673년 반계가 세상을 뜨자 우반동에 임시 매장했다가 곧 용
인의 선영 아래로 이장했다.

　반계서당에서는 산 아래의 들녘과 곰소만으로 깊이 들어온 개
펄을 보는 풍경이 일품이다. 변산의 중심에서 갈라져나온 줄기들
이 우동리의 누런 들판을 살짝 감싸고 있으며, 그 너머에는 줄포
리로 들어온 검은 개펄이 꿈틀거리고 있다. 이중환은 『택리지』에서
부안 변산을 가리켜 이렇게 이야기했다. "골짜기 동네 밖은 모두

　　　　　　　　　　　　　　　　　　　　　　　　2부 내 인생의 길라잡이

소금을 굽고 고기를 잡는 사람들의 집이다. 산 가운데는 좋은 밭과 기름진 두렁이 많아서 주민들은 산에 올라가서는 산채를 뜯고 산을 내려와서는 고기와 소금을 취한다." 이곳에서 보안면 일대를 굽어보자 이중환의 말에 고개가 끄덕여진다.

서울에 사는 명문가의 일원이었던 유형원이 변산 골짜기까지 와서 은거한 까닭은 무엇인가. 유형원의 8대조이자 조선의 개국공신이었던 유관柳寬이 하사받은 토지와 노비가 우반동에 남아 있었기 때문이다. 이 사실은 부안군 우동리 부안 김씨 가문이 소장하고 있는 고문서(보물 제900호)에 잘 나타나 있다. 이곳에서 땅을 일궈 농장을 만든 반계의 조부 유성민이 부안 김씨 김홍원에게 토지 일부를 매매한 적이 있었다. 땅 주인이 유성민이고, 장손인 유형원이 증인으로 서명한 이 토지매매문서는 유형원이 작성한 것으로 추정된다. 이것은 일반적인 고문서와 달리 땅의 내력과 상황을 문학적으로 묘사하고 있어 그 가치가 더욱 높다.

부친인 유흠은 유형원이 갓난아기 때 '유몽인 사건'에 연루되어 역적의 누명을 쓰고 자결했던 까닭에 유형원은 조부 슬하에서 자라났다. 부친 없는 장손인 그는 스물세 살 때 할머니 상을, 스물일곱 살 때 어머니 상을, 서른 살에는 또 할아버지 상을 연달아 치렀다. 과거에 응시해 입신양명할 뜻도 별로 없었지만 이런 집안 사정 때문에 반계는 서울에서 공부에 몰입하기가 쉽지 않았을 것이다. 어쨌든 조부의 상을 마친 뒤 유형원은 우반동으로 내려와 학문에 매진한 덕에 조선시대 최고의 국가개혁안인『반계수록』을 집필할 수 있었다.

반계는 이 책의 목적에 대해 이렇게 말했다. "폐법을 고치지 않고는 잘 다스릴 길이 없다. 수백천년 폐법이 쌓여 관습이 되고 그 모순이 얽히고설키어 엉킨 실타래 같아 그 근본을 찾지 않고 폐단을 없애려 하면 바로잡을 날이 없다." 그는 폐단의 근본을 찾아 분석하고 개혁 방향을 제시하기 위해 무척 애를 썼다. 그중 하나가 바로 토지개혁안이다. 그가 주장한 공전제公田制, 즉 토지 경작권을 농민에게 균등하게 분배하고, 여기에 세금을 일괄적으로 부과하며, 토지 측량을 실제적으로 하자는 토지 정책은 당시로서는 매우 혁신적인 안이었다. 이런 근대적인 사상은 그러나 해방 이후에나 이뤄졌으니, 시대를 앞선 그의 안목이 실현되는 데는 몇백 년을 더 기다려야 했다. 국토는 좁은 데다 땅은 소수의 손에 있고, 여전히 부동산 투기가 성행하는 우리나라에서 땅의 근본을 주창한 그의 혜안에 주목해야 할 것이다. 과거 선조들이 살아왔으며 현재의 우리가 딛고 있고, 또 미래의 후손들이 살아갈 이 땅이 어찌 개인만의 것이겠느냐는 토지 공개념을 말이다.

어찌 보면 나 역시 이 변산의 땅기운을 받아 태어났다. 우반동에서 10분 거리에 어머니의 고향인 진서리 연동마을이 있다. 연동마을은 변산 남쪽 용각봉이 아래로 흘러내려오다 마지막으로 매봉에서 솟구쳤다가 다시 서서히 잦아드는 곳이다. 학창 시절 방학 때면 외할머니와 이모들이 살던 이 마을에서 놀다 가곤 했다. 군에 입대하기 전에도 이곳에 와서 시간을 보냈고, 대학원 석사 논문도 이 일대를 기반으로 썼다. 박사 논문 주제도 이곳을 조사하면서 변산반도에서 생산되었던 옛 소금에 착안해서 썼다.

그래서인지 어머니는 가끔씩 내 태몽 이야기를 해주신다. 하루는 어머니가 임신을 해 꿈을 꾸었는데 초등학교 시절 늘 소풍을 가던 변산의 내소사가 나왔다. 꿈속에서 어머니는 내소사의 스님에게서 연필 한 자루를 받았다. 그 옛날 관광지에 가면 기념품으로 팔던 큰 연필이었다. 이 연필을 받아들고 하늘로 향했더니 빛이 번쩍거려 놀라며 깼다는 내용이다. 모친은 그 태몽 덕에 네가 글을 쓰고 연구를 한다며 고개를 주억거리신다. 이따금 외조부의 일화도 전해주신다. 외조부가 스스로 묻힐 묏자리를 매봉 산줄기 아래에 택지하며 외손주 가운데 연구하는 학자가 나올 것이라고 했던 말씀이다. 이 이야기를 들은 나는 손사래를 칠 수밖에 없었다. 매봉 반대편에 조선시대의 역작인 『반계수록』을 한평생 집필했던 대학자 반계 선생을 생각한다면 감히 학자란 말을 입에 올릴 수 없기 때문이다.

09

문을 열 것인가,
말 것인가

: 숭례문과 흥인지문
  그리고 한양도성

❖ 우리나라의 상징 대문

울타리를 통과하는 문은 우리 문화의 상징 코드였다. 가령 '대문
을 연다'는 말은 외부 세계에 문호를 개방하여 그들의 문화를 수용
하는 것을 뜻한다. '대문 밖이 저승이라'는 속담은 사람이 언제 죽
을지 모른다는 뜻으로 이때의 문은 삶과 죽음의 경계가 된다. '대
문이 가문'이라는 관용어는 가문이 훌륭해도 대문이 작으면 위엄
없어 보인다는 의미다. 이때의 대문은 집안의 규모나 위세를 상징
한다. 또 사랑하는 사람에게 '너는 좀처럼 문을 열지 않는다'고 말
한다면 사랑을 받아들이는 마음의 문을 열지 않는다는 표현이다.

낙산으로 이어지는 한양 도성 위에 눈이 수북이 쌓여 있다. 낙산은 한양도성을 둘러싼 내사산의 동쪽 산에 해당된다. 현재 한양도성 박물관, 이화동 벽화마을, 낙산공원 등을 지나가는 낙산 성곽길은 혜화문으로 이어진다.

하지만 사랑하지 않는 사람에게 어찌 가벼이 문을 열 수 있겠는 가. 또한 우리를 침략하려는 세력에게 어찌 쉬이 문호를 개방해 침탈의 장을 마련해주겠는가. 대문에 상당한 의미와 상징이 담겨 있 듯이 문을 열고 닫는 것은 중대한 문제였다.

우리나라에서 제일 중요한 문이자 국가를 상징하는 대문은 숭례문과 흥인지문이다. 숭례문은 국보 제1호, 흥인지문은 보물 제1호로서 단순히 1호에 담긴 상징성만 봐도 두 대문은 나라를 대표하는 문화유산으로 손색이 없다. 그런데 일제가 이른바 성벽처리위원회를 조직해 숭례문과 흥인지문 주위의 성벽을 무너뜨린 뒤로 우리는 대문과 한양도성(서울성곽, 사적 제10호)을 별개로 생각하는 경향이 있다. 하지만 숭례문과 흥인지문은 별개의 문이 아니라 조선의 왕이 살던, 도성의 울타리인 한양도성을 통과하는 문이다. 요컨대 한양도성과 4대문은 공고히 결합되어 있고, 운명을 함께하는 존재다. 그러므로 울타리의 성벽이 헐어진 뒤에는 4대문의 기능이 사라졌으며, 왕성의 존엄도 바닥으로 추락한 것이다. 4대문과 한양도성, 그리고 조선의 존망은 함께하는 것이니 외세에 도성의 문을 열어준 때와 아울러 개폐의 주체가 누구였는지도 잘 따져야 할 문제다.

한양도성의 울타리가 건재한 조선시대에는 대문을 열고 닫는 통행금지 제도가 있었다. 밤 10시경인 인정人定에 도성의 모든 문을 닫고, 새벽 4시경인 파루罷漏에는 다시 문을 열었다. 통행금지에 걸리면 도성 문을 통과할 수 없었기에 무엇보다 문을 열고 닫는 때를 잘 살펴야 했다. 우리 일생에서도 문을 열 때를 잘 헤아려야 할 것이다. 사랑하는 사람에게 구애하기 위해, 직장생활에서 동료들에

문화유산 일번지

게 가까이 다가가기 위해, 나아가 새로운 사회로 진출하기 위해 문을 열 때를 잘 기다려야만 한다. 그것이 자기 인생의 울타리를 견고히 하면서도 달라진 환경에 적응하는 방법일 것이다.

✣ 한양도성의 성문을 열다

서울시 문화재과에서 문화재 업무를 볼 때 '서울 소재 성곽조사' 연구 프로젝트를 맡아서 한 적이 있다. 서울에 있는 성곽이 멸실되는 터에 먼저 기초 조사를 함으로써 현황을 파악하고 보존 대책을 세우는 게 이 프로젝트의 목적이었다. 프로젝트의 문을 열자마자 나는 서울에 잔존해 있는 성곽이 30개가 넘는 것을 알고 놀라움을 금치 못했다. 성곽 전문가들과 함께 아차산성과 호암산성, 불암산성 등 고대의 산성에 땀 흘리며 오른 뒤에는 '성곽도시' 서울의 실체를 몸소 느낄 수 있었다.

서울에 소재한 수십 개의 성곽 가운데 단연 빛나는 곳은 한양도성이다. 조선의 문화유산이 압살당하는 폭압적인 식민지기를 거쳤고, 유례없는 도시개발로 몸살을 앓았는데도 한양도성의 60퍼센트 이상이 보존되어 있다. 한양도성은 서울을 둘러싼 산세에 기대어서 축성한 성벽이 많았던 터라 완전한 평지성에 비해 잔존할 확률이 높았다.

조선을 개국하고 한양 천도를 계획한 이성계와 사대부 세력에게 도성을 축성하는 일은 피할 수 없는 과제였다. 유교적 이념에 근거해 1395년(태조 4) 궁궐을 짓고 종묘사직을 두었으며, 1396년(태조 5)에는 수도의 경계가 되는 도성을 건설했다. 도성의 길이는

한양도성이 가파른 산을 S자로 꺾어지듯이 올라가고 있다. 한양도성은 약 18.6킬로미터에 이르는 장성이다. 1396년 총 97구간으로 나누어 98일간 공사를 진행해 완공되었다.

5만9500척으로, 약 18.6킬로미터에 이르는 장성長城이었다. 그런데 이 도성을 축성한 기간이 너무 짧아 이해할 수 없는 수수께끼가 되었다.

한양도성 답사 중 우연히 광희문 앞에서 성곽 해설사의 설명을 듣게 되었다. 그는 한양도성이 총 97구간으로 나뉘어 축성됐고 49일 만에 완성됐다면서 이는 놀라운 일이라고 강조했다. 이 설명은 틀린 말이 아니지만 자세히 음미해볼 필요가 있다. 태조 시기 한양도성은 2차에 걸쳐 공사를 진행했다. 1차 공사는 1월부터 2월까지 49일간 이뤄졌는데, 이를 보완하기 위해 다시 8월부터 9월까지 2차 공사를 49일간 진행했다. 두 공사를 합하면 도성 축성에 98일이 소요되었으며, 전국에서 약 20만 명의 백성이 동원되었다. 총 98일이라 해도 짧은 기간에 이룬 대역사임에 틀림없다. 그만큼 조선의 모든 공력과 자원을 쏟아부었던 것이다.

한양도성을 축성할 당시 어려운 작업은 성문을 만드는 일이었다. 성문 조성은 고도의 기술을 필요로 하므로 애초의 목적과 달리 2차 축성 시기에 이뤄졌다. 한양도성의 4대문과 4소문이 완성되었을 때는 모든 문에 문루와 홍예문을 갖추었고, 이름을 붙였다. 『태조실록』에서는 성문을 처음 열면서 그 이름을 일일이 밝히고 있다.

정북正北은 숙청문肅淸門, 동북東北은 홍화문弘化門이니 속칭 동소문이라 하고, 정동正東은 흥인문興仁門이니 속칭 동대문이라 하며, 동남東南은 광희문光熙門이니 속칭 수구문水口門이라 하고, 정남正南은 숭례문崇禮門이니 속칭 남대문이라 하며, 소북小北은 소덕문昭德門

이니 속칭 서소문이라 하고, 정서正西는 돈의문敦義門이며, 서북西北은 창의문彰義門이라 했다.(태조 5년 9월 24일 기사)

한양도성에 숭례문, 흥인문(흥인지문), 숙청문(숙정문), 돈의문의 4대문과 소덕문(소의문), 광희문(수구문), 홍화문(혜화문), 창의문의 4소문이 창건됨으로써 왕의 도성으로서의 위세를 갖추게 되었다. 숭례문 앞에 서서 만면에 웃음을 띤 태조의 용안을 상상하기란 어렵지 않다. 잘 알려져 있다시피 4대문의 이름은 유교의 덕목인 '인의예지仁義禮智'에서 따와 지었다. 도성의 성문에 조선의 국가 이념인 성리학을 담아냈으므로 성문을 연 사실은 달리 말해 조선이 지향한 이상사회를 활짝 열어젖힌 것이다.

여기서 드는 한 가지 의문은 왜 하필 4대문과 4소문을 만들었을까 하는 점이다. 북문인 숙정문肅靖門은 인적이 드문 험준한 백악산의 산마루에 세워졌는데, 사실상 대문으로서 그 이름이 무색하다. 숙정문을 통과하면 길이 끊어져 있을 뿐만 아니라 대개 닫혀 있기 때문에 사람과 물자가 드나드는 대문으로서의 역할을 하지 못했다. 그럼에도 4대문과 4소문의 성문 체계를 고집한 이유는 당대의 음양오행설과 풍수지리 관념에 영향을 받아 동서남북의 각 방위에 해당되는 문을 열어 그 기운이 통할 수 있도록 한 것이다.

늘 폐쇄되었던 북문을 여는 시기는 음양오행설에 따라 음기를 운용할 때였다. 이규경이 쓴 『오주연문장전산고』에서는 '숙정문을 열어놓으면 장안 여자들이 음란해지므로 항시 문을 닫아두게 했다'고 하여, 평시에 북문을 닫아두는 이유를 음기에서 찾고 있다. 조선 조정은 음양오행의 방위상 북쪽으로 음기가 들어오기 때문에

한양도성의 북문인 숙정문.

북문을 열어두면 여성들의 음기가 거세질 것이라며 두려워했다. 요즘은 여성들의 재기발랄한 음기가 더욱 필요한 시대이겠지만, 조선시대에는 여성의 음기가 강하면 국력이 약해진다고 여겼다. 바로 '암탉이 울면 집안이 망한다'는 속담과 한 짝이다.

　조선시대 여성들에게 숙정문은 소중한 존재였다. 정월 대보름 전에 여성들이 숙정문을 세 번 찾아 놀고 가면 액을 면할 수 있다고 여겼다. 맑은 계곡과 그윽한 숲이 있던 숙정문은 여성의 음기를 촉촉이 받을 수 있는 공간이었던 모양이다. 하지만 어찌 세상을 양기로만 살 수 있겠는가. 때로는 음기가 필요한 역전의 시기가 오는 법이다. 비가 오지 않고 햇볕만 쨍쨍 내리쬐어 양기가 극에

달한 가뭄 철이 음기가 필요한 시절이다. 이런 한발이 계속되면 백성의 목숨이 위태로울뿐더러 하늘에서 내려준 존재로 여긴 왕 역시 그 책임 소지로 인해 낭떠러지 끝에 서게 된다. 이때 황급히 남문인 숭례문을 닫고 북문인 숙정문을 여는데, 양기가 남쪽을 통해서 들어온다고 여겼기 때문이다. 이처럼 성문을 통해 음양을 조절했으니, 방위와 대문 그리고 음양오행은 함께 문을 열고 닫는 공동 운명체였다.

✦ 나의 숭례문, 우리의 숭례문

나는 초등학교 저학년 때까지 은평구 불광동과 갈현동에서 살았다. 어머니와 시내버스를 타면 무악재를 넘어 서대문 사거리를 지났고, 광화문과 남대문 인근 버스 정류장에서 내리곤 했다. 광화문과 남대문 주변은 서울의 시내버스들이 집결하는 곳이므로 갈아타기 위해서 이곳에 내려 다른 버스를 기다렸다. 근래에는 숭례문이란 명칭을 많이 쓰지만 내 어렸을 적만 해도 서울 사람들은 거의 남대문이라 불렀고, 서대문을 돈의문이라 말하는 사람은 없었다. 남대문이든 숭례문이든 용어 사용에 큰 문제는 없다고 본다. 조선시대의 각종 기록에도 남대문이 자주 쓰이므로 일제가 숭례문을 폄하하기 위해 남대문을 의도적으로 썼다는 주장은 설득력이 부족하다.

그런데 어린 나이에도 서대문은 온데간데없고 말로만 그 일대를 서대문으로 부르는 게 궁금했다. 일제가 숭례문 주변의 성벽을 철거해서 날개 없는 새로 만들고, 서대문을 아예 무너뜨린 사실도 배우지 못해서였을까. 철부지 시절이었기에 화강암으로 쌓은 독립문이 혹시 서대문이 아닐까 생각한 적도 있었다. 남대문은 있더라도 가까이 가서 보기는 어려웠다. 남대문 일대는 여러 방향에서 오는 큰 도로가 모였다가 흩어지는 구간이었으므로 남대문에 접근하는 것 자체가 불가능할뿐더러 폐쇄되어 있었다. 그래서인지 어린 내게 남대문보다는 남대문 시장이 더 친근했다. 보세 의류로 유명했던 남대문 시장에는 싼 수입 옷이 많았으며, 남대문 시장 주변은 지하 의류 상가부터 미도파나 신세계 백화점까지 상가 밀집 구역이었다. 명절 전에 새 옷을 사려고 이곳을 찾곤 했다. 어린 나에게 남대문 시장은 때때옷을 장만하는, 가슴 설레었던 공간인 셈이다.

그럼에도 불구하고 남대문 없는 남대문 시장을 떠올리면 뭔가 상실감이 크다. 조선 개국 이래 600여 년간 서울의 큰 대문으로 떡 버티고 있던 남대문은 서울 시내를 상징하는 문화유산이기 때문이다. 마치 우리 집으로 들어가는 대문처럼 서울을 여는 서울문으로 우리를 반겨줬다. 그런데 2008년 설 연휴 마지막 날에 세간을 충격으로 몰아넣은 숭례문 화재 사건이 벌어졌다. 임진왜란과 한국전쟁도 견뎌낸 숭례문이 한 사람의 방화로 인해 활활 불타는 모습을 지켜보며 온 국민이 망연자실했다. 내 눈에도 눈물이 그렁그렁 맺혔다. 방화범에 대한 울분과 적의보다는 숭례문을 지켜주지 못해 미안하고 안타까운 심정이 훨씬 컸다.

한때 전소되었다는 언론의 기사 탓인지 숭례문이 통째로 사라졌다는 곡해가 생겨났다. 그러나 검게 그을려서 그렇지 문루의 하층은 일부 남아 있고, 홍예문은 큰 피해를 입지 않았다. 비록 떨어

일제강점기에 촬영된 숭례문, 부산박물관. 숭례문은 도성의 남문으로서 우진각 지붕을 얹은 정면 5칸, 측면 2칸의 건물이다. 일제는 숭례문의 양쪽 성곽을 파괴했으며, 전차를 운행할 수 있도록 선로를 깔았다.

져 깨졌지만 현판만은 살려야 한다는 일념 아래 소방대원들이 톱질을 했기에 복원할 수 있는 알맹이는 가까스로 건졌다. 불타서 복원한 숭례문이 국보 제1호로서의 가치를 지니겠느냐는 핀잔은 억지다. 숭례문은 여전히 대한민국의 수도를 상징하는 문화유산으로서 무엇보다 서울 사람들 곁에 있고, 그 어느 것도 존재감을 겨룰 수 없는 대문이다.

숭례문은 경복궁 남쪽에 있는 도성의 문으로서 한양으로 입성하는 관문이었다. 풍수지리상으로나 교통 입지상으로 가장 중요한 대문이었던바, 당시의 성문 가운데 가장 으리으리하게 지었다. 숭례문은 성벽보다 높게 육교를 만들었으며, 그 아래는 홍예를 틀어

대문을 두었다. 홍예문으로 들어가면 천장에는 구름 사이를 날고 있는 용 두 마리가 그려져 있다. 육교 위에는 중층의 누각이 있는데, 이는 정면 5칸, 측면 2칸의 우진각 지붕을 얹은 건물이다. 숭례문은 개성의 남대문에서 영향을 받아 창건되었으나 기둥과 기둥 사이에도 두공을 배치한 다포집으로 발전했으며 곡선미도 훨씬 더 아름답다. 임진왜란 당시 궁궐과 성내 건물이 거의 소실된 데 반해, 숭례문은 외침을 견뎌내 조선 전기의 건축 양식을 잘 보여주는 귀한 건물이다.

1962년 숭례문을 중수할 때 상량 일자가 적혀 있는 대들보 세 개가 발견되었다. 이 대들보는 1396년(태조 5), 1448년(세종 30), 1479년(성종 10)의 것으로 숭례문을 창건할 당시와 그 이후의 개축 및 수리 과정을 보여주는 귀중한 목재였다. 세종 때의 공사는 문루와 석문을 거의 다시 짓다시피 한 개축이었는데, 이후에 숭례문이 기울어지는 바람에 성종 10년에 다시 큰 공사를 했다. 세종 연간의 숭례문 공사는 지대가 낮다는 지적에 따라 인위적으로 지대를 높인 뒤 석문과 문루를 쌓았으므로 기반이 튼튼하지 못해서 숭례문이 기운 것으로 보인다.

숭례문 현판은 조선시대 건물의 현판이 대개 가로형인 것과는 달리 세로형으로 걸려 있다. 이에 관한 정확한 이유를 찾기는 힘든데, 흔히 건물 구조나 외관의 특성으로 그 배경을 설명하곤 한다. 가령 세로형이 장중한 느낌을 준다거나 수평형 건물에 수직성을 가해 보완했다는 것이다. 하지만 개성의 남대문이나 수원 화성의 남문인 팔달문도 유사한 구조임에도 가로형 현판이 걸린 것을 보면 이것은 납득할 만한 설명이 되지 못한다. 굳이 세로형 현판을 단 것은 풍수지리설과 민속 신앙이 배경이 되었으리라 짐작된다. 숭례문 바깥에 못을 판 것이나 낮은 지대를 높게 한 것 모두 풍수지리상으로 약한 기운을 보충하기 위함이었다. 숭례문 현판의 글씨는 추사 김정희가 해 저물 때까지 보고 또 보았다는 이야기가 전해질 정도로 사람들의 마음을 사로잡는다. 굵고 힘찬 이 글씨를 쓴 주인에 대해서는 여러 가지 설이 전한다. 그중 태종의 첫째 아들인 양녕대군이란 주장이 가장 유력하다. 자유분방한 성품의 소유자인 그는 평생을 한량처럼 살았다. 시와 서예에 능통했던 그의 예술적 힘이 현판에 담겼을 것으로 보인다.

숭례문 현판은 조선시대의 일반적인 현판과 달리 세로형이다. 이 배경에 관해서는 다양한 설이 전해진다. 건물 구조나 외관의 특성 혹은 풍수지리설과 민속 신앙 등에서 그 이유를 찾는다.

❖ 정동에서 남산공원까지, 성곽을 따라

문화재과로 발령받아 사무실에 들어갔을 때, 문을 열어 나를 반겨 준 이는 고故 연갑수 박사였다. 나는 팀장이었던 그를 학문의 선배이자 인생의 형처럼 따르며 지냈다. 연 박사는 연구를 부지런히 하는 학자이면서도 아울러 문화재관리 팀장으로서 행정 업무도 열정적으로 해나갔다. 한 간부는 그를 '문화재과의 보물'이라고 말했다. 내가 서울에서 부산으로 직장을 옮길 때에도 아쉬웠던 점은 바로 그와의 이별이었다. 그런데 숭례문이 불탄 지 3년이 지나 더 충격적인 소식이 들려왔다. 그가 불의의 사고로 유명을 달리했다는 부고였다. 이 소식을 들은 나는 한동안 슬픔과 안타까움의 문을 벗어나지 못했다.

개항 시기의 전문가였던 연 박사는 개방의 문을 열 것인가, 말 것인가에 관해 누구보다 더 고민을 많이 했던 역사학자다. 그는 대원군의 쇄국 정책이 망국의 원인이 되었다는 선입견에 일침을 놓으며, 대원군이 지향한 부국강병책을 파고들었다. 얕은 지식으로 대원군 시기 적극적인 문호 개방이 필요했다고 주장하는 나와 가끔 입씨름을 하기도 했다. 우리는 덕수궁 옆 음식점에서 추어탕을 먹거나 구舊배재학당 터 앞 국밥집에 들렀다가 자연스럽게 덕수궁 돌담길과 정동 주변을 걸었다. 누가 먼저라고 할 것도 없이 대화 주제의 문은 '개항기의 정동'으로 열렸다.

정동貞洞은 원래 태조의 계비인 신덕왕후 강씨의 능인 정릉이 있었기에 생겨난 지명이다. 그런데 개항 시기에 정동은 외세와 서양 문화가 들어오는 대문 역할을 했다. 특히 열강들의 외교와 정치가 이뤄진 공사관들이 밀집된 격동의 현장이었으며, 미국인 선교사들이 종교와 교육 사업을 벌이고 서양 문화를 전파하는 기독교의 요람지였다. 그 역사의 자취를 우리는 정동의 문화유산인 구 러시아공사관(사적 제253호), 미국공사관(서울시 유형문화재 제132호), 정동교회(사적 제256호), 배재학당 동관(서울시 기념물 제16호), 이화여고 심슨기념관(등록문화재 제3호) 등에서 확인할 수 있다.

정동에서의 문호 개방에 관해서는 갑론을박을 펼칠 수 있지만 문화유산인 한양도성을 중심에 두고 보면 결코 긍정적인 결과를 가져오진 않았다. 숭례문에서 서북쪽으로 뻗어 소의문에서 정동으로 이어지다가 새문안길 위의 돈의문까지 연결되었던 한양도성은 다른 지역에 비해 훼손 상태가 가장 심각하다. 연 박사와 나는 '서울 소재 성곽조사' 프로젝트를 진행하면서 먼저 가까운 거리의 정동에 있었던 한양도성의 흔적을 찾아보았다. 서울 성곽 길 위에 배재학당, 러시아대사관, 이화여고 등이 들어섰고, 창덕여중에 가보니 담장 아래에서 서울 성곽의 흔적을 발견할 수 있었다. 개항 시기에 정동은 외국인들의 거주 공간으로 변모했고, 일제의 도시 계획에 따라 한양도성의 멸실이 가장 빨리 진행된 곳이다. 대원군의 실정 이후 외압에 따른 개방 정책이 우리 문화유산에 미친 영향은 축배가 아닌 독배였다. 구한말 문호는 우리 스스로 준비해서 열어야 했다. 외세의 힘에 의한 개방은 결국 식민지의 나락으로 이어지지 않았던가.

정동의 반대편인 소의문(서소문)에서 숭례문으로 이어지는 성곽 구간도 멸실 상태는 비슷했다. 한번은 명절 연휴를 맞아 서울에 올라왔다가 이 일대의 성곽 유적을 쭉 답사해봤다. 서소문 고

가도로 끝 지점에 위치했던 서소문은 1915년에 철거된 돈의문보다 1년 앞서 철거되었으며, 지금은 중앙일보 건물 앞 주차장에 표지석만이 쓸쓸히 그 흔적을 남기고 있을 뿐이다. 그나마 이 표지석에서 길을 따라 대한상공회의소 쪽으로 내려오면 복원된 서울성곽과 마주치게 되어 반가웠다. 1396년(태조 5)에 축성되었던 이 성벽은 2002년경 복원 정비한 구간이었다. 고층 빌딩이 성벽을 깔고 앉은 형국이라 답답함은 가시지 않는다. 그렇더라도 예전의 성돌들이 중간중간에 남아 있어 현대의 도시계획과 전통 문화유산의 엇갈린 운명을 성찰해볼 수 있다.

숭례문에서 동남쪽의 남산공원으로 이어지는 성곽을 걷다보면 답답함이 조금 사라진다. 숭례문을 복구하면서 좌우 성곽 일부도 복원했고, 숭례문 입구에 공원을 만들어 시민들에게 문을 열었다. 숭례문 남쪽의 소월길로 올라가면 남산의 산세로 인해 갑자기 경사가 높아진다. 깔딱고개를 올라 숨이 찰 때쯤이면 1961년에 건립된 남산육교에 도달한다. 남산육교를 지나면 성곽의 상층 부분인 여장이 길을 따라 이어지는 것을 볼 수 있다. 그런데 남산육교 위에서 서쪽을 바라보면 서울역사(사적 제284호)가 눈에 들어온다. 서울역사는 1900년 경인철도의 남대문 역사로 처음 건설되었으며, 1925년 중앙 돔과 소첨탑이 특징적인 지금의 건물로 다시 준공됐다. 1907년 숭례문이 북측 성벽의 철거 이후로 계속 해체와 폐쇄의 내리막길을 걸은 반면, 서양의 절충주의 양식을 모방해 지어진 서울역사는 당당한 위용을 자랑하며 오르막길을 걸었다. 조선시대에는 한양으로 들어오는 관문이 숭례문이었건만 일제의 주도로 철도가 부설되면서 서울역사가 경성으로 들어오는 관문이자 교통

요지가 된 것이다.

이 낡은 육교 위에서 숭례문과 서울역사의 엇갈린 명암 속으로 침잠하다보면 성곽을 제대로 확인하지 못한 채 남산공원에 다다르고 만다. 수고스럽더라도 SK남산빌딩의 옆길을 통해 공영주차장까지 내려오면 남산육교 끝에서 이어지는 여장의 아래쪽 체성 전체를 확인할 수 있다. 소월길 낭떠러지를 막아주는 옹벽과 연결된 이곳에는 1422년(세종 4)과 1704년(숙종 30)에 축성된 성벽이 용케도 살아남아 있다. 문화유산은 이렇게 사라진 듯하면서도 서울의 도시 공간 여기저기에 박혀 있다. 1925년 일제가 목멱산木覓山(남산)에 조선 신궁을 건립하면서 남산 구간에 있던 한양도성을 거의 철거했고, 남산공원에 있는 성곽은 대부분 복원한 것이므로 이 옹벽에 끼여 있는 성벽은 역사적 가치가 높다.

호주 사진가 조지 로스가 1904년에 촬영한 숭례문 일대.

남산공원에 도착하자 성곽이 용틀임을 하면서 남산자락을 따라 N서울타워로 뻗어가고 있다. 2010년경 복원된 성곽이다. 성벽 안팎으로 길과 공원을 조성했기에 흰칠한 성곽을 감상하면서 남산으로 오를 수 있다. 복원된 성곽의 끝 지점에서 저 멀리 숭례문을 바라보는 것도 흥미롭다. 1904년 조선을 방문한 호주의 사진가 조지 로스가 숭례문을 촬영한 지점도 이쯤일 것이다. 입체사진을 촬영해서 팔았던 그는 빗장이 열린 한양에 들어와 남산 자락에서 숭례문 쪽을 내려다보며 저 유명한 사진을 찍었다. 구불구불한 성벽 주변에 꽉 들어차 있던 초가집들의 모습과는 달리 지금은 하늘로 뻗은 고층 빌딩과 아스팔트 도로가 풍경을 채우고 있다. 그때나 지금이나 숭례문은 여전히 그 자리에 있다. 비록 얼마 전 죽을 고비를 넘겼지만 그 자리를 계속해서 지키고 있다는 게 위안이 되고 고마울 뿐이다.

✤ 옹성이 있는 흥인지문

흥인지문은 한양도성의 동문이다. 사실 내게는 동대문이란 이름이 훨씬 더 친숙하다. 중고등 학생 때 동대문 상가의 헌책방에 자주 갔다. 헌책방에서는 영어와 수학 참고서를 동네 서점보다 값싸게 구입할 수 있었고, 성인 잡지들이 까까머리의 엉큼한 마음을 유혹하기도 했던 것이다. 동대문 일대에는 사람과 차가 뒤섞여 혼잡했다. 동대문운동장을 찾은 인파, 평화시장 의류업체에서 일하는 노동자들, 동대문 상가를 찾은 손님들, 동대문 사거리를 통과하려는 차량들로 북새통을 이뤘다. 동대문을 제대로 볼 수 있는 겨를이 없었다. 그런데 지나치듯 보면서도 현판에 쓰인 동대문의 이름이 '흥인지문興仁之門'이란 사실은 이상하게 생각되었다. 왜 여느 문과 달리 갈지자之를 사이에 넣었을까. 아직까지도 딱히 답을 찾지 못했다.

흥인지문은 규모가 숭례문과 비슷하다. 문루는 우진각 지붕의

홍인지문과 옹성.

다포집으로서 정면 5칸, 측면 2칸인 것도 다를 게 없다. 홍인지문
은 1396년(태조 5) 8월에 창건한 이래로 문종 때 큰 공사를 벌였으
며, 지금의 문은 1869년(고종 6)에 새로 지어진 것이다. 창건 당시
부터 '홍인문'으로 불렸다. 이후 이따금씩 '홍인지문'으로 일컫거나
'숭인문崇仁門'(개경의 동문)으로 잘못 표기하는 일도 있었다. 일각에
서는 고종 때 중수된 이후로 홍인문에 갈지자가 들어갔으며, 이때
부터 본격적으로 홍인지문으로 쓰였다고 주장한다. 문제는 그렇게
바뀐 이유와 시기가 분명치 않다는 점이다. 한데 동대문의 주변 지
세가 낮고, 평평한 땅의 기운을 보강하기 위해 '지' 자를 넣었다는
속설이 전해온다. 어쨌든 '홍인지문' 네 글자가 들어간 현판을 만들

일제강점기에 촬영된 흥인지문, 부산박물관. 흥인지문은 도성의 동문으로서 건물 형태는 숭례문과 비슷하지만 적을 방어하는 옹성을 둘렀다. 흥인지문의 옹성은 한양도성의 성문 가운데 유일한 것이다.

다보니 형태에 대한 고민으로 머리깨나 썼을 것 같다. 이렇게 해서 탄생한 현판은 위아래로 쓴 세로형이며, 정사각형에 가까운 형태가 되었다. 완전한 세로형의 현판에 비한다면 글자 수와 현판의 형태를 적절히 조합시킨 기지가 돋보인다.

나는 땅의 기운을 보강하기 위해 글자를 첨가했다는 설명에 공감한다. 실제로 흥인지문 부근이 낮고 습한 지역이기 때문이다. 태조 때 흥인지문을 축조하는 데에는 다른 곳에 비해 공력도 배가 들었다. 이곳의 축성을 담당했던 경상도의 역군들은 약한 지대를 보축하기 위해 말뚝을 박고 돌을 채우느라 진땀을 흘려야 했다. 이런 지형 탓에 흥인지문만의 특색이 생겨났으니 바로 문 앞에 옹성

2부 내 인생의 길라잡이

甕城을 둘러쌓았다는 점이다. 옹성은 성문으로 직접 침입하는 적을 방어하기 위해 둥그렇게 쌓은 성벽이다. 요컨대 문을 보호하는 성이자 적을 일차적으로 막는 벽인 것이다. 성종 시기에 숭례문을 개건할 때에는 옹성을 만들자는 주장이 제기되었지만, 임금은 국력이 많이 소모될 뿐 아니라 숭례문까지 적들이 쳐들어왔다면 이미 나라가 망한 것이라며 이를 거부했다. 그래서 이 옹성은 한양도성의 4대문, 4소문 가운데 유일하게 흥인지문이 보유한 특징이 되었으니 이곳에 가서는 반드시 옹성을 살펴봐야 한다. 옹성에도 구간별로 축성 기법에 차이를 보이는데, 1397년(태조 6)에 완공한 이후로 여러 차례 개축이 있었던 것이다.

나는 전통 건축을 연구하는 문화재 위원과 함께 광희문, 흥인지문, 혜화문 일대의 한양도성을 답사한 적이 있다. 이 위원은 오랫동안 문화재관리국에서 수리 부서 과장으로 일했으며, 조선시대 성곽 전문가이기도 했다. 공직생활에서도 거듭 앞서나갈 수 있었던 그가 정년에 앞서 일찍 퇴직한 이유가 궁금했다. 아마도 성곽을 좋아해 이를 연구하려는 학문적 이유에서일 거라 짐작은 했지만, 그래도 그 까닭을 물어봤다. 그의 답은 의외로 솔직하고 털털했다. "승진할 자리가 하나밖에 없었거든. 후배가 모두 내 자리를 쳐다보는데 비켜줘야지." 공동체에서는 비켜줄 때와 떠날 때를 아는 게 중요하다. 땅의 고도에 따라 자신의 몸을 낮추고 높이는 성곽처럼 인생에서도 앞으로 나갈 때와 뒤로 물러설 때를 알아야 하는 법이다. 노자도 "만족함을 알면 욕을 면하고 멈출 줄 알면 위태롭지 않다知足不辱, 知止不殆"고 하지 않았던가. 땅에 순응하는 성곽이 오래가는 것처럼 인생의 운명을 알고 적응하는 사람이 장구長久할 수 있다.

그는 성벽 앞에서 태조, 세종, 숙종 시기에 성곽을 쌓은 기법을 비교하면서 설명해줬다. "태조 5년에 쌓은 성벽은 작고 거칠게 가 공한 석재를 그냥 돌쌓기에 가깝게 축조했어요. 이곳은 세종 시기에 쌓은 축조 기법이 잘 보이네요. 거칠게 깬 돌이 아니라 이렇게 장방형으로 다듬어서 사용했지요." "숙종 때 만든 성벽은 한 걸음 더 나갑니다. 이렇게 네모난 성돌의 크기를 규격화했어요. 성돌 크기와 형태가 같기 때문에 맞댄 면에 빈틈도 거의 없지요." 성벽의 축조 기법이 계속해서 발전하는 것도 흥미롭지만 여러 시기의 성벽이 공존한다는 사실도 놀라웠다. 시기마다 다른 축조 방식과 성돌을 무난히 연결시키는 것도 어려운 작업이었다. 군대에 가본 사람이라면 참호나 배수로에서 돌쌓기를 해봤을 것이다. 몇 층으로 쌓는 일도 어려운 터에 예전의 것과 연결시키는 작업은 당연히 더 힘들다. 생각해보면 과거의 전통을 버리지 않은 채 현대의 관습을 차곡차곡 쌓아가는 일이 얼마나 어려운 과제였는가.

✤ 낙산으로 가는 성곽 길에서

흥인지문의 성벽은 북쪽의 낙산駱山을 타고 올라간다. 낙타의 등과 같다고 해서 붙여진 이름인 낙산은 한양도성을 둘러싼 내사산(백악·낙산·목멱산·인왕산)의 동쪽 산에 해당된다. 낙산 줄기 끝자락에 있는 성곽공원 입구에는 한양도성의 변천 과정을 보여주는 박물관이 조성되어 있다. 여기서부터 이화동 벽화마을을 지나 낙산공원을 넘어 혜화문까지 한양도성의 성벽이 끊어지지 않고 쭉 연

2부 내 인생의 길라잡이

결된다. 걷는 도중 내려다보는 서울의 풍경이 예사롭지 않아 이 길은 등산객부터 연인들에 이르기까지 많은 사람이 찾는 명소가 됐다. 20분 정도 걸었는데도 동대문 일대를 비롯해 창신동과 신당동이 한눈에 보였다. 그동안 서울의 모습도 많이 달라졌다. 사라진 동대문운동장 위로 우주선처럼 생긴 동대문디자인플라자가 건립되었고, 미싱 소리와 함께 보풀이 날렸던 평화시장 대신 의류업을 선도하는 패션 타워들이 높게 솟구쳐 있다. 청계천 고가도로는 해체되고, 청계천 물줄기가 복원됐다. 이렇게 한양도성의 성벽은 서울의 역사를 짊어진 채 굽이굽이 낙산을 넘어가고 있었다.

낙산 성곽 길을 걷다보니 10여 년 전 서울성곽에 관해 썼던 글이 생각났다. 나는 서울성곽은 조선 개국 이래 도읍지의 위상을 보여주는 특별한 문화유산이라 보고, 과감한 주장을 펼쳤었다. 1970년대 이후로 서울성곽의 상당 구간이 복원되었으므로 세계문화유산으로지정되기에 충분하니 잠정 목록 등재부터 하자고 주장했던 것이다. 허나 거창하게 문만 열어두고 서울을 떠났던 터라 한켠에 미안한 마음이 남아 있었다. 그런데 내가 열어둔 문이 단초가 되었는지 몰라도 실제로 이 사업이 추진되었고, 한양도성은 세계문화유산 잠정 목록에 등재되었다. 대문만 열고 떠났는데, 옹성까지 꼼꼼히 쌓아서 보강해준 서울 문화유산의 지킴이들에게 감사할 따름이다.

이제 한양도성은 그저 보는 문화유산이 아니라 즐기는 문화유산이 되었다. 이른바 조선시대의 순성巡城놀이가 다시 등장했다. 순성놀이는 조선시대 한양 사람들이 도성을 돌면서 한양의 풍경을 직접 보고, 계절의 변화를 감상했던 놀이다. 일제강점기에는 한양도성의 곳곳이 잘려나가는 수모를 당했고, 1968년 북한의 무장 공비가 백악으로 잠입한 뒤 아예 인왕산과 백악산 일원은 접근이 금지됐다. 이후로 시민에게 한양도성의 문을 열 것인가, 말 것인가를 두고 한참을 고민하다가 드디어 1993년 폐쇄되었던 인왕산이 개방되었다. 2007년에는 백악산까지 전면 개방되었다. 이렇게 해서 혜화문에서 숙정문, 창의문을 거쳐 사직공원으로 연결되는 성곽 길이 시민의 품으로 돌아왔다. 지금은 순성놀이의 문을 다시 열어젖힐 수 있는 좋은 시절이다.

10

말하는 것과
말하지 않는 것

: 「부산진순절도」와
「동래부순절도」

✛ 임진왜란을 말하는 기록화

직장생활을 하면서 하고 싶은 말을 다 하며 사는 사람은 드물다. 상대방의 입장을 생각해서, 아니면 일하는 곳의 분위기를 깨뜨리지 않기 위해 말을 아끼며 산다. 건물 옥상에 올라가 선배 귀는 당나귀 귀라고 외치고 싶지만 꾹 참아야 하며, 반드시 짚고 넘어갈 점이지만 동료관계를 생각해 참다보니 벙어리 냉가슴을 앓는 일도 부지기수다. 반대로, 넌지시 이야기하면서 행간을 읽어내기를 원하는 직장 상사들도 상대하기 어렵기는 매한가지다. 직장 초년생들은 문제를 에둘러 이야기하거나 암시적으로 내비치는 화법에 익숙지 않기 때문이다. 잘못이 있으면 정확히 꼬집어주고 원하는 게 있으면 바로 이야기하면 될 텐데, 정치 고수도 아니고 뱃속의 마음을 어떻게 헤아리란 말인가. 그런 가운데 남의 속내를 유독 재빠르게 읽어내고 대처하는 사람들이 있다. 상대방이 말하지 않아도 분위기와 감정을 잘 살펴서 숨은 뜻을 파악해내는 것도 확실한 능력이다.

문화유산 역시 드러내는 것과 드러내지 않는 것이 공존한다. 이를 다루는 전문가들은 문화유산이 말하는 것뿐만 아니라 말하지 않는 것들도 파악해서 그것에 담긴 의미와 가치를 끌어내야 한다. 먼저 문화유산이 말하고 있는 것부터 세심하게 관찰해야 한다. 박물관에 전시된 유물들은 침묵하고 있는 듯 보이지만 가만히 귀 기울여보면 끊임없이 뭔가를 이야기하고 있다. 이따금 전시장 앞에 선 채로 깊은 교감에 빠져 움직이지 못하는 사람들이 있는데, 그들은 바로 유물이 말하는 이야기를 들은 것이다.

임진왜란 때 우리나라 전역이 왜군에 의해 짓밟혔지만 그중에서도 부산과 경남 일대의 피해가 가장 컸다. 왜군은 조선을 침입하는 관문으로 부산을 택했으며, 경상도 길을 심장부인 한양으로 쳐들어가는 주요 경로로 삼았다. 당시 경상도는 한마디로 쑥대밭이었다. 이후에도 조명연합군에 의해 수세에 몰린 왜적은 주로 부산 경남 지역에 왜성을 쌓아 잔류하면서 물자와 인력을 계속해서 수탈했다. 그렇게 전란의 소용돌이 속에서 7년을 보내면서 부산 경남은 왜적의 손에 장악돼 완전히 피폐한 땅이 되고 말았다. 그러니 400년의 세월이 훌쩍 넘은 지금까지도 이런 증거들이 생생하게 남아 있는 유적들이 출토되고 있는 실정이다. 부산박물관의 조선시대 전시실에서도 임진왜란의 아린 상처들을 찾아볼 수 있다. 이 전시실에서 다수를 차지하고 있는 임진왜란 유물들은 왜적이 부산에 피해를 준 상흔들로서 치열했던 격전의 그날을 끊임없이 말하고 있다.

2008년에 나는 「부산진순절도」와 「동래부순절도」를 빌려와 전시를 한 적이 있다. 두 그림은 부산에서 벌어진 임진왜란의 전투 상황을 잘 묘사한 작품으로 각각 보물 제391호와 보물 제392호로 지정되었다. 그동안 부산박물관 조선시대 전시실에서 복제본을 전시해왔는데, 박물관 개관 30주년을 맞아 특별히 진품을 대여해온 것이다. 이 순절도는 조선시대 기록화의 하나로 가히 '말하는 그림'이었다. 내가 말하는 그림이라 부르는 까닭은 순절도가 부산성과 동래성 전투 스토리들을 그림으로 담아냈기 때문이다. 문맹률이 높았던 시대에 문자로 읽히는 것보다 그림으로 보이는 것은 기록 효과가 훨씬 더 컸다.

두 순절도는 1760년 동래부에 소속된 화가 변박이 그린 그림으로, 부산 충렬사에서 계속 보관해오던 것을 군사정권 시절인 1963년 육군박물관으로 이관시켰다. 이 그림들처럼 부산이 겪었던 임진왜란의 역사를 잘 말해주는 유물도 없다. 순절도殉節圖는 나라를 지키기 위하여 목숨을 바쳐 싸우다 죽은 인물들, 당시 동래 부사였던 송상현과 부산 첨사 정발의 의로운 순절을 기리는 그림이다. 다시 말해 이 그림들은 중과부적으로 쳐들어온 왜적에 맞서는 정발 장군과, 싸우던 중 죽음을 태연하게 맞는 송상현 부사를 중심으로 부산에서 벌어졌던 임진왜란의 전투에 관해서 말하고 있는 것이다.

하지만 말하는 그림인 순절도가 말하지 않는 것도 많다. 순절
도는 임진왜란 때 충신들의 순절 상황을 재현함으로써 백성의 충
성심을 고양시키기 위한 기록화다. 국가 이념을 선양하고 지배자의
의지를 담아 그린 공식적인 기록화이다보니 가장 큰 피해를 입었
던 민중의 이야기는 빠져 있다. 그뿐인가. 전쟁이 벌어지자 목숨을
부지하기 바빴던 비겁한 목민관들과 당쟁으로 좌충우돌했던 위정
자들의 실정에 대해서는 말하지 않고 있다. 우리 역사에서 최악의
순간이었던 임진왜란은 정말 말 못 할 일들, 차마 말할 수 없는 사
건이 숱하게 벌어졌다. 이제 임진왜란의 역사에서도 위대한 공을
남긴 영웅들의 삶을 조명하는 것을 넘어 가장 큰 희생을 치렀던
백성의 삶과 말하지 못하게 참담했던 사실들도 살펴야 할 것이다.
이것이 '말하는 기록화'인 순절도에서 '말하지 않는 것'들을 생각하
는 이유다.

✤ 위태로운 조선, 「부산진순절도」

「부산진순절도」에는 부산진성에서 벌어졌던 조선군과 왜군의 격렬
한 전투 장면이 생생하게 묘사되어 있다. 오른쪽 상단에는 부산진
성이 산세를 따라 둥그렇게 배치되어 있고, 왜군이 성곽 둘레를 몇
겹으로 에워쌌다. 벌떼처럼 몰려온 왜병들에 비해 성가퀴 위에서
싸우는 조선군의 숫자는 몇 마리의 나비처럼 드문드문하다. 성문
앞에는 왜군의 시체가 나뒹굴어 언덕마냥 쌓여 있으나 조선군의
전세가 오히려 위태롭다. 그림 왼쪽 하단을 가득 메우고 있는 왜선
들과 거기에 탄 왜군은 총포를 쏘아대며 끊임없이 밀려올 태세이

기 때문이다. 그림으로만 보는 내 마음이 이렇게나 답답한데, 당시 전투에 임했던 조선군의 심정은 오죽했을까. 아마도 곧 다가올 죽음을 예감했으리라.

부산진성에서 임진왜란의 첫 포성이 울리기 전까지 정국은 내내 갑갑하기만 했다. 조선은 개국 이래 200년간 태평성대를 구가했고 문치주의가 장악함에 따라 국방과 전력은 나약해졌다. 권세가가 늘어나는 한편 세금을 걷을 토지와 국가 재정은 부족해졌다. 또 부정부패가 만연하며, 힘없는 백성만 군역을 져야 했으니 민심의 이반도 심각했다. 이런 상황에서 전쟁이 난다면 조선의 백전백패는 예견된 일이었다.

일본은 심각한 내홍을 거치면서 전력이 상승했다. 군웅할거의 전국시대戰國時代를 100년간 지속하면서 숱한 내전을 겪은 뒤 이를 평정하고 전국을 통일한 도요토미 히데요시豊臣秀吉는 명나라를 침략하려는 전의를 불태웠다. 일본은 포르투갈 상인과 무역을 시작한 이후로 서양의 소총을 수입해 새롭게 무장을 했다. 조총은 일본 전역으로 빠르게 보급되었고, 봉건 체제를 위협할 정도의 강력한 무기로 떠올랐다. 그리하여 일본은 언제라도 전쟁이 터질 듯했다. 그리하여 일본 내 평화와 집권 세력의 안정을 위해 들끓는 전쟁의 야욕을 바깥으로 돌려야 했다.

일본의 이런 정세를 조금이라도 눈치 챘다면 당연히 국방을 강고히 하고 전쟁을 준비하는 일에 착수해야 했다. 하지만 조선의 위정자들은 동서로 분당되어 당쟁의 소용돌이에 휩싸여 있었다. 외침이 서서히 압

「부산진순절도」, 147.0×97.0cm, 보물 제391호, 육군박물관. 동래부의 화원畵員인 변박이 그렸다. 부산진성은 경상도의 제1해상 관문으로 임진왜란 때 왜적이 이곳으로 쳐들어왔다. 부산진성에서 벌어진 조선군과 왜군의 격렬한 전투 장면이 생생히 묘사되어 있다.

박해옴에도 파벌 싸움으로 인해 국제 정세를 제대로 파악하지 못했다. 그러하니 일본의 정치 상황을 탐색하고자 파견했던 통신사들도 의견 일치를 보지 못했던 것이다. 조선통신사와 회견한 뒤 도요토미 히데요시는 명나라를 정벌하는 데 조선이 앞장서라는 답서를 전했다. 황윤길 정사는 일본이 수많은 병선을 준비하는 것을 보니 반드시 전쟁이 있으리라고 보고했던 데 반해, 김성일 부사는 일본이 침략해올 형세를 보지 못했다며 전혀 반대되는 보고를 했다. 내부 분란으로 인해 결국 조선의 조정은 안일한 대응을 할 수밖에 없었다. 국난을 예측한 몇몇 선구자가 군사를 정비하고 성을 보수하는 등 강구책을 마련했음에도 민족 최대의 참사인 임진왜란은 비껴가지 못했다.

영주들에게 병사와 군비를 할당시켜 15만 대군을 편성한 도요토미 히데요시는 전쟁 준비를 마치고는 조선을 침략하라는 명령을 내렸다. 1592년 4월 13일, 고니시 유키나가小西行長가 이끄는 선봉부대인 제1군이 부산포를 향하여 서서히 다가왔다. 1만8700여 명의 군사가 탄 700여 척의 병선은 부산 앞바다를 집어삼킬 기세로 밀려왔다. 이후에 들어온 왜군도 거의 부산포로 진입했으며, 정유재란 때도 부산은 침략의 입구가 되었다. 왜적은 하필이면 왜 부산을 교두보로 삼았을까. 조선은 이웃 나라와 평화를 유지하는 교린 정책의 일환으로 세종대에 삼포를 개항한 뒤 줄곧 부산을 개방해 왜인들이 교역할 수 있도록 했다. 일본은 대마도를 앞세워 조선과 무역을 했으므로 지리적으로 가까울 뿐 아니라 천혜의 포구인 부산은 조선으로 통하는 교두보가 되었다. 일본 사신들이 한양으로 올라갈 때 부산은 첫 상륙지였으며, 조선의 통신사가 일본으로 갈 때도 부산에서 출항했다. 이런 역사적, 지리적 경험으로 인해 부산포는 되레 첫 번째 교전지로서의 숙명을 면치 못했다.

절영도에 사냥을 나갔다가 왜선이 습격해왔다는 전갈을 받은 정발 장군은 급히 부산진성으로 들어와 전투에 대비했다. 살벌한 전운이 감도는 가운데 부산진성의 군민들은 하루를 넘겼다. 그러던 중 4월 14일 새벽, 우암포에서 진을 쳤던 왜군은 부산진성에 공격을 가하기 시작했다. 무기와 숫자에서 절대적 우세였던 왜군은 성을 완전히 포위하여 조총을 발사하고 성을 넘으려 했다. 정발 장군을 따르는 조선군과 성민들도 죽을 각오로 혈전을 벌였다. 이 장면을 포착하여 그린 그림이 「부산진순절도」다. 성의 문루 중앙에 정발 장군이 전투를 진두지휘하면서 왜적에게 화살을 쏘고 있는 모습이 그려져 있다. 소수의 조선군은 성 위에서 용감히 화살을 쏘면서 왜군의 공격을 막아냈다. 허나 시간이 지날수록 전세는 역전되었다. 왜군이 허술한 북쪽 성곽을 넘어왔으며, 조선군에게 중요한 무기인 화살도 떨어졌다. 급기야 용맹한 정발 장군은 왜적이 쏜 탄환에 맞아 전사하고 말았다. 조선군은 이내 무너졌으며, 성을 점령한 왜군은 사람, 짐승 가릴 것 없이 무차별적으로 살육했다. 일본 측에서 작성한 『요시노일기吉野日記』에서는 "남자, 여자, 개와 고양이 할 것 없이 모두 살해했다"고 적고 있다.

✦ 「동래부순절도」가 말하는 것들

개관 30주년 행사를 마치고 4년이 지난 뒤 부산박물관 전시팀에서는 다시 순절도를 빌려왔다. 임진왜란 발발 7주갑(420년, 1주갑은

2부 내 인생의 길라잡이

「동래부순절도」, 145.0×96.0cm, 보물 제392호, 육군박물관. 동래부의 화원인 변박이 그렸다. 임진왜란 때 동래성에 쳐들어온 왜적과의 전투 장면, 싸우다가 순절한 송상현 부사의 일화를 묘사하고 있다.

「동래부순절도」, 134.0×90.0cm, 1834, 울산박물관. 1834년 동래부의 무임이자 화사畵師였던 변곤이 그렸다. 나라를 위해 싸우다가 숨진 인물들과 국가에 대한 충성을 선양하기 위해 그려진 순절도는 여러 차례 모사模寫되었다.

60)을 맞이하여 개최한 임진왜란 특별전에서 순절도는 빠질 수 없는 문화유산이었다. 이 전시회에서는 특별한 행사가 기획되었다. 여기저기 흩어져 있는 순절도를 모아 한곳에 전시해 비교할 수 있도록 했다. 앞서 말한 육군박물관 소장품 외에도 송상현 종가가 소장한 「동래부순절도」(충청북도

유형문화재 제223호)와 1834년 동래부의 화가 변곤이 그린 「동래부순절도」(울산박물관 소장품)가 있었다. 이 순절도를 모아놓고 비교해보니 달라지는 그림의 양상이 한눈에 들어왔다.

순절도가 처음으로 제작된 때는 임진왜란이 종전된 후 60년이 지나서였다. 1658년 동래 부사로 부임한 민정중이 화가를 시켜 순절도를 그리게 했다. 이어 1709년 권이진 동래 부사도 송상현 부사와 정발 장군의 숭고한 뜻을 후세에 전하고자 순절도를 제작하여 걸어두게 했다. 50여 년의 세월이 흘러 그림이 퇴색하자 이를 안타깝게 여긴 홍명한 부사는 1760년 변박에게 순절도를 재차 그리게 하여 충렬사에 보관하게 했다. 이것이 현재 육군박물관이 소장하고 있는 보물이다. 그때 홍명한 부사는 순절도를 제작한 의도를 이렇게 밝혔다.

"지금은 임진란이 지난 지 거의 200년에 가까운데도 사람들의 이목에 어제 일같이 생생하게 비치는 것은 이 그림이 있기 때문이다. 이 그림을 보면 비록 어리석은 지아비와 지어미도 충성

과 선량함을 본받고, 정렬貞烈을 흠모할 줄 알 것이며, 또한 모두
가 적으로 인해 임금을 버리는 짓은 수치스러운 일이므로 해서
는 안 된다는 것을 알 것이다. (…) 한 폭의 그림이 깊은 참호와
높은 성담, 굳은 갑옷과 날카로운 병기보다 훨씬 더 나은 것이라
하겠다."

하나의 그림이 참호와 성벽, 그리고 갑옷과 병기보다 낫다는
홍 부사의 말이 인상적이다. 그는 동래의 충신을 기리고 백성에게
충절 이념을 전파하려는 뜻으로 동래부에서 최고의 화가인 변박
으로 하여금 「동래부순절도」를 그리게 했다. 궁극적으로 이 말하
는 그림은 백성에게 국가와 왕조에 대한 충성을 교육시키고자 제
작된 것이다. 임진왜란의 첫 번째 순절지로서 동래를 선전하려는
동래 부사들의 의지에 따라 순절도는 재탄생했다. 즉, 민 부사에
의해 순절도가 처음 탄생한 이후에도 후임 부사의 선양 의지에 따
라 그리기를 되풀이함으로써 여러 점의 순절도가 남겨진 것이다.
    이런 「동래부순절도」 3점을 어깨를 나란히 해 전시장에 걸어두
었다. 인물과 산수 묘사 등 회화 기법은 달라도 순절도가 전하고
자 하는 이야기는 같았다. 4월 14일 부산진성을 함락시킨 왜군은
곧바로 동래읍성 일대로 진격하여 성을 포위하고 진을 쳤다. 「동
래부순절도」는 4월 15일 아침부터 왜군이 본격적인 공격을 시작
하면서 일어난 격렬한 전투를 말하고 있다. 아, 격전 속에서 끝까
지 동래성을 지키고자 했던 조선군의 함성이 내 귀에 웅성거렸다.
420여 년 전 부산으로 돌아가 동래읍성 전투를 마치 하늘에서 내
려다보는 듯했다. 순절도는 사건의 시차를 무시하고, 말하려는 스

토리를 한 화면에 모두 그려넣은 게 특징이다. 하고 싶은 이야기를 골라서 집중적으로 배치한 것이다.

그런데 그림에서 궁금증을 일으키는 것이 있다. 남문 밖에 있는 두 개의 푯말이다. 하나는 왜군의 손에 들려 있는 '가아도假我途'라 쓴 것이고, 또 하나는 땅바닥에 내동댕이친 '가도난假途難'이라 적힌 것이다. 이 푯말은 전투의 시작을 알리는 징소리였다. 실제로 동래성을 포위한 왜군은 "싸우고 싶거든 싸우고 그렇지 않으면 우리에게 길을 빌려달라戰則戰矣 不戰則假我道"라는 목패를 남문 밖에 세웠으며, 송상현 부사는 "싸워서 죽는 것은 쉬워도 길을 빌려주기는 어렵다戰死易假道難"고 쓴 목패를 왜군에 던지도록 했다. 중과부적의 상황에서도 송 부사는 결사항전의 자세를 보여줬다. 조선에게 명나라를 치러 갈 테니 길을 비켜달라는 말은 곧 무릎 꿇고 항복하라는 뜻이었다. 이에 송 부사는 '차라리 싸우다 죽겠다'는 결의를 내비쳤던 것이다.

「동래부순절도」는 용기와 비겁을 동시에 말하고 있다. 극한 대비는 오히려 전달력을 높여준다. 흰말을 탄 장군이 휘하의 군사들과 함께 성을 탈출해 어디론가 도망가고 있다. 이 비겁한 인물은 도대체 누구일까. 경상 좌병영의 수장인 좌병사 이각李珏이다. 그는 왜군이 침입했다는 소식을 듣고 동래성에 들어왔으나 절대적으로 불리한 판세를 깨닫고는 '동래 부사는 이 성을 지켜야 할 것이요, 우리는 뒤에서 지원할 것이다'라는 말을 남긴 채 성문을 열고 도주했다. 이후에도 진지와 군사를 버리고 도망가는 일을 되풀이하다가 결국 참수됐다. 참수만 된 것이 아니라 죽은 영혼까지도 구설수에 올랐다. 계속해서 조선의 반역자로 선조의 입방아에 올랐을

뿐만 아니라 순절도의 한 장면으로 묘사됨으로써 두고두고 후손들에게 욕을 먹는 처지가 됐다.

「동래부순절도」는 비극으로 끝을 맺는다. 동래읍성의 군민은 처절하게 싸웠음에도 왜군이 성벽을 파괴하고 침입함으로써 진영이 급격하게 무너졌다. 그림에서도 왜군이 동문 위쪽의 성벽을 무너뜨리고 떼거리로 몰려오고 있다. 창칼을 휘두르는 왜군이 파도처럼 밀려오자 좁은 성안은 순식간에 아수라장이 됐다. 하지만 그 와중에도 백성은 손에 잡히는 대로 낫과 칼, 그리고 맨손으로 저항했다. 그림의 남문 위쪽을 보면 지붕 위에 올라간 김상金祥과 이름 모를 여인 두 명이 왜군에게 기왓장을 던지며 저항하고 있다. 동헌 건물의 담장을 넘는 한 여성도 두드러지게 눈에 띈다. 누굴까. 송상현 부사의 애첩인 금섬이다. 그녀는 함흥의 기생 출신으로 송상현 부사를 따라 동래까지 왔는데, 동래성 전투에서 송 부사의 시중을 들다가 왜군에게 잡혀 죽임을 당했다.

중앙에서 조복을 입고 앉아 있는 인물이 송상현 부사다. 오른쪽에 서 있는 사람들은 동래성 전투에서 함께 싸우다가 순절한 노개방盧蓋邦 교수의 일행이다. 순절도가 말하는 핵심적인 장면은 송상현 동래부사가 순절하는 이 마지막 이야기다. 송 부사는 성이 함락되자 죽음을 예감하고는 갑옷 위에 조복을 입은 채로 의연히 앉아 최후를 맞이한다. 왜국 사신으로 조선에 다녀갔던 차에 송 부사와 알고 지낸 다이라노 시게노부가 먼저 들어와 그를 피신시키려 했지만 따르지 않았다. 『선조수정실록』에서는 송 부사의 최후 장면을 '적들이 송 부사를 생포하려 하자 발로 걷어차면서 항거하다가 끝내 살해당했다'고 기록했다. 이 기사에서는 송 부사가 죽기

전에 부채에다 손수 적어 노비를 시켜 전달한 순절시도 기록하고
있다. 고립무원의 처지에서 최후의 순간까지 저항했지만 고독하기
만 했던 송상현 부사의 심정이 잘 녹아들어 있다.

외로운 성에 적은 달무리처럼 에워쌌는데	孤城月暈
여러 군대 진영에는 기척도 없습니다	列陣高枕
임금과 신하의 의리가 무거워서	君臣義重
부모와 자식 사이의 은정을 가벼이 합니다	父子恩輕

✤ 할 말 많은 조선의 백성

2004년에 나는 서울에서 내려와 부산박물관에서 근무를 시작했
다. 업무에 들어가자마자 전시실부터 쭉 둘러봤는데, 조선시대 전
시실에서 고정관념을 흔드는 유물 한 점을 발견했다. 조선시대 선
조의 명령을 적은 「선조국문유서宣祖國文論書」다. 제목은 '백성에게 이
르는 글이라'였다. 이 문화유산은 원래 안동 권씨 종친회 소장품인
데 전시 시설을 잘 갖춘 부산박물관에 맡겨둔 것이다. 이 유서는
보물 제951호로 지정되었다. 조선시대에 임금이 내려준 문서인 유
서는 흔한 유물이지만 보물로 지정된 데에는 그만한 이유가 있다.

이 유서는 임진왜란이 발발하여 선조가 의주로 피란간 뒤 그
곳에 머무를 때 작성된 것이다. 역사성이 높은 자료인 데다 특이한
점은 한문이 아니라 한글로 쓰였다는 사실이다. 왜 조선시대의 공
식 문서에 한문이 아닌 한글로 작성한 것일까. 유서를 내린 대상
이 한문에 능숙한 벼슬아치가 아니고 일반 백성이었기 때문이다.

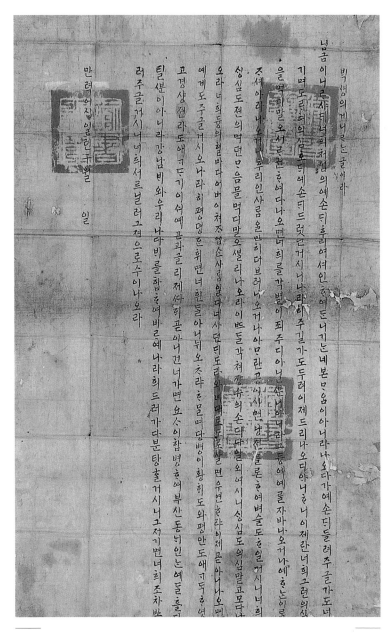

「선조국문유서」, 76.5×52.0cm, 보물 제951호, 개인. 의주에 피란을 갔던 선조가 1593년 9월에 내린 유서다. 당시 포로가 되어 일본군에 협조하던 백성이 적지 않았는데, 선조가 이들을 회유하기 위해 한글로 유서를 내린 것이다.

관리들에게 명령을 적은 유서들이 대부분을 차지했던 조선시대에 백성에게 이르는 유서는 그 자체로 귀한 것이다. 어떤 까닭으로 일반 백성에게까지 유서를 내린 것일까. 이 문서는 공식 기록화인 순절도가 말하지 않은 임진왜란의 그늘을 이야기하고 있다.

문서의 요지는 왜군에게 협조하면서 숨은 백성이 자신의 잘못을 뉘우치고 적의 진영에서 빨리 나오라는 것이다. 도망할 때 잡힌 백성을 함께 데리고 나오거나 왜적을 잡아서 오면 벼슬까지 내려준다는 그런 내용이다. 안 나올 경우 조선과 명나라가 힘을 합쳐 왜를 무찌르게 되면 너희도 휩쓸려 죽을 것이라는 경고가 말미를 장식하고 있다. 이 글을 읽으면 창피하고 암담한 마음이 들지 않을 수 없다. 조선 백성이 의병의 편에 서거나 왜군에게 저항했던 사실로 알고 있는 것과 달리, 왜군의 적진에서 매국 행위를 했다는 사실을 입증하는 자료이기 때문이다. 그렇다면 왜적에게 협력한 이 백성은 비겁한 반역자이자 천인공노할 매국노일까. 그들은 왜 국토와 민족을 유린한 왜적의 편에 선 것일까.

백성이 나라에 쳐들어온 왜적을 맞아 용기 있게 싸우는 힘은 충성을 강화하는 이념 교육에서 나오는 것은 아니다. 용기와 배신의 갈림길에는 조정에 대한 믿음과 신뢰가 있다. 국가가 나를 지켜줄 것을 믿지 못하는데 어떻게 백성이 적들과 맞서 죽을 각오를 하고 싸울 수 있겠는가. 또, 국가를 통치하는 왕과 정치를 하는 관료들이 먼저 왜적에게 힘써 대항하지 않는데, 어찌 평민들이 의연하게 일어나 전투를 할 수 있겠는가. 임진왜란 초기에 나 살자고 성과 고을을 버린 채 도망간 숱한 목민관들로 인해 조정에 대한 백성의 신뢰는 땅에 떨어진 터였다. 한편 왜적이 쫓아오자 도성에 백성을 남겨두고는 시급히 몽진을 떠나거나, 명나라까지 도피할 것을 염두에 두었던 선조도 백성에게 믿음을 주는 군주의 모습이 아니었다. 백성이 감히 선조가 탄 어가를 가로막는다거나 노비들이 한양에 불을 지르고 다니는 처참한 꼴은 이제는 숨길 일이 아니라고 드러내놓고 말한 대목은 상기시켜야 할 부분이다.

임진왜란에서 가장 큰 피해를 입은 당사자는 백성이다. 왜군은 부산진성에서 사람, 동물 가리지 않고 살아 있는 것은 모두 죽였다. 동래읍성을 점령한 뒤에는 백성을 닥치는 대로 학살했는데, 살아남은 자가 1000명 가운데 한두 명이라 했다. 명나라와의 협상이 결렬되자 다시 일으킨 정유재란 때 왜군은 더 말 못 할, 잔학 행위를 일삼았다. 도요토미 히데요시가 조선인들을 죽인 증거로 코를 베어오라고 한 것이다. 그러니 왜군은 국토를 빼앗는 전투보다는 조선인들을 죽여서 코와 귀를 베어가는 일에 혈안이 됐다. 심지어 살아 있는 사람의 코까지 베었다고 한다. 이렇게 베어간 수만 개의 코와 귀를 가지고 왜군은 보란 듯이 코무덤과 귀무덤을 만들었다. 이것은 조선인들을 두 번 죽이는 짓이었다.

한편 정유재란은 노예전쟁이라 할 만큼 조선인들을 무자비하게 납치해갔다. 노예를 취급하는 상인들이 왜군을 따라 함께 이동했다고 한다. 이들은 수만 명의 조선인을 포로로 끌고 가서 성을 짓게 하고, 힘든 노역을 시켰다. 성리학을 공부한 유학자나 도예 기술을 보유한 도공들의 형편은 그나마 나았다. 힘없는 백성은 나가사키로 데려가 포르투갈 상인들에게 넘겼으며, 중국과 유럽 등지로 팔려갔다. 쏟아지는 조선인 포로들 때문에 세계 노예시장의 매매 가격이 폭락했다는 말이 나올 정도였다. 전쟁 통에 왜군에게

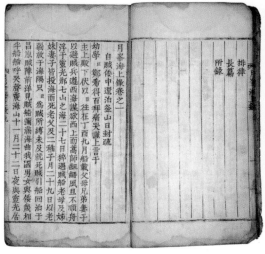

『월봉해상록』, 32.3×23.3cm, 조선시대, 국립중앙박물관. 정유재란 때 일본에 끌려갔다가 1599년에 귀환한 정희득(1573~1640)의 포로생활 체험기다. 당시 일본의 상황과 조선인 포로의 생활상을 기록해놓았다.

얼떨결에 잡혀간 조선인들은 지구 반대편까지 노예로 팔려가 비참한 생애를 마감해야 했다. 그들의 말하지 못한, 억울한 사연은 먼 땅에서 묻힌 채 일본을 원망하고 있는지도 모른다.

조선인 포로를 쇄환하는 조선의 태도도 황당했다. 전쟁이 끝난 뒤에 조선은 일본과 협상해서 일본에 끌려간 조선인들을 귀환시키는 작업을 했다. 그런데 살아남은 자들을 대하는 조정의 태도는 싸늘했다. 왜적에게 잡혀서도 목숨을 연명한 사실을 조선에 대한 충성과 절의를 잃은 것으로 생각했다. 이 때문에 일본에 납치되었던 선비는 끝까지 절개를 지켰음에도 조선으로 돌아온 뒤에 등용되지 못했다. 임진왜란의 포로에 대해 연구한 민덕기 교수에 따르

2부 내 인생의 길라잡이

면 1605년경 사명당이 어렵게 조선으로 데리고 온 하층민 포로들을 약탈하는 일이 벌어졌다고 한다. 어렸을 적에 잡혀가 가계를 잘 모를 경우에는 노비로 삼으려고 서로 다투었으며, 심지어 예쁜 여인이라면 남편을 죽이고 자신의 첩으로 만드는 일도 일어났다. 이렇게 하층민들은 끔찍한 전쟁을 겪고 포로로 끌려간 것도 모자라 고국으로 돌아오자마자 지옥 같은 상황을 맞아야 했던 것이다.

✤ 언젠가는 말하는 유물

2005년 4월 14일, 부산 도시철도 4호선 공사 구간의 수안역 건설 부지에서 갑자기 공사가 중단되었다. 공사 현장에서 동래읍성의 시설로 추정되는 유적이 발견됐기 때문이다. 곧이어 경남문화재연구원에서 발굴 조사를 시작했는데, 치열했던 동래성 전투를 알려주는 유적과 유물이 쏟아져 나왔다. 전투에서 피살된 인골들도 무더기로 출토됐다. 언론과 학계, 시민들까지 모두 놀라며 가슴을 쓸어내렸던 소식이다. 「동래부순절도」에서 봤던 전투 장면이 고스란히 현실로 드러난 것이다. 수안역은 동래성 남문에 근접한 곳으로 가장 치열했던 전투가 벌어진 장소다. 처음에는 이를 동래읍성의 성벽으로 추정했으나 조사를 더 해보니 해자垓字였음이 밝혀졌다. 해자는 성을 방어하기 위해 성곽 둘레에 설치한 개천이다. 왜적이 동래성을 점령한 뒤 이 해자에 조선군의 무기와 시체들을 버리고 간 것이 400년이 흐른 뒤 세상에 밝혀졌다.

임진왜란 때 군인들이 착용했던 비늘갑옷札甲과 투구를 비롯해 큰칼과 활, 화살촉 등 200여 점의 무기류가 나왔고, 청동숟가락과 그릇 등 생활 용구도 150여 점 발굴됐다. 또한 80여 구의 인골이 확인됐다. 남자뿐 아니라 여자와 유아의 인골까지 있었다. 임진 왜란 특별전을 준비하면서 나는 이 인골들을 보고 경악을 금치 못했다. 두개골이 예리한 칼날에 의해 잘렸고, 화살을 맞아 구멍이 뚫렸다. 총탄을 맞아 부서진 유아의 두개골도 있었다. 모두 근접한 전투에서 왜적의 병기에 살해된 흔적이었다. 그때를 떠올려보니 손이 부들부들 떨릴 정도로 참혹했다. 비참하게 죽임을 당한 유해 들은 결코 침묵하는 게 아니었다. 그들은 수백 년을 숨죽이면서도 말할 날을 기다려왔던 것이다. 수안역 부지에서 출토된 이 유물들은 정리 과정을 거친 뒤 지금은 부산박물관 조선시대 전시실에서 동래성 전투를 말하는 유물로 전시되고 있다.

임진왜란이 동래에 남긴 상처는 도저히 씻을 수 없는 것이었다. 1608년 2월경 동래 부사로 부임한 이안눌은 4월 15일에 비참한 광경을 목격했다. 집집마다 곡哭을 하기에 놀란 이안눌 부사는 늙은 아전에게 물었다. "통곡 소리가 어찌 이리도 참혹한가." "임진 년에 왜구가 쳐들어와 성안이 피바다를 이뤘지요. 1000명 중 한 두 명이 살아났습죠. 이날에는 술잔을 바치고 죽은 자를 곡한답니 다." 차마 다 들을 수 없는 이야기로 인해 이안눌의 뺨에는 뜨거운 눈물이 흘러내렸다. 아전이 다시 말을 이어갔다. "곡할 사람이 있 다면 그래도 슬프지 않지요. 온 가족이 다 시퍼런 칼날에 베여서 곡할 이조차 없는 사람이 얼마나 많은데요." 이 부사는 참담한 심 정에 다음과 같은 시를 남기기도 했다.

성 아래 무너진 해자엔 백골이 쌓여 있네　　　　　城底廢壕雉白骨

비 내리고 차가운 도깨비불만 황혼에 비치네　　雨中寒燐照黃昏

아픈 마음에 차마 임진 계사년을 묻겠는가　　傷心忍問龍蛇歲

남은 노인들이 쳐다만 보고 감히 말을 못 하네　　遺老相看不敢言

　이안눌 부사가 읊은 '해자에 쌓였던 백골'은 400년이 흘러 전철역 공사 현장에서 발견되었다. 이렇듯 역사는 언젠가는 돌아와 반드시 말을 건넨다. 실은 과거에도 동래성 남문 일대에서 이런 유해들이 발굴됐다. 1731년 정언섭 동래 부사가 동래읍성을 수축할 때에도 옛 남문 터에서 전사한 군민들의 유골과 포환, 화살촉이 드러났다. 이 유골들을 수습해 동래부 남쪽의 삼성대 근처에 안장해 조성한 무덤이 임진동래의총壬辰東萊義塚이다. 여기에 정 부사가 직접 무덤의 내력을 쓴 비석을 세웠다. 하지만 일제강점기에는 이 무덤을 복천동 뒷산에 이장했으며, 1974년에는 금강공원으로 옮겨왔다. 아무런 연고도 없는 금강공원에 임진동래의총(부산시 기념물 제13호)을 옮겨온 이유를 잘 모르겠다.

　언젠가 문화유산의 입은 뚫리며, 말하는 유물이 생겨난다. 과거와 현재는 통하고, 현재는 다시 미래로 이어지기 때문이다. 동래성 전투의 흔적이 발견되고 그로부터 6년이 지난 2011년, 부산 도시철도 4호선의 개통과 함께 수안역사 안에는 동래읍성 임진왜란 역사관이 개관되었다. 동래의 후손으로서 이 아픈 현장을 말하지 않으면 안 되었기에 그 자리에 별도의 역사관을 세웠다. 나는 임진왜란 역사 답사차 부산에 오는 답사객들에게 꼭 추천하는 장소가 부산박물관의 조선시대 전시실과 더불어 동래읍성 임진왜란 역사관이다. 이 역사관에는 2005년 발굴 조사 당시에 출토된 해자의

부산 수안역 공사 현장에서 출토된 유적(위)과 왜적의 병기에 의해 구멍이 뚫린 두개골(아래)이다.

부산 수안역 유적지에서 출토된 찰갑(위)과 투구(아래)다. 투구 안쪽에는 '동래진상東萊鎭上'이라는 명문이 새겨져 있다.

석축을 고스란히 옮겨와 복원했다. 분위기를 그대로 연출하기 위해 해자 바닥에는 인골과 유물을 복제하여 재현해두었다. 비록 재현한 공간이지만 그 격렬했던 동래성 전투 현장을 그대로 안고 있는 이 역사관은 답사객들에게 온몸으로 그날을 말하고 있었다. 내 귀에는 이렇게 들렸다. 다시는 명분 없는 전쟁을 일으켜 남의 나라의 죄 없는 백성을 죽이는 일을 되풀이하지 말라고. 또다시 무능하고 당파에 매몰된 위정자들이 풍전등화의 나라 꼴을 만들도록 내버려두지 말라고.

3부

청춘을 위한
문화유산

11

흘러간 탁류는
부끄럽지 않다

: 군산의
근대 건축물

❖ 탁류는 군산 사람의 인생

내 인생을 뒤돌아보면 나그네 인생을 살아온 것 같다. 부모님이 장
사를 해서인지 우리 집은 잦은 이사를 했다. 내가 고등학생 때까
지 열 차례 이사를 했고, 이로 인해 나는 세 번이나 전학을 갔다.
대학을 졸업한 뒤에도 메뚜기 생활은 계속되었다. 경남에서 서울
로, 다시 부산으로 직장 옮기기를 수차례 하다보니 떠돌이 생활에
이골이 났다. 그래도 여전히 타지에 가면 처음에는 적응하는 데
애를 먹는다. 적응 과정에서 사람들과 부딪치는 일이 수두룩하고,
참지 못해 싸우기도 했다. 지금 생각하면 후회가 되고 인내하지 못

한 내 자신이 부끄럽기도 하다. 하지만 안타깝고 슬펐던 과거도 내 인생의 일부이니 기억에서 지워버릴 문제는 아니다.

한 사회의 역사를 뒤돌아보면 아쉬워 바꾸고 싶은 일이 훨씬 더 많을 것이다. 그런 점에서 볼 때 우리 역사에서 가장 논란이 되는 시기는 역시 일제강점기다. 기왕에는 일제의 수탈과 억압에 초점을 맞춘 식민지 수탈론과 우리나라 근대화에 미친 긍정적인 영향에 주목한 식민지 근대화론 사이에서 논쟁이 벌어졌었다. 그러다가 10여 년 전부터는 식민지 시기에 일어난 사회문화적 변화와 피지배층의 대응을 객관적으로 살펴보려는 식민지 근대성론이 고개를 들기 시작했다. 그런데 논란의 중심에는 여전히 우리나라 사람들이 주체적으로 외세의 문물을 수용해 이룬 근대화가 아니라 일제가 강압적으로 구축한 식민지에서 벌인 근대화라는 사실이 있었다. 일제강점기에 건축, 도로, 통신, 의료 등 각 분야의 근대화로 인해 지금껏 남겨진 유산들을 어떻게 볼 것인가는 앞으로도 논쟁의 불씨를 지필 것이다.

일제가 남긴 문물은 이른바 '일제의 잔재'라 불린다. 남아 있다는 뜻의 '잔재' 속에는 깨끗이 없애지 못했다는 의미가 내포되어 있다. 역사바로세우기 사업이 한창이던 1995년, 조선총독부 청사인 중앙청을 철거하면서 근대 건축물을 철거하는 정책에 관해 시민들 사이에서 회의가 일기 시작했다. 일제강점기의 근대 유산을 뿌리째 없애는 게 역사바로세우기란 말인가. 일제강점기가 괴롭고 힘든 시기였음은 분명하지만 그 또한 우리 역사의 한 대목이라는 사실은 자명하다. 그렇게 해서 일제의 강압적 통치를 보여주는 증거물로 근대 건축물을 활용하자는 주장이 서서히 힘을 얻었다.

3부 청춘을 위한 문화유산

역사바로세우기가 성행할 때 일제의 잔재가 자못 많아 부끄러웠던 도시가 있다. 바로 전라북도 군산이다. 청소년들이 역사 교과서에서 일제가 쌀 수탈을 위해 조성한 도시로 배웠듯이 군산은 실제로 일제강점기에 생겨난 근대 유산들이 넘쳐나는 곳이다. 혹자는 군산을 "제3세계 국가에서 식민지 모국의 필요성에 따라 계획된 도시의 성장 형태를 보여주는 전형적 사례"라고 했으니, 이렇게 본다면 근대 '군산의 역사'는 '치욕의 역사'로 발을 내딛는 셈이다. 이렇다보니 1990년대 내항의 부잔교를 철거한 것을 필두로 일제의 잔재로 일컬어지는 탑과 건물들을 제거하기에 바빴다. 이로 인해 마침내 "군산에서 일제의 잔재를 모두 없애려면 군산시 전체를 없애야 한다"는 자조 섞인 말까지 나왔다. 이것이야말로 빈대 잡으려다 초가삼간 다 태우는 격일 터이다.

나는 철거와 보존 사이에서의 해법을 역사가 아닌 소설에서 찾을 수 있다고 본다. 바로 1902년 옥구군 임피면에서 태어난 채만식이 쓴 소설 『탁류』다. 1930년대 군산의 사회상을 배경으로 삼아 쓴 이 작품에서는 풍자와 냉소의 시선으로 몰락해가는 군산의 한 가정사를 그려냈다. 충청도와 전라도의 경계를 타고 흐르다가 하구에 이르러 조수와 휩쓸리면서 흐릿한 탁류가 되는 금강이야말로 1930년대 군산에 살았던 사람들의 세태다. 금강은 점차 낮은 곳으로, 좀더 넓은 곳으로 흐르고 흐르다가 거대한 서해로 말려들면서 여지없이 갯물과 섞여 한 치 앞을 가늠할 수 없을 정도로 탁해진다. 금강이 하구에 이르러 이질적 토사와 섞이면서 흐려지는 것을 과연 누가 막을 수 있겠는가. 채만식이 보기에 일제강점기 군산 사람들의 인생은 탁류와 같다. 탁류같이 흐르는 삶은 결코 아름답지도, 그렇다고 추하지도 않다. 식민지의 일상을 담담하게 살펴본 채만식과 같이 군산에 남겨진 일제강점기의 유산도 예사로이 흐르는 탁류처럼 바라볼 수는 없는 것일까.

✣ '갈대의 도시'에서 '쌀의 도시'로

『탁류』의 첫머리는 미두장米豆場에서 늙은 정주사가 젊은 애송이로 부터 봉변을 당하는 사건으로 막을 연다. 미두장은 일제가 쌀의 자율적 거래를 금지시키고 미곡 거래를 통제하기 위해 만든 회사, 즉 미두취인소米豆取引所다. 지금의 주식 투자처럼 이곳에서는 쌀의 시세를 예측하여 돈을 거는 투기 행위가 성행했다. 이런 노름을 '미두'라 한다. 정주사는 미두에 지고서도 돈을 주지 않아 애송이한테 멱살을 잡혀 망신을 당했다.

금강을 사이에 두고 군산 반대편에 위치한 서천에서 태어난 정주사는 남부럽지 않은 가문에서 자라나 군청 서기로 일했다. 나이가 들어 논과 집을 판 뒤 군산으로 이주하면서 가세가 기운 것은 물론 미두에 빠진 뒤부터 미두꾼보다 못한, 밑천도 없이 노름을 하는 하바꾼으로 전락했다. 채만식은 입만 가졌지 손발이 없는 사람 꼴이 돼버린 정주사를 묘하게 생긴 '인간 기념물'이라 했다. 그러나 당대 정주사의 인간상은 기념물이라 부를 정도로 특별한 게 아니었다. 인천 미두장과 함께 손꼽히는 군산 미두장을 찾아왔다가 쫄딱 망한 조선인이 헤아릴 수 없이 많았다. "화투는 백석지기 노름이요, 미두는 만석지기 노름이다"라는 속담은 화투보다 백배나 독성이 강한 미두에 대한 경고다.

노름의 하나인 미두는 단편적인 모습일 뿐 수면 아래에는 '쌀의 도시 군산'이 거대한 빙하로 깔려 있다. 고려 말에는 임피에 세곡을 보관하던 조창이 있었다. 이를 약탈하기 위해 왜구의 잦은 습격이 있었으니 쌀과 군산, 그리고 일본의 악연은 꽤 오랜 역사를 지닌 셈이다. 군산의 역사는 유구하므로 수탈의 도시로서의 성격이 강한 일제강점기 군산만을 특정해서는 안 된다는 지적도 일리가 있지만 실은 조선시대까지 군산은 작은 어촌에 불과했다. '한적한 어촌' '갈대의 군산'으로 불리던 곳을 '고메노 군산'(쌀의 군산)으로 호명한 인물은 1913년에 이곳을 방문한 데라우치 마사타케_{寺内正毅} 조선총독이었다. 1899년 개항 이후로 군산에 일본인이 유입되기 시작했으며, 그들의 편의대로 항구를 설계하고 도로를 깔고 시가지를 구축했다. 이렇듯 일본인들이 군산에 근대 시설을 세운 이

일제강점기 군산항에서 쌀들이 일본으로 출하되고 있다. 식민지 시기 군산은 일본에 쌀을 공급하는 식량기지로 전락했다.

유는 군산이 좋아서가 아니라 드넓은 호남평야에서 생산한 옹골
진 조선 쌀을 일본까지 효과적으로 반출하기 위해서였다.

쌀의 도시가 된 군산은 일본에서 소요되는 쌀을 공급하는 식
량 기지로 전락했다. 쌀의 반출을 통해 근대 도시로 성장한 군산
에서는 미두장이 도심의 중핵이요, 미두장으로 뻗은 도로 인근에
각종 기관과 시설들이 모여들었다. 『탁류』에서는 미두장 일원을 이
렇게 묘사하고 있다. "미두장은 군산의 심장이요, 전주통全州通이니
해안통海岸通이니 하는 폭넓은 길들은 대동맥이다. 이 대동맥 군데
군데는 심장 가까이 여러 은행이 서로 호응하듯 옹위하고 있고 심
장 바로 전후좌우에는 중매점仲買店들이 전화줄로 거미줄을 쳐놓고
앉아 있다." 이 군산의 심장을 차지해 특별한 이익을 취한 이들은
일본인이며, 배후의 농지를 장악해 부농으로 위세를 떨친 사람들
또한 일본인이었다. 일본인 지주들은 삼국농장森菊農場, 웅본농장熊
本農場, 팔목농장八木農場 등 대농장을 경영했으며, 방조제를 축조해
간척사업을 벌여 거대한 농지를 조성했다.

쌀의 도시 군산이 누렸던 번영은 영원할 수 없었다. 1930년대
에 산미증식계획이 중단되고, 일제가 공업화에 열을 올리면서 농
업을 기반으로 발전했던 군산도 그만 성장의 가도를 달리지 못했
다. 더욱이 일제가 물러나고 산업화가 본격 궤도에 올라타자 군산
은 예전의 명성을 잃고 쇠락의 길로 접어들었다. 우리나라 서해안
의 3대 항구 중 하나였던 군산에 가보면 과거의 영화는 온데간데
없이 오히려 쓸쓸하고 휑뎅그렁한 기운만 밀어닥친다. 그 옛날 사람
과 물자를 실은 배가 수없이 드나들던 째보선창에는 몇 척의 선박
만이 썰물로 드러난 갯벌에 발이 묶인 채 옴짝달싹 못하고 있다.

그나마 거무튀튀하고 칙칙한 직사각형의 채만식 소설비를 째보선창가 주차장의 한데에서 만날 수 있으니 다행이다. 『탁류』의 정주사가 서천에서 식솔을 이끌고 군산에 처음 내린 데가 이곳이며, 젊은 애송이에게 멱살을 잡힌 뒤 울컥해 자살이라도 할까 하고 찾아온 곳이 여기란다. 그런데 이곳에 온 사람들은 째보의 유래를 사뭇 궁금해한다. 전해지는 설은 두 가지다. 하나는 째보라는 객주가 이곳에 있었기 때문이며, 다른 하나는 이곳의 지형이 째진 탓이라는데, 나는 후자에 더 무게를 둔다. 근대식 정박 시설이 세워지기 전에는 갯벌에 난 갯골을 따라 배들이 항구 쪽으로 들어왔다. 이 갯골들이 마치 째지고 갈라진 째보의 입술을 떠올리지 않았을까라고 보는 것이다.

✤ 군산세관과 조선은행 군산지점

째보선창에서 하구 쪽으로 더 내려오면 부둣가에 연결되어 위아래로 움직이는 부잔교가 기다리고 있다. 일명 '뜬다리'인 이 접안 시설은 군산에서만 볼 수 있는 특별한 유산이다. 일제강점기 군산을 촬영한 장면에는 단골로 나오는 이 부잔교 주변에 쌀가마니가 산처럼 쌓여 있다. 그랬다, 부잔교는 쌀을 일본으로 송출하기 위해 세운, 일본인에게 유용한 시설이었다. 서해안의 특성상 조수 간만의 차가 크기 때문에 쌀가마니를 신속히 싣기 위해서는 밀물 때는 떠오르고 썰물 때는 가라앉는, 수위에 따라 다리 높이가 조정되는 선착장이 필요했다. 1920년대부터 본격적으로 설치된 부잔교에는 3000톤 급의 대형 선박이 정박할 수 있었다. 1934년 한 해

일제가 세운 부잔교는 일명 '뜬다리'라 불린다. 부잔교는 쌀을 송출할 때 유용한 시설로서 밀물 때는 떠오르고 썰물 때는 가라앉는다. 사진은 일제강점기에 부잔교를 통해 쌀을 송출하고 있는 모습이다.

만 200만 석의 쌀이 이곳을 빠져나가 일본으로 송출되었다고 한다. 일제강점기 때 치욕의 공간이었던 이 부잔교도 탁류처럼 섞이고 흐르다보니 어느덧 군산 사람들에겐 정감어린 문화유산이 되었다. 부잔교 1기가 철거되었을 때 많은 군산 사람이 가슴 아파했던 것을 보면 부잔교는 세월의 부침에 따라 미움이 쓸려가고 애정이 밀려왔던 곳임을 알 수 있다.

내항 부잔교에서 얼마간 뒤로 가보면 인근까지 철도가 부설되어 있고, 철로 앞에는 군산근대역사박물관을 비롯해 군산세관, 조선은행 군산지점 등 군산의 근대 유산들이 모여 있다. 이 철도는 군산과 익산을 잇는 군산선이다. 철로 사이로 풀이 무성히 자라 쓸모없어 보이지만 일제강점기에는 호남평야의 농산물을 실어 나르느라 바빴던 곳이다. 일제는 1912년 호남선과 연결되는 군산선을 개통함으로써 효율적인 공출을 도모했다.

나는 근대 문화유산을 조사하기 위해 군산에 출장을 간 적이 있다. 당시 전시관을 리모델링하는 일을 맡았던 터라 근대 건축물을 활용해 전시관으로 꾸몄던 곳을 조사하고 있었다. 군산에 도착하자마자 먼저 가본 곳이 군산근대역사박물관이었다. 박물관을 개관한 지 보름이 지났을 무렵인데 여기저기 마무리 작업이 한창이었다. 근대생활관 내부에는 1930년대의 생활상을 보여주기 위해 군산미곡취인소, 잡화점, 인력거 방, 술 도매상 등의 건물을 실제 크기와 비슷하게 모형전시물로 만들어두었다. 노력한 흔적은 역력했어도 모형은 역시 모형일 뿐 별다른 감흥은 오지 않았다. 그런데 박물관을 나와 군산 시내를 돌아보니 곳곳에서 근대 문화유산이 숨을 쉬고 있었다. 군산 도심 전체가 근대역사박물관이라 해도 과언이 아니었다. 군산이야말로 요즘 회자되는 에코 뮤지엄(한 지역 전체를 야외전시관 형태로 꾸민 박물관)이 되기에 충분한 곳이 아닌가.

밀레니엄 시대가 되자 군산의 근대 문화유산에 흘렀던 탁류의 물줄기도 바뀌었다. 그동안 부끄러웠던 일제의 잔재가 이색적인 근대 문화유산으로 탈바꿈한 것이다. 일제강점기의 유산을 더 이상 훼손시켜서는 안 되겠다는 자각도, 근대 건축물을 보존하려는 정부의 문화유산 정책도 일조했다. 그동안 숱한 철거가 이뤄졌음에도 군산에는 여전히 근대 건축물이 많았다. 아이러니하게도 군산의 경제적 저발전이 문화 콘텐츠의 창출에 기여했던 셈일까. 군산은 택지 개발이나 재건축 사업이 별로 없었던 까닭에 오히려 자연스럽게 근대 건축물의 보존이 이뤄졌다.

군산의 근대 건축물 중에서도 구舊 군산세관(전라북도 기념물 제87호)은 맏형 격이다. 군산근대역사박물관의 오른쪽에 위치한 이 건물은 겉보기에도 한 세기의 탁류가 지나쳤음을 느낄 수 있다. 1908년 군산세관 청사로 지어진 이 건물은 몸체는 붉은 벽돌과 조적조로 짓고 지붕은 동판으로 제작하여 얹었다. 지붕 상부에는 뾰족한 첨탑을 세웠는데, 당시 서양식 건물에서 볼 수 있었던 형태다. 건물의 사각 쪽이 앞으로 약간 튀어나와 있고, 우진각과 박공이 결합된, 복잡하고 높은 지붕이 몸체를 덮고 있다. 작고 낮은 1층 건물임에도 아름답고 우아한 멋을 풍기는 것은 이 때문이다. 독일인이 이 건물을 설계하고, 벨기에의 붉은 벽돌을 수입하여 건축했다고 전해지는데 정확한 사실 확인이 필요하다는 주장도 제기된다.

군산세관은 1908년 군산 세관의 청사 용도로 지어진 건물이다. 몸체는 붉은 벽돌과 조적조로 지었으며, 지붕은 동판으로 제작하여 얹었다.

1899년 군산이 개항되자 군산항을 통해 무역 거래가 늘어났기에 통관을 시행하고 세금을 거두는 세관을 설치했다. 1906년 인천세관의 군산지사를 설립함에 따라 탁지부 건축소가 주관하여 이 건물을 세웠다고 한다. 러일전쟁 이후 일제가 대한제국의 숨통을 쥐고 있던 때라, 세관의 경제적 권한도 조선의 의지대로 할 수 없는 그런 비참한 시기였다. 어쨌든 이 건물은 군산항의 한평생을 몸소 보여주는, 역사적 가치를 지닌 증거물인데 한때 철거될 위기에 놓인 적도 있다. 1993년 세관의 신청사가 완공되었을 때 낡아빠진 이 건물에 대한 철거가 결정되었다. 하지만 당시 이 건물을 근대문화유산으로 인식한 한 세관장의 노력으로 철거의 위기에서 벗어났을 뿐만 아니라 문화재로 지정되었다고 한다. 근대 문화유산을 보존하는 데 선구자 한 사람의 안목이 얼마나 중요한지 알 수 있는 일화다.

　　군산근대역사박물관 왼쪽에는 근대 건축물 두 개 동이 연이어

일제강점기 군산항 세관 부근의 풍경이다. 항구 일대에 건축물들이 밀집되어 있으며, 바다에는 기선이 운항하고 있다.

있다. 군산근대미술관과 군산근대건축관으로 간판을 내걸었지만 원래 이름은 '구일본 제18은행 군산지점'(등록문화재 제372호)과 '구 조선은행 군산지점'(등록문화재 제374호)이다. 일제강점기 이 거리에는 군산에서 기세가 등등했던 여섯 개의 은행이 줄지어 있었다. '구 조선은행 군산지점'은 『탁류』에서 '푸른 지붕을 이고 섰는 ○○은행'으로 등장한다. 붉은 벽돌과 아치형 장식을 한 건물을 덮고 있는 푸른 지붕이 독특하다. 꼭대기로 갈수록 투구처럼 뾰족해지는 이 지붕이 워낙 독특해서 채만식이 그렇게 표현한 듯싶다.

조선은행은 일제가 식민도시 군산의 금융 지배를 공고히 하기 위해 설립했다. 도쿄대 건축학과 출신이자 은행 건축물의 대가로 잘 알려진 나카무라 요시헤이中村與資의 설계로 1923년에 건립되었다. 내가 조사하러 갔을 때는 보수 공사가 한창 진행돼 외벽을 새롭게 단장하고 내부 구조도 바꾸던 중이었다. 나는 그동안 이 건물의 용도를 듣고 깜짝 놀랐다. 한국은행과 한일은행으로 사용되다가 1980년대 들어 예식장으로 바뀌었고, 심지어 유흥업소가 들어서기도 했단다. 이 건물의 역사야말로 탁류 중의 탁류였다. 1907년에 세워져 식민지 은행으로 잘나갔던 '구일본 제18은행 군산지점'도 수난을 겪기는 마찬가지였다. 한때는 창고로 쓰이다가 근래에는 중고품 판매장으로 운영되었다. 사정이 이렇다보니 형태와 구조가 완전히 바뀐 것은 물론이고 '구 조선은행 군산지점'은 화재까지 당해 심하게 훼손되었다. 『탁류』에 나오는 호색한 고태수가 당좌계의 직원으로 근무했던 사무실로서, 푸른 지붕을 인 채 겉모습이 번질번질했던 은행으로는 도저히 상상하기가 힘들다. 한참 동안 수난과 외면을 당하다가 군산의 근대 문화유산으로 탈바꿈

일제강점기 군산의 대표적 일본인 거리인 본정本町을 높은 곳에서 촬영한 전경이다.

한 이 건물의 탁류를 도대체 뭐라 설명할 수 있을까.

✤ 침탈과 참회의 공존, 동국사

식민지 시기의 역사를 부끄러워해야 할 사람은 일본의 제국주의자들이다. 단적으로 말해 식민지 통치를 당한 조선은 피해자이고, 조선을 침탈한 일본은 가해자인 것이다. 그런데 가해자는 일제의 역사에 대해 당당하고 뻔뻔한 태도를 드러내는 반면, 피해자는 오히려 수치스러움을 느끼고 감추려 한다. 대체 이것은 어찌 된 일일까. 일본이 일제강점기의 역사에 관해서 스스로 부끄럽게 생각하고 진정한 사과를 하지 않을수록 그들이 행했던 조선 침탈과 파괴의 흔적은 역사적 증거물로서 보존해야 할 필요성이 높아진다. 아울러 자신들의 과거사를 뉘우치는 일본의 양심 세력들과의 끈끈한 연대가 필요하다는 사실도 놓쳐서는 안 된다.

일제강점기 일본 불교를 포교하기 위해 지어졌던 군산시 금광동에 있는 동국사(등록문화재 제64호)는 일제의 침탈과 참회의 역사가 공존하는 곳이다. 최근 일본 불교의 종파인 조동종이 과거의 잘못을 사죄하기 위해 참사문비를 경내에 건립했다. 근대 건축물 답사를 위해 군산을 찾는다면 동국사는 반드시 다녀가야 할 곳이다.

군산 동국사 대웅전, 등록문화재 제64호. 동국사는 일본 승려 우치다가 1913년 '금강사'라는 이름으로 창건했다. 일본식 사찰로 지어졌으므로 우리나라 전통 사찰의 가람 배치와는 다른 형태다. 1955년 조계종에서 '동국사'로 이름을 바꿨다.

동국사는 입구부터 우리나라 사찰의 배치와는 크게 다르다. 우리 사찰은 대개 일주문과 사천대왕문, 불이문을 통과해 경내로 들어가게 돼 있는 데 반해, 동국사 입구에는 돌기둥만 양쪽에 덩그러니 세워져 있다. 그런데 이 돌기둥에는 부끄러웠던 동국사의 역사를 감추고자 정과 망치로 쪼았던 흔적이 있다. 돌기둥에 새겼던 글씨인 '昭和 九年 六月 吉祥日'(소화 9년 6월 길상일)에서 히로히토 일본 천황의 연호인 '소화'를 쪼아 없애고자 했다. 우리 속담에 모난 돌이 정 맞는다고 했는데, 여기서는 부끄러워 감추고픈 일제의 역사가 정을 맞은 셈이다.

또 다른 돌기둥에는 '금강사金江寺'라는 사찰명이 새겨져 있다. 사찰명 위에 조동종으로 추정되는 각자에도 정을 가한 흔적이 있다. 동국사는 1955년 조계종이 개명한 사찰명이며, 일제강점기에 이 절은 금강사로 통했다. 1909년 일본 조동종 승려인 우치다가 처음으로 '금강선사'라는 포교소를 개창했다. 1913년에 이 자리로 옮겨와 대웅전과 요사를 신축하면서 본격적으로 금강사의 역사가 시작되었다. 일제는 조선을 강제병합한 직후인 1911년 조선 사찰령을 공포함으로써 조선의 불교를 통제하고, 식민지 종교로 재편하고자 했다. 일본의 최대 종단인 조동종이 세운 이 동국사가 조선인의 정신을 일본식 불교로 동화시키고 식민 통치를 정당화하는 역할을 했음은 명백하다.

이것은 참사문비 뒤쪽에 있는 범종각에서도 여실히 드러난다. 일본의 유명한 장인인 다카하시가 1919년에 주조했다는 이 범종에는 금강사의 창건 내력과 시주자 명단 외에도 일본 천황을 칭송하는 시구가 남아 있다. 몇몇 과거 기록에 정질을 한다고 해서 역사 자체가 지워지는 것은 아님을 새삼 깨닫게 한다. 종 아래를 보니 땅을 파서 큰 항아리를 묻었다. 산의 메아리처럼 종소리를 반사시켜 진동음을 내는 움통이다. 상부에는 잡음을 없애주는 음관이 없고, 종신에는 비천상과 같은 화려한 장식도 없다. 간략한 띠 문양만 있는 이것은 우리나라의 종과는 다르다. 범종각 주위는 화강암으로 제작한 작은 석불들이 둘러싸고 있다. 이 석불은 일본 사찰에서 찾아볼 수 있는 32관세음석불상과 12지 수본존 석불상이다. 일본의 밀교적 성격이 강한 관음 신앙을 보여주는 이 석불들은 특정한 해에 태어난 사람을 보호해주는 불보살을 상징한다. 이를테면 보현보살은 용띠와 뱀띠인 사람을 보호해주고, 아미타불은 개띠와 돼지띠인 사람을 지켜준다고 믿는 신앙이다.

1950년대에 이 범종각을 드나들면서 열심히 종을 쳤던 나이 어린 행자가 한 명 있었다. 지금은 우리나라를 대표하는 시인이 된 고은이다. 군산 미룡리에서 태어난 그는 어린 시절 동국사에서 2년간 허드렛일을 했다. 그는 자서전에서 이렇게 썼다. "내가 치는 종소리로 동국사 일대가 깨어난다는 사실, 그리고 이 종소리로 하루가 마감된다는 사실이 나를 괜히 벅차게 했다." 그가 친 종소리는 이렇게 벅차게 울려나갔음에도 그의 마음은 상처투성이였다. 전쟁통에 고향에서 좌우익의 살육 장면을 목격한 그는 심한 정신적 충격에서 헤어나지 못했다. 이때 동국사에서 만난 혜초 스님의 은덕과 자기 성찰을 통해 점차 참된 자아를 찾아가게 된 것이다.

수십 년이 지난 뒤 고은 시인은 고향 군산에서 경험했던 숱한 사건과 사람들을 '만인보'에서 주인공으로 되살려냈다. 가령 일본 순사로서 갖은 악행을 저지른 김충호 지서장, 단정반대 동맹휴학

선언에 뛰어든 서재열 군산중학교 학생, 인민위원장 노릇을 하다가 할미산 굴속에서 총 맞아 죽은 판섭이 등은 그에게 더 이상 감추고 싶은 군산의 기억이 아니었다. 결코 녹록하지 않은 우리 역사에 휘말렸던 수많은 인간 군상을 시로 형상화한 그의 '만인보'는 장강의 탁류와 다를 바 없다. 자그마치 4001편의 시에 5600여 명의 인물이 등장하는 '만인보'는 시라는 형식에 담겨 있긴 하나 거대한 역사에 버금간다.

경주의 서경사 및 목포의 목포별원과 함께 동국사는 일본식 사찰의 면모를 알려주는 중요한 자료다. 일제강점기에 그렇게 많던 일본식 사찰이 해방 후 전부 훼철되어 지금은 찾아보기조차 어렵다. 우리나라 사찰은 하나의 불국토를 상징하는 듯 복잡한 가람 배치와 화려한 건물 장식이 돋보이지만 동국사가 보여주는 에도 시대 일본의 사찰은 단출하면서도 소박함이 두드러진다. 우리나라 사찰 건축물에 비해 실용성이 돋보이는 대웅전은 정면 5칸, 측면 5칸의 단층 건물이다. 이 건물은 팔작지붕의 홑처마 형태이며, 건물의 외벽을 미서기 문이 두르고 있다. 우리나라 사찰에서 보이는 단청이나 복잡한 공포는 없지만 이것이 오히려 수수하고 간결한 아름다움을 느끼게 한다. 뒤편에 있는 대나무 밭이 발산하는 푸른색과 더불어 깨끗하고 시원한 분위기를 자아낸다.

대웅전에 모신 불상만큼은 조선시대의 부처님이다. 석가여래 불좌상을 중심으로 왼쪽에는 가섭존자, 오른쪽에는 아난존자가 서 있다. 이 삼존불은 조선 후기 불상의 특징을 잘 보여주며, 333점의 복장유물服裝遺物도 나와 보물 제1718호로 지정된 바 있다. 일본식 사찰의 대웅전에 조선식 불상이라니 어찌 된 일일까.

이 불상은 원래 금산사 대장전에 모셨던 불상으로 해방 후 동국사로 옮겨왔다. 일본인들이 모시던 불상에는 절을 할 수 없다는 의견들이 나오자 금산사의 불상을 옮겨온 것이다. 하지만 천장에서 석가모니의 머리로 내려온 장식인 천개가 일제강점기 금강사의 유물이라는 사실은 역설적이다. 이렇듯 동국사에서 금강사의 흔적은 완전히 지워질 수 없을 것이다. 군산의 불교사에서도 이질적인 것이 뒤섞여 흐르는 탁류의 역사를 배제할 수 없음을 다시 한번 깨닫는다.

✤ 삶을 누리는 근대 건축물

월명동과 신흥동 일대를 걷다보면 일본식 가옥을 흔히 만날 수 있다. 그 가운데 백미로 꼽는 집이 '군산 신흥동 일본식 가옥'(등록문화재 제183호)이다. 이것은 문화재 명칭으로 곰곰이 따져보면 아주 애매모호한 이름이다. 왜냐하면 신흥동에 있는 일본식 가옥은 한두 채가 아니기 때문이다. 이 집은 '히로쓰 가옥'으로 더 잘 알려져 있고, 젊은이들에게는 영화 「타짜」와 「장군의 아들」을 촬영한 장소라고 해야 귀를 쫑긋 세운다. 사실 이 집에 이름을 붙이기란 쉽지는 않다. 포목점과 농장을 운영했던 부자 히로쓰가 1925년경 이 집을 짓기는 했지만 해방 이후 50여 년간 호남제분주식회사의 사택으로 사용되었기에 어느 이름도 딱히 어울리지 않는 것이다.

오랫동안 군산의 부잣집 행세를 했으니 높고 긴 담장이 앞을 가로막고 있을 뿐 아니라 담장에 붉게 페인트까지 칠해서인지 보는 이로 하여금 걸음을 멈추게 한다. 막힌 담장이나 집의 규모에 비

군산의 한 일본식 가옥이다. 군산에는 아직도 일본식 가옥이 많이 남아 있는데, 요즘은 이를 관광 상품으로 활용하고 있다.

해 대문은 아주 작아 '이게 문이야?'라는 소리가 절로 나온다. 사립 문짝 하나 달아놓고 누구나 쉬이 엿볼 수 있게 뻥 뚫린 우리나라 시골집의 열린 구조에 비한다면 이런 일본식 집 구조를 폐쇄적이라고 해도 논란의 여지가 없을 것이다. 잘 보면 옆에도 작은 문이 하나 더 있다. 이곳으로는 인력거가 드나들었다고 한다. 그래서인지 경사진 길임에도 계단을 만들지 않았다.

　한국 땅에서 일본식 가옥을 밟아보는 것은 이색적인 체험임에 틀림없다. 이 집은 2층의 목조주택으로 일본 무가武家의 주택인 야시키屋敷의 형식을 띤 것이다. 전체적으로 건물 두 채가 'ㄱ'자로 붙은 형태로서 아래층에는 부엌과 식당, 온돌방 등이 있고, 2층에는 다다미방과 도코노마가 있다. 도코노마는 일본인들이 손님을 접대하는 객실로서 족자, 화병, 장식물로 꾸민 공간이다. 이런 일본식 주택의 특징은 좁은 복도를 따라 양쪽으로 여러 개의 방이 조성되어 있고, 여기에 장지문이 달려 있다는 점이다. 이 구조는 마치 가변형 파티션을 단 것처럼 때에 따라 장지문을 달고 떼서 공간을 조절할 수 있다. 실용적인 쓰임새로는 알맞다. 허나 시원한 대청마루를 사이에 두고 방을 조성한 우리 한옥에 살았던 사람들에겐 익숙지 않다. 혹자는 복도와 방을 미로처럼 만든 배경에는 상시적으로 적의 침입을 방어하기 위한 사무라이 정신이 작용했다고 한다. 한편 복도 한쪽에는 유리문을 달아 오밀조밀한 실내 정원을 감상할 수 있도록 했다. 루스 베니딕트가 『국화와 칼』에서 지적한 대로 꽃을 좋아하는 심미안과 칼을 휘두르는 무사도의 이중성이 이 집에서도 드러난다.

이렇게 전형적인 일본식 가옥이다보니 일본인들도 자주 찾는다고 한다. 내가 이 집을 방문했을 때는 평일인데도 일본인이 20명이나 다녀갔다며 문화해설사가 귀띔을 해줬다. 우리나라 어르신들도 방문해서 일본인이 지은 이런 집을 왜 보존하느냐고 반문하지만 일본이 침략한 역사도 알려야 하지 않겠느냐고 그는 덧붙였다. 고개를 끄떡이면서도 이 집을 어떻게 보존할 것인가에 대해서는 심사숙고가 필요하다는 생각이 든다. 부엌에 가봤더니 얼마 전까지 거주했던 호남제분주식회사 측에서 주방 싱크대와 수납장을 전부 현대식으로 개조해놓았다. 부엌 기둥에는 "추후 다시 일본식으로 복원할 계획입니다"라고 붙여둔 글이 유난히 눈에 띄었다.

'일본식으로 복원한다'는 이 글은 한번쯤 음미해볼 만하다. 근대 문화유산이 문화재로 지정됨으로써 과거의 원형을 따져 복원하는 경향이 요즘의 흐름이다. 이것은 특정 시기의 건축물을 보여준다는 측면에서는 맞지만 사람이 사는 생활공간으로서는 괴리되기 십상이다. 신흥동 일본식 가옥을 나와 이 일대를 돌아다녀보면 사람들이 살면서 개조하여 변형된 일본식 가옥이 숱하다. 일본식 가옥에서 살다가 허물어지고 불편하니 벽과 문을 새로 바꾸거나 건물을 지어 덧대서 쓰기도 했다. 월명동에 군산 부윤의 관사로 사용되었다는 건물이 있다고 해서 가보았는데 한우 고기를 파는 음식점으로 바뀌어 있었다. 1990년대에 음식점으로 개보수하면서 변형되었음에도 들어가는 입구의 축대부터 일본식 주택 풍을 곳

군산 월명동 거리에 있는 옛 가옥이다. 일본식 가옥을 여러 번 개조한 흔적이 엿보인다.

곳에서 발견할 수 있었다.

이렇게 군산 답사에서는 탁류처럼 이질적인 것들이 서로 뒤섞인 문화를 볼 수 있다. 박제처럼 복원된 원형 건물보다 근대와 현대가 혼합된 주택에서 사람 사는 냄새가 솔솔 풍긴다. 영화동의 사가와佐川 가옥은 '살아 있는 근대'다. 일제강점기에는 전당포를 운영하던 일본인이 살았고, 해방 후에는 적산 가옥이 되었다가 1960년대에는 우리나라 사람이 매입하여 살았다. 집의 본질은 사람 사는 데 있지 않던가. 삶을 누리는 건축물이 세월 따라 변화하는 것을 어찌 막을 수 있겠는가. 근대의 원형을 잘 복원하는 것도 중요하겠지만 이렇듯 '과거의 근대'를 '지금의 공간'으로 가꾸는 일도 의미를 지닌다.

신흥동 일본식 가옥을 지나 1926년 일제가 군산항과 시내를 연결하기 위해 개통했다는 해망굴(등록문화재 제184호)로 향했다. 1920년대에 131미터의 터널을 뚫기 위해 수많은 조선인이 이곳에서 혹사를 당했을 것은 물론이며, 굴 주변에 살던 수많은 군산 사람의 집이 헐렸을지도 모른다. 『탁류』에서도 둔뱀이 밑으로 굴이 뚫린다는 일제의 계획을 넌지시 꼬집고 있다. 뚫리는 터널 바로 위에 사는 정주사는 "굴을 뚫다가 그놈이 혹시 무너져서 집이 풍당 빠지거나 하는 날이면" 큰일이라고 걱정한다. 무심하게도 조선인을 밀어붙이고 뚫어버린 해망굴은 한국전쟁 시기 북한군 지휘소로 사용되었고, 요즘은 군산 시민에게 한여름 뙤약볕을 피하는 피난처가 되었다. 해망굴을 통과해 월명공원으로 올라가니 낮은 산임에도 멀리 시원한 풍경이 보였다. 금란도 밖으로 서천 땅이 섬처럼 웅크리고 있었다. 공원 바로 아래에는 '제비집 같은 오막살이집들

이 달라붙은 정주사가 사는 둔뱀이 마을'마냥 여전히 작은 주택들
이 다닥다닥 밀집해 있었다. 다시 멀리 보니, 금강갑문을 어렵사리
통과한 강물이 금란도에서 바다와 섞이고 있었다. 제 몸을 갯벌에
부딪히고 더럽히고 뒤집혀도 부끄럼 없이 유유히 흘러갔다. 탁류가
된 너는 도대체 금강인가, 서해인가. 군산의 탁류는 내게 한마디
응답도 없이, 그저 멀리멀리 흘러만 가고 있었다.

군산 영화동에 있는 사가와 가옥이다. 일제강점기에 전당포로 사용되었던 이 건물은 한
국 사람이 개조하여 살고 있다.

12

높고 푸른 이상을
꿈꾸는 곳

: 수원 화성

✦ 이상도시의 숨결, 수원 화성

꿈은 젊은이들에게 삶의 희망과 목적을 가져다준다. 꿈꾸는 청춘과 꿈꾸지 않는 청춘은 겉모습부터 다르다. 꿈을 가지고 있는 청춘은 자신의 삶을 능동적으로 가꿔가기에 밝고 희망찬 반면, 꿈이 없는 청춘은 어둡고 우울하며 수동적이다. 하지만 꿈을 꾸는 것과 그것을 이루는 일은 또 다른 문제다. 꿈꾸는 것은 잠을 자면서도, 비몽사몽간에도 할 수 있지만, 꿈을 이루는 것은 일상생활에서의 계획부터 결과까지, 꾸준한 노력과 면밀한 실천을 요구한다.

한편 꿈과 이상은 무엇이 같고, 어떻게 다를까. 내가 생각하기에 꿈은 작고 소박한, 개인적인 희망까지 포함하는 반면 이상은 우리가 생각할 수 있는 완전한 상태를 이른다. 그래서 이상은 곧 가장 완벽하고 바람직한 이상사회를 가리키기도 한다. 자본주의가 꿈틀거리며 일어났던 초창기, 생시몽과 오언 등 공상적 사회주의자들은 이상사회를 꿈꿨던 철학자다. 그러나 모순으로 점철됐던 산업화 시기에 모두들 행복하고 평등한 이상사회는 결코 이뤄지지 않았다. 이에 마르크스는 공상적 사회주의자들을 신랄하게 비판하면서 사회주의 혁명을 통해 생산수단의 사적 소유를 철폐하고, 노동자를 혁명의 주체로 삼는 공산주의 이론을 내놓았다. 하지만 1990년대에 사회주의가 무너지면서 이런 반문이 생겨났다. 모든 사람이 정치적, 경제적으로 평등한 이상사회는 과연 이뤄질 수 있을까. 이상사회는 단지 이론으로만 존재하는 것이 아닐까.

생시몽이 활동했던 18세기 후반, 우리나라에서는 이상도시를 만들기 위한 역점 사업이 벌어졌다. 바로 수원 화성을 건설하기 위한 대역사다. 수원 화성은 조선 후기 정조가 지향했던 꿈과 이상을 실현하기 위해 만든 계획도시였다. 1794년 1월에 착공해 1796년 9월에 완공된 수원 화성(사적 제3호)은 4대문과 성벽, 포루와 장대, 치성과 공심돈 등 조선시대 성곽의 진미를 보여주는 건축물이다. 일제강점기와 한국전쟁 시기에 파괴되고 허물어졌던 이곳은 1970년대부터 대대적으로 복원됐다. 그리하여 선조들의 웅대한 의지가 담겨 있을뿐더러 복원을 위한 숱한 노력이 인정되어 1997년 유네스코 세계유산위원회 총회에서 세계문화유산으로 등록되었다.

수원 화성에는 정조의 이상도시 구현의 뜻과 조력자들의 실천

의지가 담겨 있다. 개인적인 꿈을 넘어 큰 이상을 꿈꾸는 청춘들이 있다면 이곳에 한번쯤 가봐야 할 것이다. 성곽 곳곳에 정조와 그의 조력자들이 꿈꿨던 이상도시의 숨결이 살아 있기 때문이다. 수원 화성을 쭉 둘러보면서 성곽 시설마다의 건축사적 의의를 살펴보는 것도 중요하지만 계획도시의 뿌리인, 정조가 꿈꾼 웅대한 이상도시를 눈에 담고 느껴봐야 할 것이다.

정조가 수원 화성을 꿈꿨던 데에는 억울하게 죽은 장헌세자(사도세자)에 대한 효심이 작용했다. 장헌세자의 무덤은 원래 양주 배봉산(현 서울시 동대문구 전농동에 위치) 자락에 있었다. 정조는 초라하고 볼품없는 부친의 묘를 안타까워했다. 1789년(정조 13) 측근이었던 박명원朴明源의 상소가 발단이 되어 장헌세자의 묘를 수원의 진산鎭山이었던 화산花山 인근으로 이장함에 따라 수원부의 읍치邑治(중심 도시)도 팔달산으로 옮기는 대역사가 시작되었다. 이 대역사는 부친에 대한 효심을 훌쩍 넘어선 것이었다. 정조가 품었던 야심찬 계획, 즉 왕권을 강화시킬 수 있는 새로운 수도의 건설로 나아갔다. 장헌세자를 죽음으로 몰고 갔던 노론 벽파 세력을 약화시키는 동시에 강력한 왕권을 구축하고, 군사적·경제적 개혁을 전면적으로 꾀하기 위한 정조의 의지가 수원 화성의 축조로 모아졌다.

✤ 이상의 실현은 함께하는 것

이상사회의 건설은 결코 혼자서 이룰 수 없다. 작은 꿈조차도 조력자를 필요로 하는 터에, 나라를 개혁하고 이상도시를 건설하는 사업을 어떻게 혼자서 할 수 있겠는가. 아무리 현명한 군주인 정조라 수원 화성은 정조가 지향했던 꿈과 이상을 실현시키기 위해 조성한 계획도시다. 이곳에 세워진 4대문과 성벽, 포루와 장대, 치성과 공심돈 등은 조선 후기 성곽 건축물의 진미를 보여준다.

연무초등학교 건너편에 있는 동암문에서 동북포루를 바라본 전경이다. 언덕을 넘고 방향을 틀어 앞으로 뻗어나가는 성곽의 모습이 장관이다.

해도 예외일 수 없는 법이다. 장헌세자의 아들이었던 그는 즉위 전부터 정치를 장악했던, 다수 세력인 노론으로부터 견제를 받았기에 자신의 뜻을 관철시킬 수 있는 정치적 동지가 필요했다. 장헌세자의 억울한 죽음을 복권하는 차원에서 시작된 현륭원으로의 이장과 수원 화성의 건설은 정국 주도권을 상실할까봐 두려워한 노론 벽파들의 반대에 부딪힐 게 불 보듯 뻔한 일이었다.

화성 행궁 광장에서 동쪽으로 매향교를 건너면 수원 화성박물관이 나온다. 정조의 이상도시 구현과 수원 화성의 건설 과정을 보여주고자 2008년에 건립된 이 박물관은 크게 화성축성실과 화성문화실로 구성되어 있다. 화성문화실에서는 인자하고도 기품 넘치는 한 노인의 초상화를 볼 수 있다. 분홍색 단령을 입은 채, 화문석에 앉아 지긋이 세상을 바라보는 포즈다. 바로 정조대에 영의정을 지냈던 번암 채제공蔡濟恭 초상(보물 제1477호)이다. 정조의 어진을 그린 뒤에 어명을 받은 이명기李命基가 72세의 채제공을 그린 이 작품은 조선시대 초상화의 진가를 보여준다. 눈썹과 수염, 그리고 머리카락이 한 올 한 올 자세히 묘사된 것은 물론 그의 눈에서는 사시의 기운까지 포착돼 사실적 초상화의 아우라가 발산하는 그림이다. 이 보물은 번암 채제공의 후손이 선조의 정신을 시민들에게 널리 알리고자 흔쾌히 기증했다. 완성된 초상 외에도 인물을 그리는 과정을 보여주는 초본들까지 함께 기증되어 더욱 값지다.

번암 초상 앞에 선 나는 정조 시절로 온 듯해 저절로 고개가 숙여졌다. 그는 진정 조선의 '의리남'이었다. 채제공은 어린 정조의 교육을 담당했던 스승으로서 임오화변壬午禍變(세자가 뒤주에 갇혀 죽은 사건) 때에도 죽음을 무릅쓰고 장헌세자 편에 섰다. 영조는

「채제공 초상」, 비단에 채색, 120×79.8cm, 보물 제 1477호, 1792, 수원시. 정조는 채제공을 화성 유수부의 초대 유수로 임명했으며, 다시 화성 건설을 총괄하는 화성성역총리 대신으로 임명했다.

일찍이 채제공을 "진실로 사심이 없는 나의 신하이고, 세손의 충신이다"라고 말할 정도로 신임했다. 정조 즉위 후 채제공과 정조의 사이가 물과 물고기의 관계로 일컬어지기도 했으니 그는 삼대에 걸쳐 도리를 다하고 의리를 지킨 셈이다. 정조에게 있어 채제공은 억울하게 죽은 부친의 자리를 채워주는 멘토이자 노론 일색의 조정에서 자신의 뜻을 이룰 수 있도록 도와줄 정치적 협력자였다.

정조가 수원 화성을 건설하고 이상사회를 펼치는 적임자로 채제공을 낙점한 것은 당연했다. 장헌세자의 묘를 이장할 때에도 채제공이 직접 현장을 답사해 화산 아래가 명당임을 확인해주었고, 팔달산 일대에 수원 신도시를 건설하는 대역사의 밑그림도 채제공이 그려주었다. 1793년(정조 17) 새해를 맞아 수원 도호부로 행차한 정조는 이 자리에서 수원을 화성 유수부로 승격시키고 채제공을 초대 유수로 임명했다. 정승이었던 그를 초대 지방관으로 임명한 것은 왕권 강화를 향한 친위 도시의 기반을 확립하고, 신도시 조성의 역점 사업에 힘을 실어주기 위해서였다. 화성 축성이 본격적으로 궤도에 오를 무렵 정조는 다시 채제공을 화성성역총리대신으로 임명했다. 화성성역총리대신은 화성 건설을 총괄하는 대표자로서, 화성을 건설하는 모든 일을 일차적으로 채제공이 결정했다고 해도 과언이 아니다.

채제공이 화성 건설 때 세운 세 가지 원칙은 "서두르지 말 것, 화려하게 하지 말 것, 기초를 단단히 쌓을 것"이었다고 한다. 이 원칙들이야말로 여전히 대규모 토목공사를 빨리빨리 해치우려는 우리에게 경종을 울리는 규범이 아닐 수 없다. 한편 채제공은 발로 뛰고 현장을 중시하는 실천형 인물이었다. 화성 유수로 임명된 이후부터 수원으로 이주해온 채제공은 화성 축성 때에도 현지에 머물면서 사람들을 독려했다. 정조는 채제공이 머무는 정자에 '채로정采露亭'이라는 이름을 지어주기도 하고, 팔달산 정상의 화성장대를 건립할 때는 채제공에게 상량문을 짓게 했다. 이 일화들은 화성 축성에 있어 채제공의 공로가 얼마나 크고, 그에 대한 신뢰가 얼마나 높았는지를 보여준다.

수원 화성박물관 뒷마당에 나와 보면 거중기舉重機, 녹로轆轤, 유형거遊衡車가 금방이라도 무거운 돌을 들고 운반할 듯한 태세로 서 있다. 이 기자재들은 『화성성역의궤』에 실린 도면을 기준으로 만든 모형물이다. 현대의 건설토목 중장비인 굴착기, 지게차, 덤프트럭과 같이 이것들은 화성 축성 시에 사용된 조선시대의 중장비다.

『화성성역의궤』에 실린 「거중기전도」와 「녹로전도」.

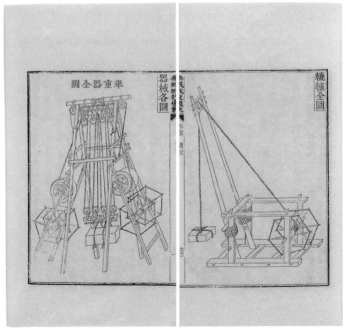

화성 축성 때에는 당대의 공학 지식과 신기술을 총동원해 새로운 기자재를 제작하여 사용했다. 잘 알려져 있듯이, 이를 고안한 인물은 위대한 실학자 다산 정약용이다.

1792년(정조 16) 정조는 홍문관에서 일하는 정약용을 불러 수원 화성의 축성을 위한 방법을 연구하도록 했다. 서른한 살의 나이에 불과한 정약용에게 중책을 맡긴 데에는 그만큼 정조의 신뢰가 컸다. 정조는 원행 시 강을 건너기 위해 사용하는 주교舟橋(배를 엮어 만든 다리)를 만들면서 정약용의 능력을 검증해본 적이 있었다. 정약용은 경서에 밝을 뿐 아니라 과학 기술에도 박식하고, 치밀한 연구 능력의 소유자임을 검증받았다.

어명을 받은 정약용은 처음에 「성설城說」이라는 원론적인 보고서를 냈다. 그런데 정조가 『기기도설奇器圖說』과 같은 책을 주며 기중법起重法 등을 강구하도록 하자 정약용은 이어서 「옹성도설甕城圖說」「포루도설鋪樓圖說」「기중도설起重圖說」과 같이 상세한 도면이 실린, 실행 가능한 보고서를 만들었다. 정조가 기중법을 모색하도록 한 것은 화성 축성 때 무거운 돌을 들고 나르는 일이 난제였기 때문이다. 이에 정약용은 여러 선행 자료를 검토한 후 도르래와 얼레를 결합시켜 무거운 돌을 매달아 드는 거중기와 녹로를, 그리고 비탈길에서도 운반이 가능한 유형거를 고안했다. 정약용은 정조의 기대를 저버리지 않고 성과를 냈다. 성역城役을 마친 뒤 정조는 이렇게 말했다. "다행히 기중가起重架를 써서 돈 4만 냥의 비용을 줄였다."

꿈꾸는 이상은 그저 이상일 뿐이다. 아니 실현할 수 없는 이상은 환상에 불과하다. 머리에 품은 이상은 하늘처럼 높더라도 이를 이루기 위해 뛰는 발은 땅을 디뎌야 하는 법이다. 정조의 이상도시인 화성을 건립하기 위해서는 이상의 실현을 가능케 해주는 구체적인 지식과 적극적인 실천력을 지닌 조력자가 필요했다. 이상은 함께할 때만이 실현되는 법이다. 수원 화성의 축성을 맡아 정치적·경제적으로 추진한 이가 채제공이요, 계획과 설계를 통해 현실적으로 가능하게 해준 이는 정약용이었다. 채제공과 정약용, 그리고 '화성성역감동당상'으로 축성 감독을 맡았던 조심태趙心泰가 없었다면 정조의 이상은 언감생심이었을지도 모른다.

✤ 이로움을 말미암고 형세를 이용하라

수원 화성 답사는 장안문이나 팔달문에서 출발해 성곽을 따라 한 바퀴 도는 코스다. 이를테면 북문인 장안문에서 동쪽 방향으로 도는 길이나 남문인 팔달문에서 서쪽 방향으로 도는 길을 택하면 된다. 팔달문에서 답사를 시작하면 팔달산의 오르막길을 바로 걷게 되므로 처음부터 숨이 차오른다는 점을 염두에 둬야 한다. 보물 제402호로 지정된 팔달문이 상징적인 대문인데, 실은 수원 화성의 4대문 가운데 정문은 장안문이었다. 장안문은 안타깝게도 한국전쟁 때 폭격을 맞아 문루가 완전히 소실되어 1970년대에 복원공사 사업을 통해 다시 세웠다.

수원 화성의 관문은 4개의 대문(팔달문, 장안문, 화서문, 창룡문)과 2개의 수문, 그리고 5개의 암문으로 구성되어 있다. 장안문과 창룡문은 소실된 문루를 완전히 복원했으며, 다행히 재해를 견뎌낸 팔달문과 화서문(보물 제403호) 또한 오래된 탓에 보수 공사를 치렀다. 복원 공사를 거쳤다고 해서 고유한 멋이 완전히 사라졌다고 생각하면 오해다. 여느 문화유산과는 달리 수원 화성은 화성의 축성 과정과 도면, 공사를 담당했던 관리와 치렀던 의식 등이 꼼꼼히 기록된 『화성성역의궤』가 존재하므로 원형에 좀더 가깝게 복원될 수 있었다.

『화성성역의궤』는 1796년(정조 20) 정조의 지시로 편찬된 화성 성역의 백서다. 이 기록물 자체가 위대한 문화유산이기에 세계기록유산으로 등재되어 있다. 정조는 조심태에게 "옛사람들은 작은 다리 하나를 놓더라도 그 사실을 돌에 새겨놓고 있는데, 하물며 이번 성역에 있어서랴"라고 했다. 화성 축성은 국가적 대역사이므로 자세히 기록으로 남길 것을 명했던 것이다. 이 책은 정조의 지대한 관심이 반영되어 널리 반포하기 위한 목적으로 활자로 인쇄되었다.

비가 추적추적 내리는 초여름에 나는 팔달문에서 수원 화성 답사를 시작했다. 예전에 팔달문 근처로 몇 번 와본 기억이 이곳으로 나를 불러들인 것이다. 팔달문 주변은 '사통팔달四通八達'이라는 지리적 이점이 무색하게 좁은 원형도로에 차가 몰려들어 심각한 정체 구간이 되었다. 이곳은 팔달문 시장과 상가가 밀집되어 있는 터라 비 오는 날인데도 사람들로 북적거렸다. 정조는 수원 화성의 역사를 시작하면서 상업 육성을 위한 여러 방안도 마련했다. 자급자족을 위해서는 상업이 발달해야 하는데, 건설되지 않은 신도시에 상인들이 있을 리 만무했다. 그래서 장사를 할 수 있는 밑천까지 주면서 상인들을 불러 모았다. 비록 예전의 그 시장은 아니더라도 이곳은 수원 읍치에 상업을 강화하려던 정조의 정책을 떠올려

墩基

八達門

墩基

「화성도」에 그려진 팔달문, 종이에 채색, 165.3×443.9cm, 19세기 후반, 국립중앙박물관.

「화성도」에 그려진 화서문 일대.

주었다.

　얼마 전 팔달문은 전체를 해체해 보수 공사를 새로 시행했다. 큰 수술을 받은 터라 오래된 빛깔의 그윽한 멋은 퇴색되었어도 『화성성역의궤』에 수록된 형태와는 더 가까워졌다. 조선시대에 특별한 건물에만 사용되는 우진각 지붕에 다포식 공포를 갖춘 문루, 그리고 어느 대문에도 뒤지지 않는 최대 규모에서 화성에 대한 정조의 각별한 의지가 엿보였다. 팔달문은 한양도성의 숭례문보다 더욱 단단하고 훨씬 더 세련된 대문이다. 문루 앞에는 옹성을 쌓은 뒤 이 위에도 별도의 문루를 두었다. 지금은 훼손되어 사라졌지만 원래는 문 양쪽에 마치 치성처럼 앞으로 튀어나온 성벽에 적을 감시하고 공격하는 적대敵臺를 설치했었다. 팔달문 옹성은 석재로 쌓은 흥인지문의 것과 달리 일정한 크기의 전돌(검은색 벽돌)로 착착 올린 형태다. 중국에 다녀온 뒤 새로운 문물의 수용을 주장한 실학파는 건축물에도 벽돌을 사용할 것을 주장했다. 실학파의 견해에 영향을 받아 수원 화성의 각종 시설을 전돌로 쌓았는데, 벽돌로 지은 건축물은 그 모습이 장대하면서도 수려하다.

　팔달문 관광 안내소에서 성벽을 따라 조금만 올라가면 팔달구의 도심이 눈에 한가득 들어온다. 이 일원은 경기도의 중심지로서 경기도 도청도 팔달산 서쪽에 인접해 있다. 복잡한 시가지에서 눈을 떼 성곽으로 돌려보면 조선시대 일반 성곽과 뭔가 다른 점이 발견된다. 성가퀴는 큰 차이가 없는데, 성곽 중간중간에 설치한 부속 시설, 즉 치성雉城과 포루砲樓, 암문暗門 등이 유달리 많다는 점이다. 성곽의 높이도 약간 낮아진 것 같다. 조선 후기는 세계적으로 화포 전투가 증가하는 시기로, 상대적으로 활과 창 등 재래식 무기의 중요성은 줄어들었다. 성을 높이 쌓으면 오히려 강력한 화포의 표적이 될 수 있기에 높은 성곽보다는 적의 동태를 살피고, 여러 곳에서 화기를 쏠 수 있는 공간이 필요했다.

수원 화성의 성곽 길을 걷다보면 우리 땅의 고유한 형세를 살린 실용성이 엿보인다. 중국의 성곽 제도를 참조하여 조선의 사정에 맞게 변화를 꾀한 것이다. 정조는 화성 축성 때 채제공에게 이런 말로 환기를 시켰다. "눈에 보이는 외관을 신경 쓰지 말고, 되도록 이로움을 말미암고 형세를 이용하는 방책을 따르자"고. 그렇다. 적을 방어하고 공격하는 목적을 지닌 성곽에서는 외관보다 중요한 것이 형세를 이용한 이로움이요, 바로 그것이 실용성이 아니던가. 수원 화성의 성곽 길에서 이상도시를 건설하려면 우리나라 현실에

1971년에 새로 지은 서장대로 팔달산 정산에 위치해 있다. 정조는 수원 화성 일대를 바라볼 수 있도록 서장대와 동장대 등 두 곳을 설치했다.

「화성도」에 그려진 서장대.

발맞춘 실용성이 뒤따라야 한다는 점을 되새기게 된다.

서장대에서 화홍문까지 여러 성곽 시설을 하나씩 보면서 오르는 수원 화성의 성곽 길은 힘들어도 흥미롭다. 성벽을 보호하고 적을 공격하기 위해 튀어나온 치성, 화포를 쏠 수 있는 포루, 적군이 알아채지 못하는 후미진 곳에 세운 출입문인 암문. 망을 보고 대기하는 장소인 포루 등을 살피다보면 지루함을 느낄 새 없이 어느새 팔달산 정상에 있는 서장대에 다다른다.

팔달산 정상에 올라 수원 시내의 풍경을 바라보는 것은 수원 사람들만이 만끽하는 즐거움이다. 수원 지역은 대부분 평지이기 때문에 팔달산 정상에서 굽어보는 재미가 남다르다. 수원 화성은 서쪽의 팔달산 기슭을 제외하고는 너른 들판에 세워진 평지성이다. 조선 중기까지 읍성과 산성은 이원적 구조를 지녔다. 쉽게 말해, 평상시에는 평지의 읍성에서 살다가 전쟁이 나면 읍성을 버리고 산성으로 들어가 전쟁을 치르는 구조였다. 하지만 조선 후기로 올수록 인구 증가와 도시 발달로 인해 더 이상 읍성을 포기할 수 없었다. 그리하여 종래의 이원적 성곽 정책을 지양하고 전투 시설들을 강화한 평지성을 세웠으니, 이런 대전환의 물줄기가 수원 화성으로 결집된 것이다.

1971년 복원 공사를 거쳐 완성된 서장대는 마치 매가 먹잇감을 보고 날갯짓을 하면서 날아오르는 듯한 위용이다. 2층 누각인 서장대는 위층에 비해 아래층이 크고 힘찬 구조로 지어졌다. 아래가 과장된 형태로 인해 오히려 튼튼하고 안정된 느낌을 주며, 양끝으로 올라간 지붕 기와의 선이 용감하고 늠름한 무장의 기세를 뿜어낸다. 장대는 수원 화성의 일대를 한눈에 바라보면서 이곳에 주둔했던 장용외영 군사들을 지휘하는 지휘소였다. 수원 화성에는 서장대와 동장대 등 두 개의 장대가 있는데, 팔달산 정상에 있는 서장대는 '화성장대華城將臺'라 했다. 화성장대는 어느 곳보다 정조의 기운이 전해지는 곳이다. 정조는 친히 화성장대의 편액을 썼을 뿐만 아니라 1795년(정조 19) 현륭원 참배를 마치고 이곳에서 직접 훈련을 지휘하기도 했다.

나도 정조의 기개를 품고 화성장대에 올랐다. 화성 행궁과 종로 일대를 비롯해, 성곽들을 태운 산줄기가 북쪽에서 다시 서쪽으로 뻗어나가고 있었다. 수원 화성의 성곽 둘레는 약 5.7킬로미터에 달한다. 1794년 1월부터 시작해 2년 9개월에 걸친 수원 화성의 대역사에는 전문 장인들만 무려 1820명이 동원되었고, 18만7600개의 석재와 69만5000개의 벽돌이 사용되었으며, 87만 냥의 건설비용이 들었다. 이런 조선 최고의 역사를 시행하기 위해 채제공이 겪은 마음의 고생은 이루 말할 수 없었다. 정조가 "화성의 공역은 민심을 기쁘게 하고, 민력을 수고롭게 하지 않는 데 힘써야 한다. 혹여 한 가지라도 백성을 병들게 한다면 성과를 거두더라도 내 본뜻이 아니다"라고 명을 내렸기 때문이다. 하지만 천문학적 재원과 노동력을 확보하는 데 어찌 백성을 수고롭게 하지 않을 수 있겠는가.

정조의 거대한 이상 앞에서 채제공의 현실적 고심이 떠오르는 것은 이상과 현실이 괴리될 수 있기 때문이다. 청춘 시절, 이상사회를 꿈꾸었던 나는 사회적 모순이 사라지고 평등과 자유가 보장된 공동체에 관해 고민했다. 나뿐 아니라 1980년대에 대학을 다녔던 청춘들은 한번쯤 고심했던 문제다. 이론적으로 완벽한 공동체

사회라 해도 현실과 괴리된다면 그것은 진정한 이상이 아니기에 이를 극복할 만한 실천적 대안이 필요했다. 하지만 수원 화성을 빼곡히 감싸버린 현대의 도심처럼 세상은 상전벽해다. 20여 년의 세월이 흘러 현실의 때가 묻어버리고 눈앞의 일에만 매몰된 나에게는 이제 벅찬 이상들이 필요해졌다. 지금은 팔달산 정상에 서서 현실적인 문제와 개인적인 욕심을 버리고, 공동체가 지향해야 할 푸른 이상을 되새겨볼 때다.

청춘 시절로 돌아가 높고 푸른 이상을 안고 한달음에 서포루와 서북각루까지 내려왔다. 서북각루에서 화서문으로 내려오는 내리막길은 수원 화성의 아름다운 성곽 라인을 확인할 수 있는 길이다. 이곳에서는 우리 옷을 입은 여성들의 아름다운 자태처럼 수줍은 듯 감싸면서도 때로는 당차게 뻗는 성곽의 고유한 면모에 감탄사가 나온다. 사뿐사뿐 밑으로 내려가는 성가퀴와 화서문을 둥글게 감싸는 옹성, 그 옆으로 뻗어나가 높게 솟은 서북공심돈(보물 제1710호)의 성곽 라인이 함께 어우러진 이곳에서는 보리굴비를 두름으로 선물받은 그런 기분이 든다.

놓치면 정말 아쉬운 이 성곽 길의 끝자락에서 서북공심돈을 특히 주의 깊게 봐야 한다. 우리나라에서는 이런 공심돈을 수원 화성에서만 볼 수 있다. 사면을 모두 높은 성벽으로 두르고 안을 비운 공심돈은 적의 동향을 감시하거나 공격하는 곳이다. 원래 망루의 기능을 하는 돈墩은 성벽에서 떨어진 곳에 세우는 게 일반적이나 적군의 눈에 띄어 화포의 공격을 받을 우려가 커지자 이렇게 성곽에 붙여 만든 것이다. 3층 건물인 공심돈은 아래층을 돌로, 2층과 3층은 전돌로 쌓은 뒤 낮은 누각을 세웠다. 내부에서는 계서북공심돈, 보물 제1710호. 공심돈은 적의 동향을 감시하거나 적을 공격하는 곳이다. 서북공심돈은 아래층을 돌로, 2층과 3층은 전돌을 쌓아 만들었다.

단을 이용해 움직였다. 이 공심돈을 만들고는 정조가 매우 흡족해 하면서 "우리나라에서 처음으로 만든 것이니 마음껏 구경하라"며 자랑했다고 한다.

수원 화성에서 가장 아름다운 경관을 자랑하는 곳은 화홍문과 동북각루(보물 제1709호) 일원이다. 동북각루는 '방화수류정訪花隨柳亭'이라는 이름으로 더 잘 알려져 있다. 이는 '꽃을 쫓고 버드나무를 따라간다'는 뜻이다. 동북각루는 적을 감시하는 군사용 누각이었지만 뛰어난 경관으로 인해 수원 사람들의 발길이 이어지는 관광 명소가 되었다. 사방을 볼 수 있는 'ㄱ'자 구조와 불규칙적으로 돌출된 지붕을 가진 동북각루는 성곽 건축물의 독특한 아름다움을 지녔다. 성벽 아래에는 '용연龍淵'이라는 연못이 아름다운 자태까지 뽐내고 있어, 과연 '군사 시설인가' 하고 의문이 들 만큼 멋진 경관을 연출한다. 동북각루 서쪽에 있는 화홍문은 수원 화성의 북쪽 수문이다. 화홍문에서 보여주는 장관을 '홍저소련虹渚素練'이라 했다. 화홍문 아래 7개의 수문을 통해 나오는 물보라가 비단을 펼친 듯한 경관이라는 뜻이다. 물이 흐르는 수문은 관광 명소이기에 앞서 백성에게는 유익한 생활공간이었다. 수원 사람들은 이 수문에서 흘러나오는 물로 빨래를 했다. 1970년대 화성복원사업 이전에는 이곳에 넓은 천변이 조성되어 있었으며, 깨끗이 빤 광목을 여기저기 펼쳐놓은 모습이 인상적인 곳이었다.

✤ 이루지 못한 꿈도 아름답다

정조는 재위 기간 중 열두 번에 걸쳐 장헌세자의 묘소를 찾아 참

화홍문(위)과 동북각루(아래)다. 이 일대는 수원 화성에서 가장 아름다운 경관을 자랑한다.

배를 했다. 그중에 1795년(정조 19)의 원행園幸은 각별한 의미를 지녔다. 아버지 장헌세자와 어머니 혜경궁 홍씨는 1735년생 동갑이다. 그러니 1795년은 혜경궁 홍씨가 주갑周甲(환갑)을 맞는 해이자, 장헌세자도 살아 있었다면 역시 환갑이 되는 해였다. 더욱이 정조가 임금으로 즉위한 지 20년이 되던 때이며 현륭원 인근에 건립한 수원 화성이 윤곽을 드러낼 시기였다. 이상도시를 구현하는 중간 지점에서 자신의 의지를 대내외에 천명할 필요가 있었다.

기념비적인 해를 맞아 정조와 혜경궁 홍씨의 수원 화성으로의 행차는 윤2월 9일부터 16일까지 8일간에 걸쳐 이뤄졌다. 『을묘원행정리의궤』와 「화성능행도병」은 당시의 모습을 기록한 문화유산으로서 정조의 이상을 헤아려볼 수 있다. 금속활자인 정리자整理字로 찍은 『을묘원행정리의궤』는 원행園幸의 시작부터 끝까지 모든 내용과 절차를 세세히 적은 기록물이다. 이 책에는 회화적으로 가치가 높은 「원행반차도園幸班次圖」를 비롯해 귀중한 목판화들이 실려 있다. 청계천 복원 공사 때 길이 194미터에 이르는 도자벽화를 벽면

에 장식해서 화제가 된 적이 있는데, 이 그림이 바로 「원행반차도」
다. 1779명의 인원과 779필의 말이 등장하는 이 행렬 그림은 조선
왕조의 장엄한 질서와 의식을 보여주면서도 딱딱하거나 도식적이
지 않다. 당대 최고의 화가였던 김홍도의 화풍으로 그려서인지 풍
속화적 분위기가 물씬 풍기면서도 인물들이 착용한 각기 다른 복
식과 기구들을 살펴보는 재미가 기대 이상이다.

「화성능행도병」(보물 제1430호)은 조선시대 궁중행사도 중 백
미로 꼽히는 작품이다. 이것은 당시의 주요 행사를 8폭의 그림으
로 그린 뒤 병풍으로 제작한 것이다. '수원행행도'로도 부른다. 왕
실의 화성 능행을 세밀하게 그린 이 기록화에서는 정조의 꿈이 구
체적으로 실현되는 과정을 볼 수 있다. 화성의 관아 건물에서 열
린 혜경궁 홍씨의 환갑잔치를 그린 '봉수당진찬도'부터 노량진에 설
치한 배다리를 통해 한강을 건너 환어하는 장면을 그린 '한강주교
환어도'까지 그러하며, 사진보다 더 생생한 현실감을 준다. 보는 이
로 하여금 물리적 시간을 뛰어넘어 정조의 화성 능행을 곁에서 지

3부 청춘을 위한 문화유산

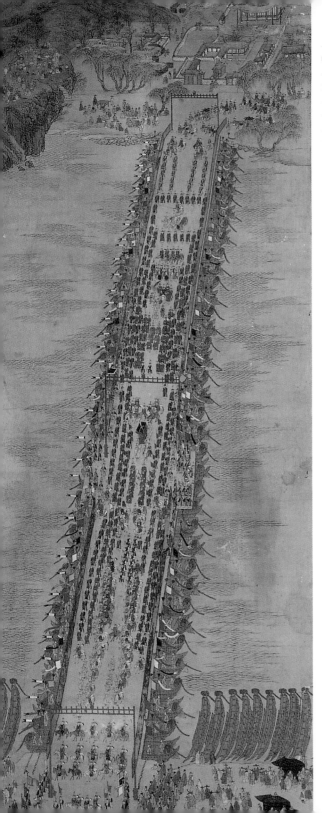

「화성행행도 병풍」중 '한강 주교환어도', 비단에 채색, 각 147.0×62.3cm, 1795년 경, 보물 제1430호, 삼성미술관 리움. 노량진에 설치된 배다리 위로 한강을 건너서 환어하는 장면을 그린 것이다.

「화성행행도 병풍」 중 '봉수당진찬도'. 혜경궁 홍씨의 환갑잔치 장면을 그린 것이다. 이것은 화성 능행에서 가장 중요한 행사였다.

「화성행행도 병풍」 중 '서장대야조도'. 서장대에서 〈계경린곡가〉 훈련 장면을 그린 것이다. 정조는 현륭원 참배를 마치고 돌아와서 야간 군사훈련에 직접 참석했다.

켜보는 백성의 마음이 되게 한다. 비록 궁중행사도의 관례에 따라 정조의 용안을 그리지는 않았지만 행사를 바라보며 흡족해했을 임금의 마음이 그대로 전달된다.

서장대에서 야간에 개최한 군사 훈련 장면을 그린 '서장대야조도'에서 정조가 수원 화성에 걸었던 야심찬 이상을 본다. 정조는 왕권 강화를 목적으로 한 장용영의 외영을 화성에 두어 5000여 명의 군사를 주둔시켰다. 화성 원행 시에 이 친위부대를 직접 훈련시켰는데, 이때 4000명에 달하는 군사가 참가했다. 서장대와 팔달산 주위를 몇 겹으로 감싸며 도열한 군사들의 모습도 장관일 뿐 아니라 성곽 길을 따라 놓인 횃불이 줄을 이어 활활 타오르는 야경도 절정이다. 옹성 일부는 완성되지 않았지만 수원 화성과 화성 행궁 시설이 대부분 그려져 있어 이상도시에 대한 꿈이 막바지 단계로 향하고 있음을 보여준다. 서장대에 앉아 자신의 명령을 기다리는 수천 명의 군사와 화려하게 밤을 밝히고 있는 수원 화성의 위용을 바라보는 정조는 자신이 그렇게도 꿈꿔온 이상이 얼마 남지 않았음을 기뻐했으리라.

그러나 이상에 도달하는 길은 멀고도 험난하다. 얼마나 많은 역사 속 영웅이 이상을 이루지 못한 채 중도에 죽거나 포기했던가. 원행을 성공리에 마치고 궁궐로 돌아간 정조는 5년 후 갑자기 서거했다. 정조가 노론 벽파에게 최후통첩을 한 뒤에 맞은 급서急逝라 그의 석연치 않은 죽음을 놓고 갖은 추측이 난무했다. 정조는 수원 화성을 건설하고 최종적으로 수도를 옮기는 천도遷都를 생각했다. 조선 사회의 뼛속까지 잠식했던 노론 세력을 약화시키려면 화성으로 수도를 옮겨 신진 세력을 키우는 것 외에 달리 방법이 없었다. 하지만 정조의 노림수를 꿰뚫고 있던 노론 세력은 토지와 노비 제도의 개혁이나 화성으로의 천도에 쌍수를 들고 반대했다. 정조의 이상도시 건설로 인해 절체절명의 위기에 빠진 노론 세력으로서는 마지막 승부수를 던질 수밖에 없는 순간이었다.

정조가 승하함으로써 그의 이상은 미완으로 그쳤지만 그가 꿈꿨던 이상이 완전히 사라지는 것은 아니다. 우리는 미완의 이상이 살아 있는 수원 화성을 답사하면서 정조의 이루진 못한 꿈을 다시한번 되새기곤 한다. 이상도시인 수원 화성을 건립해 여민동락與民同樂과 위민정치爲民政治를 펼치려 했던 정조의 꿈은 200년이 지난 지금도 여전히 푸르고 아름답다.

13

녹두장군의
타는 눈빛

: 정읍의
  동학농민혁명유적

✥ 치열한 삶을 살았는가

내가 대학에 입학해서 처음 본 연극은 「갑오세 가보세」였던 것으로 기억한다. 고등학교 때부터 풍물이나 탈춤을 좋아했기에 신입생 오리엔테이션이 끝나자마자 무작정 탈반 동아리에 들어갔다. 여기에 입단한 지 얼마 안 돼 선배들의 호출을 받고 한 대학가의 소극장을 찾아가서 본 연극이 바로 「갑오세 가보세」였다. 당시 문화운동을 주름잡았던 서울의 탈패들은 탈춤의 전승보다는 마당극 구현에 열을 올렸다. 그래서인지 대학로에서 공연하는 마당극을 자주 보러 다녔다. 그날은 경황이 없었기에 잘 몰랐는데, 나중에 알고 보니 민족극 형식을 띤 이 연극은 제1회 민족극 한마당에 출품되어 우수한 평가를 받은 작품이었다.

1980년대 후반 대학 신입생들은 『철학의 기초이론』과 『철학 에 세이』 등의 불온한(?) 서적을 접했다. 이 책을 두고 선배들과 토론하고, 엄혹한 세상을 알아나가면서 껍데기가 깨지는 아픔을 느꼈다. 그런데 이상하게도 나는 이런 사회과학 서적들이 대수롭지 않게 여겨졌다. 오히려 이런 민족극을 보면서 문화 충격을 강하게 받았던 것 같다. 연기와 대사 일색의 연극을 떠올렸던 나는 풍물과 민요, 역동적인 춤과 꼭두각시놀음까지 곁들인 민족극의 다채로움에 놀랐다.

세계사적으로 피를 불렀던 혁명이 세월이 흘러 문화와 예술의 소재가 된다는 사실은 놀랄 만한 일이 아니다. 일제강점기부터 동학농민혁명은 시와 소설 등 문학작품의 소재가 되었다. 더욱이 1960년대에 이르러서는 부쩍 주목을 받았다. 권력을 움켜쥔 군사 정권은 그동안 비하되었던 '동학란'을 당당히 '동학혁명'으로 부르면서 자신들의 정당성을 여기서 찾았다. 민주 세력도 4·19혁명을 통해 변혁의 기운을 감지하면서 그 원천을 동학농민혁명에서 파고들었다.

'껍데기는 가라'고 외쳤던 신동엽 시인은 녹두장군 전봉준을 주인공으로 등장시켜 장편 대서사시인 「금강」을 썼다. 곧 황동규 시인도 「삼남三南에 내리는 눈」을 발표해 전봉준을 노래했다. "봉준琫準이가 운다, 무식하게 무식하게 일자무식하게, 아 한문만 알았던들" 하면서 문을 여는 이 시는 자칫 영웅으로 멀어지는 전봉준을 우리 곁으로 불러들인다. 한문을 가르치는 훈장이었던 전봉준을 '무식하게 일자무식하게'로 수식했던 이유는 무엇일까. 도탄에 빠진 백성을 구하고자 자신의 목숨을 내놓고 싸운 전봉준은 반어 적으로 말해 낫 놓고 기역자도 모르는 무식쟁이가 아닐 수 없다. 부드럽게 우는 법만 알아서 세상에 순종하며 잘 살아가는 범인에 비한다면 말이다.

눈 쌓인 새벽 거리를 처음 걷는 발자국은 선명히 남겨지는 법 이다. 대학생 새내기가 처음 본 「갑오세 가보세」는 뇌리에 박혀 그 잔상이 지금껏 아른거린다. 삼정 문란을 참다못해 '썩을 놈의 세 상'이라 욕하며 주먹을 불끈 쥐고 먼 곳을 응시하는 춘복과 먹쇠. 이들 농투성이의 눈빛은 잊히지가 않는다. 이후로 동학농민혁명을 생각하면 나도 모르게 조선 말기의 무지렁이가 되어 거친 숨을 몰 아쉬게 되었다. 끼리끼리 벌이는 갖은 세미나에서도 동학농민혁명 을 두고 싸움 같은 토론을 벌였던 것 같다. 동학운동인가, 동학혁 명인가, 그것도 아니면 농민전쟁인가. 집강소는 혁명을 위한 농민 자치조직인가, 동학농민혁명은 왜 실패했는가…….

그러던 중 전봉준이 압송되어가는 장면을 찍은 사진을 어디선 가 우연히 보게 되었다. 사진 속 전봉준의 뜨거운 눈빛에 압도되 어 나도 모르게 고개를 돌렸다. 타는 눈빛의 전봉준은 이렇게 말 하고 있었다. "너는 치열한 삶을 살아가고 있는가." 이것은 1980년 대 대학생들이 서로에게 묻는 질문이자 내 대학생활의 화두가 되 었다.

서울로 압송되어 가는 전봉준을 촬영한 사진이다. 그의 '타는 눈빛'은 지금까지도 이 세상에 큰
경종을 울리고 있다.

✤ 정읍, 후천개벽을 믿는 땅

정읍은 노령산맥이 서남쪽으로 뻗어 내려오다가 잠시 멈춰 휴식을 취하는 내장산 서북쪽에 위치해 있다. 동남쪽 지형이 높다보니 하천은 서북쪽으로 흘러 서해로 유입되며 강 일대에는 넓은 평야가 트여 있다. 노령산맥을 가로질러 서쪽으로 온 동진강과 시내를 통과해 북쪽으로 흐르는 정읍천이 만석보 근처에서 만나 서해로 흘러간다. 이에 뒤질세라 남쪽으로 내달리는 고부천도 동진대교 근처에서 동진강과 합세한다. 이렇게 강을 낀 들판은 비옥하고 광활한 동진평야를 조성했으며, 드넓은 김제평야까지 이어졌다. 그리하여 정읍과 김제 일대는 우리나라 최대의 곡창지대가 되었다. 땅이 좁고 산세로 뒤덮인 우리나라에서 정읍과 김제지역처럼 땅끝을 알리는 지평선을 바라보는 것은 크나큰 기쁨이다.

현 정읍은 조선시대의 정읍현과 태인현, 그리고 고부군이 합종연횡하여 만들어졌다. 정읍시 아래에 속한 태인면과 고부면 등은 조선시대 행정구역의 흔적이다. 고부군은 28개의 촌락을 관할하는 큰 땅이었다. 일제강점기에 단행된 행정구역 변경으로 인해 고부가 정읍에 딸리게 되었지만 조선 말기에 고부군은 전주성 다음으로 큰 면적을 갖고 있었다. 고부가 조선을 뒤흔든 반란의 진원지라 여긴 일제는 비정상적인 행정구역 개편을 단행한 듯하다.

19세기 후반 고부에서 선두로 일어난 동학농민혁명은 두고두고 정읍 일대의 지역성을 규정지었다. 그리하여 정읍의 역사를 언급하면 맨 먼저 동학농민혁명이 나오게 되니, 이런 강렬한 민중의 역사로 인해 다른 역사들이 묻히게 될까봐 우려스런 점도 있다. 그런데 우연의 일치일까. 정읍은 동학혁명의 지도자인 전봉준이 활동한 지역이며, 아울러 증산교의 창시자인 강일순이 태어난 곳이자 그의 제자인 차경석이 보천교를 세운 땅이다. 일제강점기에 보천교는 최소 300만 신도를 거느린 신종교로서 급작스런 세력 확장에 놀란 조선총독부의 탄압과 회유를 받기도 했다. 이처럼 정읍에서 신종교가 번창한 이유는 무엇일까. 정확히 알 수는 없어도 정읍의 농민들은 후천개벽의 사상을 믿고 따랐으니 새로운 세상을 향한 열망만큼은 누구보다 강했을 것이다.

정읍에 와서 동학농민혁명 유적 답사를 시작한다면 먼저 전봉준 유적(사적 제293호)부터 가보는 것이 순서다. 이평면 장내리 조소마을에 있는 전봉준 유적을 중심으로 고부관아지, 말목장터, 만석보유지비, 황토현전적지 등 나머지 동학혁명유적이 비슷한 거리에 위치해 있다. 얼마 전까지 문화재 지정 명칭이 '전봉준 선생 고택'이었다가 지금은 '전봉준 유적'으로 바뀌었다. 그런데 조소마을 앞에는 아직도 '전봉준 선생 고택'이라는 안내판이 설치되어 있으며, 사람들은 '전봉준 생가' '전봉준 장군 고택'으로 부르는 등 명칭을 혼용하고 있다. 녹두장군이 어디서 태어났는지는 정확히 밝혀지지 않았다. 이평면 조소리, 덕천면 지목리, 산외면 동곡리 등 정읍 내에서 태어났다는 주장이 있는가 하면, 고창의 죽림리에서 태어났다는 설도 전해진다. 설이 이렇게 분분하자 태어났다는 뜻의 생가는 공식적으로 사용하기 어렵게 됐고, 애초 문화재 명칭이었던 '전봉준 선생 고택'도 선생의 호칭이 맞는가에 대한 논란이 생겨났다. 이런 논란의 와중에 '전봉준 유적'으로 정해진 것 같다. 하지만 문제가 있는 용어를 다 빼서 지나치게 단순화시킨 탓인지 이 이름만으로는 그 성격이 애매모호해지고 말았다.

❖ 녹두장군 집에서 만난 녹두꽃

들녘이 누렇게 타오르고 있는 가을, 녹두장군 고택이 있는 조소마을을 찾았다. 누런 벼들이 고개는 물론 몸까지 뉘인 채로 들판에서 출렁이고 고추와 깨, 호박 등이 군데군데에서 익어가는 조소마을은 여느 농촌 풍경과 다르지 않았다. 그러나 마을 어귀의 주차장만큼은 아주 넓어 수학여행이나 유적 답사를 위한 버스들이 왕래하는 곳임을 추측케 했다. 고택 앞으로 가니 녹두장군이 사용했다는 우물이 있다. 녹두장군의 장녀로 확실시되는 전옥례 여사가 고택 근처의 우물을 기억하는 사실로 보건대 이 우물은 전봉준 일가의 식수로 사용되었으리라. 고부 군수 조병갑을 잡으러 관아로 달려가기 전에 녹두장군은 이 우물에서 물을 길어 잠시 목을 축였는지도 모른다.

전봉준은 1855년 몰락한 시골 양반의 가문에서 태어났다. 부친인 전창혁은 불의를 참지 못하는 성격으로 고부 군수의 탐학을 시정하라는 항의에 앞장섰다가 곤장을 맞고 사망했다. 이런 부친의 슬하에서 자란 전봉준 역시 대쪽 같은 성미의 소유자였을 것이다. 전봉준 유적은 큰방과 윗방, 부엌이 일직선으로 연결된 작은 집이었으며, 마당 앞에는 측간과 일부 창고로 쓰였을 작은 별채가 있었다. 녹두장군은 이 집에서 논 몇 마지기를 일구며 살았고, 아이들을 가르치는 훈장 노릇도 했다. 체포된 후 심문을 받을 때 그는 '공부하는 것으로써 업을 삼고 논은 세 마지기에 불과하며 아침에는 밥 먹고 저녁에는 죽 먹는 처지로 가렴주구당할 물건도 없었다'고 증언했다. 몰락 양반의 처지는 가난한 농사꾼과 다를 바 없었던 것이다.

정읍시 이평면 장내리 조소마을에 있는 전봉준 고택의 내부 모습이다. 방 안의 벽에도 녹두장
군의 사진이 걸려 있다.

조심스럽게 방문을 열어 보니 탁자와 경상 등 목가구 몇 점
이 놓여 있었고, 벽에는 전봉준의 사진이 걸려 있었다. 타는 눈빛
의 전봉준, 바로 그 사진이었다. 그런데 아무도 없는 이 고택에 홀
로 걸린 사진 속 전봉준은 왠지 서글퍼 보였다. 그는 혁명을 마치
고 다시 이 집으로 돌아올 요령이었다. 일본영사관에서 조사를 받
을 때도 '일본병을 몰아내고 군왕 곁을 깨끗이 한 뒤 우리 자신들
은 바로 시골로 돌아가 상직常職인 농업에 종사할 생각이었다'고 진
술했다. 돌아오지 못한 전봉준을 생각하니 비애의 바람이 누런 들
판을 타고 몰려왔다. 군사독재 정권 시절 첫새벽 뒷골목에서 '타
는 목마름'으로 민주주의를 절규했던 김지하 시인의 「녹두꽃」이 딱
녹두장군의 그 심정이다. 감옥에 갇힌 뒤에 처형된 녹두꽃은 다시
꽃피지 못하고 그 자리에서 타 사라지지 않았던가.

빈손 가득히 움켜쥔
햇살에 살아
벽에도 쇠창살에도
노을로 붉게 살아
타네
불타네

김지하의 시 「타는 목마름으로」와 마찬가지로 「녹두꽃」도 대학
가의 운동가요로 불렸다. 우리 동아리의 한 여자 선배는 술에 취
하면 이 노래를 가냘픈 목소리로 불렀다. 서정적이면서도 강렬한
시어, 그리고 창살 사이로 비치는 햇살처럼 다가오는 멜로디……

이 노래를 듣노라면 어느새 창살에 갇힌 채 고향 땅을 그리는 전봉준이 되어 공연히 코끝이 찡해졌다. 하지만 이런 감상적 슬픔은 타는 눈빛의 녹두장군 앞에서 허영이고 사치일지 모른다. 그의 인생 후반기인 1890년에서 1895년까지는 하루하루가 치열한 일상이자 혁명적 삶이었다. 가족이 흩어지는 슬픔도, 죽음과 실패에 대한 두려움도 느낄 수 없었다.

평생 농사꾼으로 살아가리라 마음먹던 그가 세상의 모순을 향해 사자후를 토해낸 것은 백성이 곧 하늘이라고 주장하는 동학 때문이었다. 1860년 최제우가 득도한 뒤 이듬해부터 포교한 동학은 개항 이후에는 삼남 지방에까지 널리 퍼졌다. 1890년경 동학교단에 들어간 전봉준은 농촌 지식인으로서 동학 지도자들의 눈에 금방 띄었던 것 같다. 그는 1892년에 고부 접주로 임명되었으며, 삼례 집회 때 후환이 두려워 관청에 소장을 낼 사람이 없자 자신이 선뜻 나섰다. 전봉준은 최제우의 억울한 죽음을 풀어달라는 교조신원운동을 거치면서 동학 지도자로 전면에 등장했다. 전봉준 외에 손화중, 김개남 등 정읍 출신의 동학 지도자들은 종교적 운동을 넘어 사회개혁과 변혁운동을 갈망했다. 이들의 치열한 삶과 뜨거운 심장은 동학운동을 완전히 바꿔놓았고, 먼지투성이의 말기 세상을 흔들었다.

✦ 만석보를 허물어라

물에 열기를 계속 가하면 어느 순간부터 부글부글 끓기 시작한다. 액체가 기체로 바뀌는 비등점은 물질의 상태가 바뀌는 전환점이다. 이는 변증법 중 하나인 양질전환의 법칙에서 흔히 언급되는 사례다. 물리적 현상뿐만 아니라 사회적 혁명도 비슷하다. 양적 모순들이 누적되고 누적되다가 어느 순간 질적 혁명으로 비등하는 전환적 순간이 있다. 동학농민혁명에서는 1894년 1월 만석보 혁파를 계기로 일어난 고부 봉기가 그러할 것이다.

정읍시 이평면 하송리에 위치한 만석보는 동진강과 정읍천이 합류하는 지점에 설치된 물막이 시설이었다. 근대식 댐이 없던 과거에는 나무와 돌로 보洑를 축조한 뒤 모인 물을 농업용수로 사용했다. 이곳에는 백성이 스스로 만들어서 쓰던 보가 있었기에 물을 대는 데 큰 문제가 없었다. 그런데 고부 군수 조병갑이 부임한 뒤 농민들을 강제로 동원해 새로운 보를 쌓고, 물세를 물리지 않기로 한 약속을 어긴 채 엄청난 물세를 받아 챙긴 것이다. 그렇잖아도 갖은 학정에 시달리던 고부 농민들은 인내하기 어려운 상황이었다. 이놈의 만석보로 인해 민중 봉기가 폭발하기 직전인 비등점까지 올랐다. 땅을 잘못 건드리면 동티가 나지만 백성이 함께 사용하는 강을 잘못 건드렸다가는 봉기가 일어나는 법이다.

동학농민혁명사에서 만석보는 중요한 역사유적이므로 '만석보지萬石洑址'가 전라북도 기념물 제33호로 지정되었다. 둑을 쌓았던 흔적이 남아 있다고 들었건만 강변에 무성히 자라난 풀들로 인해 어디를 가리키는지 알 수가 없다. 오래전 설치한 '만석보 조감도'도 실제와 대응시켜 보기에는 지나치게 간소해 참조가 되지 못한다.

이 일대는 동학농민혁명 유적 답사에서 꼭 봐야 하는 곳이다. 한문식 표기인 '이평梨坪'이라는 지명도 이곳 배들 평야에서 유래됐다. '만석보유지비'에서는 배들 평야 끝에 가물거리는 지평선을 관

정읍시 이평면 하송리에 세워진 만석보유지비(위)와 만석보혁파선정비(아래)다.

찰할 수 있고, 수억의 벼가 바람에 출렁이며 내는 '혁명 전야의 소리'를 들을 수 있다. 늦가을 이곳에 가면, 누렇게 익어가는 이삭들이 지평선 끝에서 불어오는 바람을 타고 볏잎과 마주치며 '스스슥' 끓는 소리를 낸다. 누웠던 이삭들이 분노에 차 일어나는 지평선의 함성이다. 「청산이 소리쳐 부르거든」과 같은 저항시를 썼던 양성우 시인도 「만석보」에서 배들 평야의 끓는 함성을 묘사했다.

원한 쌓인 만석보 삽으로 찍으며
여러 사람이 한 사람처럼
소리소리 쳤다.
만석보를 허물어라
만석보를 허물어라
터진 봇둑 밀치며 핏물이 흐르고
여러 사람이 한 사람처럼
얼싸안고 울었다.

배들 평야가 내는 끓는 함성은 '만석보를 허물어라, 만석보를 허물어라'였다. 1894년 전봉준이 이끄는 농민군은 원한의 대상이었던 만석보를 허물고, 고부 관아로 쳐들어갔다. 만석보가 부서지자 동학 농민들이 주도한 혁명의 물줄기가 봇물 터지듯 밀려왔다.

만석보 터에서 말목장터로를 따라 이평면사무소 방향으로 내려오면 만석보혁파선정비가 있다. 비각 안에 2기의 비석이 있는데 1기는 비문이 닳아서 알아볼 수가 없다. 그런데 이 비석은 1898년 고부 군수로 부임한 안길수가 만석보를 철거한 업적을 기념한 것이란다. 고부 농민들이 부쉈다는 만석보를 또 철거했다니 무슨 말인가. 이유인즉, 1894년 농민군은 만석보의 일부만 허물었다. 그런데 안길수 군수가 재발 방지를 약속하는 차원에서 남은 보까지 완전히 철거했기에 선정비를 세웠다는 것이다. 안군수가 탐학과 학정의 상징이었던 만석보를 혁파한 것은 잘한 일이지만 그렇다고 선정비까지 세울 정도는 아니다.

조선시대에 강제로 세운 선정비가 너무 많기에 이 혁파선정비에 대해서도 의구심을 떨치기 힘들다. 조병갑은 태인 현감을 지낸 부친의 선정비를 세운다는 명목으로 농민들로부터 세금을 뜯어냈다. 하물며 조병갑도 함양 군수를 지낼 때의 선정을 기린다는 조병갑선정비가 함양에 세워져 있다. '집에서 새는 바가지가 나가서도 샌다'는데, 고부에서 학정을 펼쳤던 조병갑이 함양에서 선정을 베풀 리 있겠는가. 내가 이 선정비 앞에서 씁쓸한 뒷맛을 느끼는 것은 그러한 까닭에서다.

말목장터로를 타고 이평면사무소 앞까지 가면 또 하나의 동학농민혁명유적지인 '말목장터와 감나무'(전라북도 기념물 제110호)가 있다. 면사무소 근처에는 갑오농민혁명유적보존회가 있고, 이 읍내를 가로지르는 도로에 입주한 상점은 '동학식당정육점' '만석식당' 등 이름부터 사뭇 다르다. 내가 사진기와 수첩을 들고 면사무소 앞을 지나가자 묻지도 않았는데 한 어르신이 다가와 설명을 해주신다. "감나무 찾아왔는가? 저기 건너편 보소이잉. 저짝에 있었는디, 태풍 때 넘어져버렸지라. 지금 것은 예전 것이 아니여. 의문난 게 있으면 싸게 물어보랑께." 감나무 위치를 찾은 나는 더 이상

백산 유적지.

물어볼 게 없어 오히려 미안할 뿐이었다.

이평면사무소 앞으로는 백산면, 고부면, 덕천면, 신태인에서 오는 도로가 모여 사거리를 이룬다. 조선시대에도 이곳은 부안, 고부, 정읍, 태인을 연결하는 교통 요충지였으므로 상업 거래가 활발해 장터가 형성되었다. 장터는 집회와 시위의 장소였다. 이 말목장터와 감나무는 고부 관아 점령을 위한 첫 집결지이자, 동학농민혁명이 출발하는 봉기의 시발지로서 유서가 깊다. 말목장터에는 조병갑의 부패와 탐욕에 분노한 농민이 수천 명 모였고, 전봉준은 감나무 아래에서 조병갑의 비행을 낱낱이 드러내고 고부 봉기의 당위성을 밝히는 연설을 했다고 전한다. 이처럼 녹두장군의 기운이 서려 있으므로 백성은 감나무에 주렁주렁 열린 감을 따먹지 못했다. 신성시되었던 감나무는 150여 년의 세월을 버텼으나 2003년 태풍에 쓰러진 뒤엔 방부 처리되어 동학농민혁명기념관의 전시실로 옮겨졌다.

✤ 황토현에 난리가 났네

1894년 동학농민군들이 관군과 싸워 처음으로 대승을 거둔 황토현 전적黃土峴 戰蹟은 사적 제295호로 지정되었다. 이 전투지에 서면 넓은 들판에 간간이 낮은 언덕들이 등을 구부린 풍경을 볼 수 있다. 이름 그대로 붉게 이글거리는 흙을 머금은 언덕, 이곳이야말로 동학농민혁명을 상징하는 대표 유적지다.

고부 봉기 이후로 주춤했던 동학농민군은 1894년 3월부터 대대적으로 봉기를 다시 일으킨다. 안핵사로 파견된 이용태가 주동자를 색출한다며 농민군을 살육하자 본격적인 혁명에 나선 것이다. 전봉준을 중심으로 무장에서 기포起包(총동원령)를 한 농민군은 백산으로 이동했다. 백산에서 전봉준을 총대장으로, 김개남과 손화중을 총관령으로 정하는 등 농민군은 일사불란한 지휘 체계를 편성하고, 혁명의 취지를 만천하에 알리는 격문을 발표했다. 여기서 '제폭구민除暴救民'과 '보국안민輔國安民'의 기치를 내걸고 죽창을 손에 쥔 흰옷의 농민군들이 운집해 '서면 백산白山이요, 앉으면 죽산竹山'이라는 말이 생겨났다.

그해 4월 황토현에 진을 친 농민군을 향해 관군이 기습 공격을 감행했지만 오히려 이를 간파한 농민군의 역습을 받았다. 1000여 명의 희생자를 낸 관군은 사기가 땅에 떨어진 반면 황토현에서 승리한 동학농민군의 사기는 하늘로 치솟아 연이어 장성에서 승전보를 올렸다. 농민군이 전주성까지 점령하자 위기에 몰린 관군은 전주화약을 맺었으며, 동학 지도자들이 일정한 자치권을 행사하는 집강소가 설치됐다. 이렇게 황토현 전적지는 오합지졸로 무시당한 농민군이 훈련된 관군을 크게 무찔러 혁명의 분위기를 반전시킨 분수령이었다.

황토현 전투가 상징하는 바가 이렇게 의미심장하다보니 지난 정부들이 나서서 전적지를 성역화하고자 했다. 황토현 전적의 서북쪽에 위치한 낮은 산등성이에는 '갑오동학혁명기념탑'이 우뚝 서 있다. 1963년 박정희 정권이 세운 이 탑은 동학혁명 정신을 계승한 바를 내세운, 정부가 설치한 최초의 조형물이다. 탑에 쓰인 전서체를 잘 보면 '輔國'이 아니라 '保國'이다. 국가 안보를 강조하던 시대여서 '보保'를 사용했다고 전한다. '輔'와 '保'는 같은 의미로 쓰이

3부 청춘을 위한 문화유산

기도 하지만 군이 이렇게까지 한자를 바꾼 이유를 납득하기는 힘
들다. '동학란'을 사용하던 1960년대에 '동학혁명'으로 부른 것까지
는 혁신적이었는데, 군인정신만큼은 벗어나지 못했나보다. 어느 가
을에 이곳을 찾았을 때는 키만큼 자라난 잡초들이 입구부터 나를
가로막았다. 중앙광장에도 수풀이 무성해 거의 방치되다시피 했
다. 군사 정권이 바뀌고 동학농민혁명의 역사적 가치가 재조명되다
보니 예전 기념물들에 대한 대우도 달라지는가 싶었다.

산 아래에는 황토현 전적지 기념관이 설립되었다. 이곳에는 전
두환 전 대통령의 지시로 세워진 '황토현전적지 정화기념비'와 동학
농민군을 추모하는 사당이 있다. 정권을 잡은 전 전 대통령도 전
봉준을 애국선열로 떠받들고, '같은 전씨'로 언급하면서 황토현 전
적지에 대한 성역화 작업을 지시했다고 한다. 농민군의 피와 숨결
이 어린 '큰 싸움터였던 이곳을 정화淨化'할 게 뭐가 있는지 모르겠
다. 세월은 무심하게 흘러 이제는 '전두환 대통령의 유시로'라는 비
문의 글귀를 누군가 자꾸 돌로 쪼아대서 비를 갈아야 하는 세상
이 되었다. 훼손된 비문을 깨끗하게 갈아줘야 하므로 누군가에 의
해 그의 유시가 정화를 받는 나날이다.

2004년에는 반대편 동남쪽 산기슭에 동학농민혁명기념관이 개
관되었다. '군사 정부'와 '국민의 정부'의 간극이 양쪽 산 사이에 놓
인 들판처럼 거리감이 느껴진다. 동학농민혁명기념관에는 전시관
과 교육관을 세워 동학농민혁명의 역사적 의미를 알리는 전당 역
할을 한다. 황토현 전적지의 위상이 날로 높아져 시설이 확충되는
것이야 반길 일이다. 허나 이런 사업도 장기적인 시각으로 일관성
있게 추진할 필요가 있으며, 기존 시설에 대한 재편도 염두에 두어

야 할 것이다.

동학농민혁명기념관의 전시관에 들어서면 사발통문은 잊지 말고 봐야 할 유물이다. 사발통문은 주모자가 드러나지 않도록 사발 모양으로 참가자의 이름을 둘러가며 '일관성 있게' 기록한 문서다. 필사본이라는 주장이 제기되긴 했어도 1893년 전봉준을 위시한 동학 지도자 20명이 송두호의 집에 모여 고부성을 격파하고 서울로 진격할 것을 결의한 내용을 알 수 있는 중요한 자료다. 이 유물을 잘 보면, 참가자의 이름이나 결의 내용 외에도 사방에 보낸 격문에 대한 민중의 반응이 적혀 있다. '났네 났네 난리가 났어, 에이 참 잘되었지. 그냥 이대로 지내서야 백성이 한 사람이나 어디 남아 있겠나'라며 봉기가 오기만을 기다리는 백성의 심정을 전하고 있다. 고부 봉기 이후 참으로 난리가 난 곳은 황토현이었다. 황토현 전적지에서는 새로운 조형물이나 건물을 세워 성역화하는 것보다 백성이 난리를 기다렸던 참마음을 되새겨보는 일이 더 중요할 것이다.

✤ 누군가 찍은 사진 한 장

집강소가 설치되고 폐정개혁이 단행되던 기간은 2개월에 불과했다. 조선에는 다시 전쟁의 회오리가 몰아쳤다. 동학혁명농민군에 놀란 조선 정부가 청나라에 군사를 요청하자, 청을 저지하려는 일본군까지 진입함으로써 조선은 외세의 각축장이 되었다. 일본군이 경복궁을 점령했다는 소식을 들은 삼남의 동학농민군은 재봉기의 깃발을 높이 들었다. 그리하여 동학농민혁명 과정에서 1차 봉기의

3부 청춘을 위한 문화유산

성격을 '반봉건'으로, 2차 봉기를 '반외세'로 규정한다.

수확기가 끝나기를 기다렸던 동학 지도자들은 10월이 되자 전라도와 충청도 등에서 각각 봉기를 일으킨 뒤 논산에 집결했다. 동학농민군은 최종 목적지인 서울로 향하기 전에 공주성을 먼저 점령하고자 진격했다가 우금치에서 일본군 및 관군의 연합부대와 마주쳐 큰 전투를 벌였다. 이른바 동학농민군이 대패한 공주의 우금치 전투다.

공주에서 전투에 참가한 동학농민군은 10만 명에 이른 반면 연합부대는 수천 명에 지나지 않았다. 연합부대는 일본 대포와 기관총, 그리고 소총으로 무장한 신식 군대였다. 죽창과 곡괭이, 창칼을 든 동학농민군이 수적으로 많다 해도 근대식 군대가 쏘아대는 화력 앞에서는 당해낼 재간이 없었다. 이 전투에서 크게 패한 동학농민군은 논산과 원평, 태인에서 잇달아 졌고, 수많은 사상자를 냈다. 전의를 상실한 동학농민군은 태인 전투를 끝으로 해산했으며, 전봉준도 급히 피신을 했다. 전봉준은 몇몇 부하와 함께 장성의 입암산성을 거쳐 순창의 피노리로 숨어들었다. 하지만 부하였던 김경천의 밀고로 관군에 체포되었으며, 나주와 전주를 거쳐 서울로 압송되었다.

녹두장군이 압송되어 서울로 가는 장면을 지켜보는 민중의 마음은 서글펐다. 안도현 시인의 「서울로 가는 전봉준」은 서울로 떠나는 녹두장군을 바라보는 심정을 애절하게 읊고 있다. 1960년대에 황동규 시인에 의해 '무식하게 일자무식하게' 울었던 전봉준은 1980년대의 안도현 시인에 이르러 '울며 울지 않으며 가는 우리 봉준이'가 되었다.

눈 내리는 만경 들 건너가네
해진 짚신에 상투 하나 떠가네
가는 길 그리운 이 아무도 없네
녹두꽃 자지러지게 피면 돌아올 거나
울며 울지 않으며 가는
우리 봉준이
풀잎들이 북향하여 일제히 성긴 머리를 푸네

녹두꽃 자지러지게 피어도 돌아올 기약이 없는 봉준이는 그저 애처로운 표정을 지으며 먼 길을 떠나갔다. 이 순간이 마지막 이별일 줄은 녹두장군도, 그를 바라보는 백성도 모두 알았을 것이다. 그래서 '봉준아 이 사람아'라고 부르며 마지막 애원을 해보고 싶지만 봉준이는 그저 눈빛으로만 담담히 말할 뿐이다.

우리 성상聖上 계옵신 곳 가까이 가서
녹두알 같은 눈물 흘리며 한 목숨 타오르겠네
봉준아 이 사람아
그대 갈 때 누군가 찍은 한 장 사진 속에서
기억하라고 타는 눈빛으로 건네던 말
오늘 나는 알겠네

지금은 봉준이가 간 마지막 그 길에서 누군가 찍은 사진 한 장만이 남았다. 그 사진 속에서 봉준이는 타는 눈빛으로 말을 건네고 있다. 아, 나에게 '치열한 삶을 살아가고 있는가'라고 물었던 그

3부 청춘을 위한 문화유산

사진.

압송당하는 녹두장군을 찍은 이 사진은 유일하게 남은 것이
다. 1895년 2월 27일 일본 사진사 무라카미 덴신村上天眞이 서울의
일본영사관에서 법무아문으로 인도되기 직전의 모습을 촬영했다.
일본 영사의 허가를 받은 무라카미 덴신이 녹두장군에게 그 사실
을 알렸더니 전봉준은 오히려 기뻐하며 '가마를 탄 채 그대로 찍겠
는가'라고 물어봤다고 한다. 그리고 주변에 명하여 일산을 치우게
했다는 것이다.

당시 전봉준은 다리를 크게 다쳐 붕대를 감은 환자였지만 당당
하고 강건했다. 사진사와 함께 녹두장군을 방문했던 한 신문 기자
는 녹두장군의 용모를 "안광眼光은 날카로우며, 눈썹 위에는 겹쳐
진 일종의 잔주름이 있어 이마를 횡단하고 있는 모습은 다른 사람
에게서는 볼 수 없는 것"이라고 전했다. 녹두장군의 마지막 용모를
본 기자도 그의 '타는 눈빛'을 잊지 못했다. 전봉준은 사형선고를
받은 1895년 3월 29일, 그날 바로 처형되었다. 그는 이승을 떠났지
만 타는 눈빛은 여전히 남아 이 세상에 경종을 울리고 있다. "너는
치열한 삶을 살아가고 있는가"라고.

14

가까운 곳에서
길을 찾다

: 대구 골목의
근대 문화유산

❖ 가까운 골목에서 찾은 길

도심의 골목은 바쁘고 시끄럽다. 회전하는 시곗바늘처럼 목적지를
따라 분주하게 움직이는 도시인들에게 도심 골목은 지나쳐버리는
일상의 한구석일 뿐이다. 우리 일생도 도심의 골목과 같다. 매일
도시에서 학교와 직장을 오가며 바쁘게 살다보니 내 자신을 지나
칠 뿐 되돌아본 적은 별로 없다. 학업과 업무에 매달리는 것이 최
우선 과제이고, 잠시 멈춰 서서 내가 무엇을 위해 어떻게 살아가고
있는지는 살피지 못한다. 항상 성과를 중시하는 세상의 시선 탓에
목적을 얻는 과정에 대한 성찰도 부족하다.

삶의 가치는 결코 대단한 목적이나 먼 미래에 있지 않다. 내가 살아가는 지금, 이곳에서도 보석처럼 아름다운 가치를 찾을 수 있다. 문화유산도 마찬가지다. 그동안 문화유산에 대한 관심이 커지고, 유례없는 답사 유행이 벌어진 것은 좋은 일이다. 그런데 이런 답사에서도 편협한 관념이 생겨났다. 가령 경주, 부여, 공주 등 고도古都로 문화유산 답사가 쏠리거나, 유명한 사찰이나 국보급 문화유산이 있는 먼 곳까지 가야 한다는 고정관념이다. 한편 고대사회에 만들어지고, 수천 년의 시간을 품어야 훌륭한 문화유산이라는 오해도 생겨났다. 하지만 문화유산은 불과 얼마 전인 근대사회의 것도 있으며, 내가 살고 있는 도심의 동네 어딘가에도 분명 존재한다. 시간과 공간을 가까이하는, 그래서 나와 관계가 깊은 문화유산이야말로 먼저 알아야 할 뿐 아니라 더욱 소중한 법이다

내가 가야 할 길은 먼 곳에 있지 않으며, 삶의 아름다운 가치도 내 곁에 있다. 내가 먼저 돌보고 사랑해야 할 대상이 바로 곁에 있는 가족과 이웃이듯, 내가 먼저 살펴보고 관심을 가져야 할 문화유산도 평소 걷는 거리에 있는 문화유산이다. 내 가까이에 있는 골목길에서도 자세히 살펴보면 꽤 흥미로운 사실들을 발견할 수 있다. 오래된 이발소, 마천루 사이에서 살아남은 한옥, 골목길을 지키는 그 옛날의 다방, 일제강점기에 지은 일본인 가옥 등 시간이 켜켜이 쌓여 만든 문화의 지층들이 살아 있다.

고속도로를 타고 멀리 가지 않고, 가까운 도시의 골목길에서 문화유산 답사의 새로운 길을 찾은 사람들이 있다. 바로 대구 시민들이 자발적으로 창립한 '거리문화시민연대'다. 이 시민단체에서 처음으로 한 일이 5년간 대구 골목을 찾아다니며 사람들을 인터

뷰한 것이었다. 이를 통해 무심히 지나쳤던 대구 골목의 상점, 예컨대 한약재방, 지물상, 승복사 등이 대구 역사의 한 줄기로 떠올랐다. 이를테면 대구 약령시의 흔적이 한약재방으로 남았고, 약이 팔리면 덩달아 종이에 대한 수요가 증가하며, 한약의 최대 소비자가 스님이었다는 근대사의 맥락이 골목길에 대한 관찰로 드러났다.

2012년 '한국관광의 별'로 선정된 대구의 근대골목투어는 이런 시민단체의 자발적 근대골목답사를 행정 기관에서 수용하여 문화관광 사업으로 키운 것이다. 관할 행정 관청은 우리나라 최초로 근대 골목 업무만을 총괄하는 '골목관광계'까지 만들었다. 이 골목투어에 참가하기 위해 한 해 20만 명의 관광객이 몰린다고 한다. 그간 별 볼일 없었던 골목이 민관 협력의 거버넌스를 창출하고, 행정 관청의 조직까지 새롭게 바꾼 '문화의 별'이 되었다. 길은 먼 곳에 있지 않고 가까운 곳에 있다는 경구가 입증된 셈이다.

✤ 경상도의 중심지, 대구

그런데 막상 '근대路의 여행'이라 일컫는 대구골목투어에 나서면 혼란이 밀려온다. 요새 유행하는 스토리텔링 기법으로 대구골목투어를 다섯 코스로 나누었는데, 그 1코스가 경상감영공원에서 달성토성에 이르는 길이었다. 경상감영공원에서 출발한 것은 괜찮았는데, 걷는 코스의 경로가 꽈배기 모양으로 에두르는 것도 그렇지만 들르는 지점들이 어떤 역사문화적 맥락으로 이어지는지 이해가 잘 되지 않는다. 물론 그것은 골목투어 코스를 개발한 기획자

대구의 이상화 고택으로 들어가는 골목길에 그려진 벽화다. 대구에서 근대 골목투어를 하다보면 이런 벽화를 심심찮게 만날 수 있다.

대구 골목투어 1코스.

에게 전적으로 책임이 있는 게 아니다. 근대 시기를 거치면서 발생한 대구 역사의 부조화 탓일지 모른다. 전근대에서 근대로 넘어가면서 거친 파고를 맞은 대구 역사의 혼란이 골목투어에도 반영된 까닭일 것이다.

대구 중구 포정동에 위치한 경상감영공원은 1965년까지 경상북도 청사가 있던 자리다. 도청이 옮겨가면서 공원으로 개편했는데, 원래 '중앙공원'으로 부르다가 1997년에 '경상감영공원'으로 명칭을 바꾸었다. 이 공원에 가면 이름에 걸맞게, 담장 쪽에는 조선시대 경상도 관찰사 및 대구 판관 선정비 29기가 일렬로 쭉 세워져있다. 그 앞에는 경상도 관찰사가 정무를 보는 건물인 선화당宣化堂(대구시 유형문화재 제1호)과 관찰사가 머물렀던 처소인 징청각澄淸閣

(대구시 유형문화재 제2호)이 있다. 둘 다 원래 1601년에 지어졌으나 여러 차례 화재를 당해 1807년(순조 7)에 새로 지은 건물이다.

경상북도 청사가 이전하기 전까지 사용했던 이 건물들은 일대가 공원으로 그 용도가 변경되면서 1970년에 다시 중수를 했다. 그러면서 단청 색이 지나치게 환해져서 옛날 건물의 빛깔이 퇴색되긴 했어도 여전히 조선시대의 귀한 관아 건물로 손꼽힌다. 조선시대의 대읍에는 응당 관아 건물들이 있었다. 그러나 일제강점기에 대부분 훼손되거나 사라졌고, 한국전쟁 당시와 전후 시기에도 보존되지 못한 채 파괴되고 허물어졌다. 이런 상황에서 선화당과 징청각은 조선시대 관아 건물의 형태를 잘 보여주는 문화유산으로 그 가치가 컸다.

대구시에는 아직 경상북도 도청이 있으니, 대구에 앉아서 경상북도의 도정을 총괄하는 셈이다. 부산시에 있던 경상남도 도청이 1983년 발 빠르게 경남 창원시로 옮겨간 사례와 비교된다. 대구시청과 경상북도 도청이 모두 소재한 대구는 여전히 대구 경북의 핵이다. 그런데 조선시대의 대구는 이보다 훨씬 더 큰 역할을 했다. 대구는 경상도 전체를 관할하는 도청 소재지로서 경상도 관찰사가 부임하는 곳이었다. 잘 알려져 있듯이, 경주慶州와 상주尙州의 앞 글자를 따서 만든 경상도는 사실상 조선 전기의 경상도를 상징하는 이름이다. 낙동강을 경계로 좌우의 대읍이었던 경주와 상주는 조선 전기에 경상 감영이 있던 곳이다. 조선의 개국 초기, 경주에 있던 경상 감영은 이후 상주로 옮겨간 뒤 약 200년 동안이나 그곳에 머물렀다.

임진왜란이 발발하자 경상 감영은 우왕좌왕하면서 성주, 달성, 안동으로 이동했다. 전란을 겪으면서 군사와 교통의 요충지로 부각된 곳이 바로 대구였다. 1601년(선조 34) 대구에 온 경상 감영은 안정을 찾아 1895년에 폐지되기까지 무려 300년간 정착했다. 대구는 무엇보다 경상도 지역의 중앙에 위치했다는 지리적 장점이 있다. 대구는 부산, 진주, 경주, 상주 등 경상도의 어떤 대읍과도 거의 균등한 거리에 위치해 있기 때문에 접근성이 좋아 정치와 행정의 중심지가 될 수 있었다.

대구가 중심지로 떠오르면서 경상 감영을 방어하는 울타리인 읍성에 대한 필요성이 더 커졌다. 대구 감영 시대가 열리면서 읍성을 축조해야 한다는 목소리가 높아졌지만 성곽을 만드는 데에는 엄청난 경비와 인력이 들어가기에 조선의 조정은 쉽게 결정 내리지 못했다. 축성의 대역사가 본격적으로 힘을 받은 것은 1735년 민응수閔應洙 관찰사가 부임하면서다. 그는 조정의 허가를 받아 읍성 축조를 시작해 1년 만에 완공했다. 성의 규모는 둘레가 약 2124보步(2650미터), 높이(서남쪽)가 약 18척尺(3.8미터)이며, 영남제일문(남문)을 비롯해 동서남북에 4대문을 두었다. 성곽이 축조된 이후 1870년에는 대대적인 수리 공사가 이뤄지기도 했다.

4대문 위에 올린 누각에서 대구읍성을 바라보는 경치는 굉장히 아름다웠다. 황금빛 들판을 구불구불 흘러가는 아름다운 금호강도 보였다. 1888년 조선을 방문해 대구에 온 프랑스의 민속학자 샤를 바라Charles Varat는 문루에 올라 대구를 바라본 소감을 이렇게 피력했다. "대도시의 온갖 거리와 광장, 기념물들이 한눈에 들어왔다. 백성이 사는 구역에는 짚으로 엮은 지붕들이 빽빽했으나 도시의 중심 구역, 그러니까 귀족들의 거주지역에는 용마루에서 처마 끝까지 직선과 곡선의 기막힌 조화를 펼치는 기와지붕들이 우아한 자태를 한껏 뽐내고 있었다."

✤ 조선의 대구를 해체한 근대

대구를 상징했던 곳이자 아름다운 풍경을 장식했던 대구읍성은 현재 그 자취조차 찾아볼 길이 없다. 구한말 일제는 대구읍성을 허물 것을 요구했는데, 대구 부사 박중양朴重陽이 이에 화답했다. 골수까지 친일파인 박중양은 일찍이 일제 편에 섰으며, 1906년에 조정의 허가도 받지 않은 채 대구읍성을 허물었다. 나중에 성벽 철거를 불허한다는 명령을 받았지만 그는 든든한 후원자인 일제를 믿고 성곽 해체를 강행했다.

아무리 친일파라 해도 우리나라 사람이 앞장서서 단단했던 대구의 벽을 무너뜨린 사실은 부끄럽지 않을 수 없다. 이후 읍성은 여기저기 분해되어 흩어졌으며 지금은 간간이 성돌을 볼 수 있을 뿐이다. 청라언덕 위의 미국인 선교사 주택에 박혀 있는 성돌이나 대구의 근대역사관에 전시된 성돌 등을 보면, 강제 철거되고 공중 분해된 대구읍성의 운명이 떠올라 비애감마저 든다. 그것은 대구 근대사의 생채기에서 흘러나오는 혼돈을 보는 슬픔이다.

흩어진 것은 성돌만이 아니었다. 성돌의 비극적 운명처럼 조선시대 대구의 역사도 산재되었으며, 문화유산도 뿔뿔이 흩어졌다. 대표적인 문화유산이 망우공원으로 간 영영축성비嶺營築城碑(대구시 유형문화재 제4호)와 대구부수성비大邱府修城碑(대구시 유형문화재 제5호)다. 영영축성비는 1736년 경상도 관찰사 민응수가 임진왜란으로 허물어진 대구읍성을 석성으로 축성하고 난 뒤 이를 기념하여 세운 비석이다. 대구부수성비는 1870년 경상도 관찰사 김세호金世鎬가 읍성을 보수하고, 대문 위의 문루를 새로 고친 뒤 이를 기리기 위해 세운 비석이다. 대구읍성의 남문 밖에 세워진 두 비석은 축성과 수리의 역사를 보여주는 귀한 문화유산이었다. 그런데 어떻게 해서 대구시 동구 효목동의 망우공원까지 옮겨진 것일까.

이 의문점을 풀기 위해 망우공원을 찾았다. 망우공원은 곽재우 장군의 공을 기리기 위해 조성한 것으로 공원 이름은 그의 호인 망우당忘憂堂에서 따왔다. 그런데 이 일대에는 유명한 고개인 '고모령顧母領'이 있었다. 고모령에는 홀어머니와 남매에 얽힌 전설이 전해진다. 천하장사였던 남매는 산을 높이 쌓는 내기를 하다가 싸움을 벌였다. 이를 알고 슬픔에 잠긴 어머니는 그만 집을 나와버렸다. 어머니가 집을 나와 걷다가 고개 정상에 도착해서 뒤를 돌아보았는데, 이에 따라 '고모령'이라는 지명이 생겼다고 한다. '어머니가 돌아보았다'는 뜻의 '고모顧母'로 해석한 것이다. 하지만 나는 이보다는 거인 여성들이 성 쌓기로 내기를 벌였던 할미설화(고모설화)에서 변형된 스토리라는 데 공감이 간다.

한편 고모령이 유명해진 것은 이 설화가 아니라 대중가요 때문이었다. 1948년 현인이 부른 사모곡思母曲 「비 내리는 고모령」(호동아 작사, 박시춘 작곡)은 전 국민에게 고모령의 존재를 확실히 각인시켰다. 고모령이 어디인지 잘 모르는 사람도 이 가요를 애창하며, '어머님의 손을 놓고 돌아설 때엔' 하면서 목 놓아 불렀다.

망우공원에 도착하니 길가에 위치한 '비 내리는 고모령' 노래비는 금방 보이는데, 두 비석을 찾기란 여간 힘든 게 아니었다. 이곳저곳을 헤매며 뱅글뱅글 돌아다닌 끝에 영남제일관 앞에 두 비석이 세워져 있다는 사실을 알게 되었다. 지나칠 정도로 웅장하게 지어진 영남제일관으로 오르는 계단 오른쪽에 두 비석이 있었다. 안내문에는 '1980년에 망우공원으로 옮겨 중건重建했다'고 적혀 있다. 하지만 '새로 복원했다'는 표현이 맞을 듯싶다. 실제 규모보다 크게 지은 영남제일관을 '원형의 것을 고쳐 지었다'는 뜻의 '중건했다'로 표현하는 것은 옳지 않다.

높은 계단 위에 위치해 있으며, 원래 규모보다 크게 복원한 영남제일관에 비해 영영축성비와 대구부수성비는 상대적으로 초라해 보였다. 대구읍성의 귀중한 정보를 담고 있는 두 비석은 자신의 버팀목인 읍성이 사라지자 꿔다놓은 보릿자루 신세로 전락했다. 비석들은 여기저기 옮겨다니다가 대구읍성의 남문이었던 영남제일관을 망우공원에 복원하게 됨에 따라 그 앞에 옮겨 세웠다. 아, 이런 부조화라니. 대구읍성의 영남제일관을 금호강 유역의 망우공원에 복원한 것도 부조화이지만, 예전 남문 앞에 있었다고 해서 문화유산을 이 먼 곳까지 옮겨온 것도 정말이지 부조화였다.

❖ 식민지 거리와 대구근대역사관

호시탐탐 성안의 상권을 침탈하기를 학수고대했던 일본인들에게 대구읍성은 최대의 장애물이었다. 성안과 성 밖을 구분하는 경계였던 대구읍성이 허물어지자 성 밖의 일본인들은 성안으로 들어갈 수 있는 호기를 맞았다. 성벽이 해체되자 그 자리에 넓은 공지가 드러났다. 일본인들은 도로위원회를 조직해 도로 개설에 착수

했다. 1908년 경상북도 관찰사로 다시 금의환향한 박중양이 도로 공사를 강력히 추진해 이듬해 12월 동성로, 서성로, 남성로, 북성로 등 순환도로가 완공되었다. 시가지 간선도로 개설 사업의 일환으로 '십자도로' 가로망도 개통했다. 대구 근대 골목의 기원을 따져 보면 이렇게 일본인들이 성곽을 파괴하고 그 위에 닦은 도로까지 소급된다. 근대 시기로 넘어가는 골목길의 탄생이 결코 반갑지 않은 것은 길 위에 식민지의 야욕이 두텁게 깔려 있기 때문이다.

제법 넓은 도로가 격자형으로 만들어지자 이를 중심으로 한 시가지가 형성되었다. 일본인의 궁극적인 목적은 이 시가지를 침탈해 경제적 상권을 장악하는 것이었다. 특히 북문 주위의 토지를 헐값에 사두었던 일본인들은 북성로가 개통됨에 따라 일시에 땅값이 상승되는 재미를 보았고, 연이어 대구 상권도 거머쥘 수 있었다. 대구 최대의 미나카이三中井 백화점을 비롯해 곡물 회사, 철물점, 양복점, 석유점 등 신식 상점들이 등장해 북성로 주위는 최대의 번화가로 탈바꿈했다. 식민지 도시 대구를 경영하기 위한 관공서들은 경상 감영과 십자도로의 교차 지점 등에 세워졌다. 경상북도 도청, 대구경찰서, 대구우체국, 헌병대 대구본부 등이 설립되어 식민지 행정 타운으로 기능했다.

경상 감영 길의 중부경찰서(과거 대구경찰서) 맞은편에 있는 대구근대역사관(대구시 유형문화재 제49호)에 가면 일제강점기의 대구가 연상된다. 르네상스풍의 근대 건축물로서, 멀리서 보면 노란빛이 감도는 타일을 붙인 벽돌 건물이다. 1931년 조선식산은행 대구지점용으로 지은 이 건물은 한동안 한국산업은행 대구지점으로 사용되었다. 그러다가 지난 2008년에 대구도시공사가 매입하여 대구시에 기증했다. 복원 공사를 거쳤지만 이 근대 건축물은 건립 당시의 모습을 잘 간직하고 있다. 골격은 철근과 콘크리트를 사용했으며, 화강석과 벽돌을 쌓고 겉면에는 서양에서 수입해온 타일을 붙였다. 꾸밈없이 단조로운 겉모습을 취한 듯하면서도 문 주위와 지붕 라인에 돌린 섬세한 석고 장식판이 인상적인 근대 건축물이다. 규모는 2층이지만 높이로 따지면 거의 4층이다. 일제강점기에는 높은 위용을 자랑하는 건물이었을 것이다.

조선식산은행은 조선을 일제의 식량공급 기지로 만들기 위한 자금 공급처 역할을 했다. 이 대구지점은 금융을 통해 대구 산업을 지배하고자 설립한 식민지 은행이었다. 일제강점기의 은행 건물 내부에 가면 금고로 사용했던 시설이 있다. 두꺼운 강철로 만든 금고문을 통과하면 넓은 내부가 드러난다. 여기에 쌓였던 현금과 채권 등이 식민지 운영 자금으로 쓰였을 것이다.

이 건물은 2011년 대구근대역사관으로 개편되면서 내부는 대구 근대화의 역사, 근대 문화를 보여주는 전시실로 꾸몄다. 이렇게 일제강점기에 세운 근대 건축물을 근대역사관으로 활용하는 것은 비단 대구의 일만은 아니다. 부산에서는 1929년 동양척식회사 부산지점으로 지어진 근대 건축물을 부산근대역사관으로 조성했으며, 목포에서는 1920년에 지어진 동양척식회사 목포지점 건물을 새로 장식해 목포근대역사관으로 개관했다. 근대 건축물을 박물관으로 활용하는 일은 2000년대부터 시작됐다. 그전에는 식민지 잔재라 하여 허물거나, 도로 확장과 시가지 건설로 인해 부수는 일이 비일비재했다. 또 어떤 근대 건축물 앞에는 높은 나무를 심어 건물을 가리게 했다고 한다. 식민지 도시의 역사를 떠올리게 해

퍽 부담스러웠던 모양이다.

대구에서도 일제강점기에 지어진 수많은 근대 건축물이 철거되었다. 가령 일본과 서양의 절충식인 대구역이 1976년에 철거되었고, 5층으로 된 근대식 백화점 건물이었던 미나카이 백화점이 1984년에 사라졌다. 기상관측소였던 대구측후소는 1997년에 철거되었다. 이처럼 허물고 없애버린 탓에 이제 학교와 병원 건축물, 예컨대 구 대구상업학교 본관(대구상고 본관, 대구시 유형문화재 제48호), 구 대구의학전문학교 본관(경북대 의대 본관, 사적 제442호), 구 도립대구병원(경북대 병원 구관, 사적 제443호) 등 몇 채만 남은 상황이다.

혼란스러웠던 대구의 근대사를 정립하는 길을 찾기란 쉽지 않다. 그러나 일제강점기의 근대 건축물을 없앤다고 해서 우리 역사에서 그 시절이 사라지는 것은 아니다. 역발상으로 접근해보면, 일제가 지은 근대 건축물은 그들의 제국주의적 행태를 알려주는 역사 유적으로 활용할 수 있다. 대구읍성이 철거되었듯이 이런 역사 유적을 모두 없앤다면 일제의 제국주의적 과오를 만천하에 증명하는 실증적 자료가 우리 눈앞에서 증발해버릴 수 있다. 이런 점에서 대구근대역사관은 무엇보다 소중한 문화유산이며, 더 이상 철거되지 않고 보존되어야 함을 보여주는 거울이다.

✤ 골목의 종교 유산, 제일교회와 계산성당

서울 사람들은 대구 중구에 종로가 있다는 사실을 알고 놀란다. 서울의 종로처럼 종루가 있다고 해서 붙여진 이름이다. 조선시대에는 양반들이 주로 지나다녔던 길이며, 개항 이후에는 중국인이 많이 살던 거리였다. 지금 이 골목에는 음식점과 커피숍이 빽빽이 들어차 있다. 대구근대역사관에서 종로를 따라 국채보상로를 지나 쭉 내려오면 남성로와 마주친다. 남성로에는 그 옛날 할머니가 약탕기에 한약을 넣어 우려낼 때의 진한 향기가 곳곳에서 풍겨온다. 여기가 '약전골목'이라 부르는 곳이다. 우리나라 최대의 한약 시장이라는 이름에 어울리게 동성로를 따라 한의원, 한약방, 약업사 등이 줄지어 있다. 약전골목의 원조는 대구 약령시까지 거슬러 올라간다. 1658년 임의백任義伯 경상도 관찰사가 대구읍성 안의 객사 근처에 매년 봄가을 두 차례 한약 시장을 연 것이 계기가 되어 수백 년 동안 이어져온 특화 시장이다.

대구시는 약전골목 중간 지점에 약령시의 역사와 한약을 체험할 수 있는 약령시한의약박물관을 건립했다. 이 박물관 옆에는 대구 제일교회(대구시 유형문화재 제30호) 건물이 있다. 이곳은 대구 경북의 기독교 산실로서 20여 개의 교회를 독립시킨 모교회다. 개신교 교인들은 구한말에 설립된 작은 교회를 허물고 1933년 새롭게 붉은 벽돌 건물을 완공해 '제일교회'라 이름지었다. 교회당 본체는 2층이며, 오른쪽에는 5층 높이의 종탑이 뾰족하게 하늘로 치솟아 있다. 지금은 마치 안방물림처럼 그 기능을 청라언덕 위 제일교회에 넘겨주고 선교관으로 사용되고 있으나 여전히 개신교 선교지로서 각별한 역사적 가치를 지니는 곳이다.

대구 골목을 답사하다보면 이런 기독교 문화유산들이 눈에 도드라진다. 일제강점기 대구를 촬영한 사진들을 보면 민가 위로 교회당 건물이 불쑥 올라와 있다. 초가와 기와집들이 모여 낮은 지봉 라인을 형성하고 있는 대구의 풍경을 뚫어버린 모습이다. 산업화 시기에 무분별한 도심 개발이 횡행할 때도 이런 종교 유산들은 기독교 종단의 든든한 보호를 받았다. 그리하여 대구 중심가에 근대 종교 유산들이 예전의 모습을 잘 간직한 채 남아 있어 골목투어의 주요한 코스가 되고 있다.

건축물은 모름지기 인간과 자연, 그리고 주변 환경과 조화를 이뤄야 한다. 주위와 어우러지지 않으며 홀로 높고 화려한 건축물은 밉상이다. 그런데 시간이 흘러 도시 환경이 달라지자 건축물에

대구 제일교회는 대구 경북지역의 모교회이자 기독교의 산실이다. 본당은 고딕식 건물로서 1933년 붉은 벽돌로 지어졌으며, 오른쪽에는 높은 종탑을 세웠다.

대한 시각도 변했다. 일제강점기에는 주변 경관을 잠식했던 근대 건축물이 도시화 과정에서 수십 층의 고층 건물에 둘러싸이자 낮은 자세가 되었고, 연륜도 쌓이며 주름도 늘어 따뜻한 인상의 건물로 변모한 것이다. 대구의 근대 골목에서 이런 종교 유산을 꼽으라면 서성로에 있는 계산성당(사적 제290호)을 들 수 있다.

계산성당을 언급하기 전에, 대구의 천주교 요람지로 불리는 칠곡의 신나무골을 짚고 넘어가야겠다. 천주교 성지 순례의 주요 코스로 손꼽히는 이 신나무골은 대구 경북의 천주교 요람지였다. 엄청난 박해를 받던 천주교에 한 줄기 빛이 들어온 때는 한불조약이 맺어진 1886년이었다. 이 조약으로 인해 그늘 속에서 숨죽이고 있던 대구지역의 천주교도들은 신나무골에 본당을 세웠고, 1886년 김보록金保錄 신부가 본당 신부로 임명을 받았다. 신나무골은 19세기 초반에 일어난 박해를 피해 온 신도들이 교우촌을 형성하고 있던 터였다. 김보록 신부는 프랑스인 로베르Achille Robert로서, 1876년 파리에서 사제로 서품을 받은 이듬해에 황해도 해안으로 입국한 뒤 죽을 각오로 경기도, 강원도, 경상도에서 전교활동을 해왔다.

이후 대구로 들어온 그는 1899년엔 한옥성당을 세웠는데 화재로 인해 모두 소실되자 다시 1902년에 현재의 계산성당을 건립했다. 이 성당은 좌우 대칭의 종탑을 설치한 고딕식 건물로서 로베르 신부가 직접 설계안을 짰다고 전한다. 이 건물을 짓기 위해 명동성당을 건축했던 기술자들을 데려왔으며, 건축에 들어가는 많은 벽돌을 직접 구워서 사용했다. 붉은 벽돌과 회색 벽돌이 조화를 이룬 건물 외형은 담백하면서도 깔끔한 멋을 지녔다. 내부로 들어가

계산성당은 로베르 신부가 직접 설계안을 마련하여 1902년에 건립한 건물이다. 좌우 대칭의
종탑을 설치한 고딕식 건물이다. 종교 건축물의 담백한 미학을 보여준다.

면 반원형의 높은 천장과 회색 벽돌로 쌓은 기둥, 그 위로 질서정
연하게 연결되는 줄무늬, 스테인드글라스를 통과해 비추는 빛줄기
가 장엄함과 숙연함을 자아낸다.

✤ 청라언덕 길과 선교사 주택

청라언덕 쪽에 높고 웅장한 고딕식 교회 건물이 하나 더 있다. 이
건물은 제일교회 신관이다. 대구 근대 골목을 처음 답사하는 이
라면 계산성당과 청라언덕 위의 제일교회를 헷갈려 할 것이다. 멀
리서 쳐다보면 계산성당과 제일교회가 눈에 같이 들어올 뿐만 아
니라 모두 두 개의 첨탑이 있는 고딕식 건물이라 구분이 잘 안 되
는 것이다. 제일교회 신관은 언덕 위에 건립되었으며, 첨탑의 높이
가 57미터에 이르는 까닭에 보는 이에게 위압감을 준다. 이 자리에
는 원래 대구성경학교가 있었는데 1989년부터 교회 건축에 착공
해 2002년에는 첨탑까지 완공했다. 나는 청라언덕을 작곡가 박태
준朴泰俊 선생의 학창 시절 로맨스가 담긴, 애틋한 공간으로 생각했
다. 하지만 이 언덕 위에 치솟은 거대한 교회 건물을 보자 부조화
가 느껴져 잠시 혼란스러웠다.

청라언덕으로 오르는 좁은 골목은 계성학교 학생들의 등굣길
이었다. 계성학교는 1906년 현 중구 대신동에 창립된 중등교육 기
관으로 대구읍성 쪽에 사는 학생들은 등교하려면 청라언덕을 넘
어야 했다. 작은 골목을 걸어가다가 신명학교 여학생들과도 마주
치곤 했다. 눈이 맞거나 짝사랑에 빠지는 일도 많았을 것이다. 그
애틋하고 잊을 수 없는 학창 시절의 추억은 박태준이 「동무생각」이

청라언덕 길 위에 제일교회 신관이 우뚝 솟아있다. 대구 사람들에게 이 청라언덕 길은 학창 시절의 애틋한 추억을 떠올리게 하는 공간이다.

라는 가곡을 작곡하는 계기가 되었다. 노랫말은 그의 연애 이야기를 들은 시인 이은상이 붙였다고 한다. 이렇게 대구 골목은 아름다운 사랑과 추억이 담긴 길로서 음악과 문학의 씨앗을 뿌려 재배하는 텃밭이었다.

언덕 정상으로 올라가자 교회 건물에 가로막혀 보이지 않았던 미국인 선교사 주택들이 나타났다. 바로 스윗즈 주택(대구시 유형문화재 제24호), 챔니스 주택(대구시 유형문화재 제25호), 블레어 주택(대구시 유형문화재 제26호) 등이다. 모두 붉은 벽돌로 지은 2층식 건물들로 근대 시기 미국인들의 주택 양식을 잘 보여준다. 19세기 말부터 이곳에서 선교활동을 했던 목사들이 살던 아담한 주택들이 거의 원형으로 남아 건재하다는 사실이 놀랍다. 청라언덕의 서쪽 풍경은 마치 서양의 어느 동산에 와 있는 듯한 착각을 불러일으킨다. 젊은 연인들이 이곳을 찾는 이유도 서양의 오래된 이국적 풍경을 떠올릴 수 있기 때문이다.

하지만 선교사 사택들의 아래쪽에 깔려 있는 성돌을 보면 이국적 감상에서 곧 벗어나게 된다. 1907년 대구읍성에서 해체한 성돌을 가져다가 선교사 주택을 짓는 기초로 사용했다. 대구의 조선이 해체되어 기독교 선교를 위한 근대의 밑바탕으로 활용됐다는 사실을 목격하면 기분이 썩 유쾌하지 않다. 선교사 사택들은 평면상으로 긴 네모 구조이지만 자세히 보면 집 형태가 조금씩 다르다. 가령 챔니스 주택은 현관으로 오르는 계단과 입구 쪽이 넓고 동남쪽에 베란다가 있으며, 블레어 주택은 현관홀을 유리창으로 막아두고 2층에는 선룸을 만들어두었다. 스윗즈 주택은 내부 구조가 서양식인 반면 지붕은 기와를 얹은 서양과 동양의 절충식 건물이

대구 동산동에 위치한 스윗즈 주택(위)과 챔니스 주택(아래)이다. 구한말에 세워진 선교사 주택들로서 건물의 형태와 구조가 비교적 잘 남아 있다.

다. 스윗즈 주택의 뒷마당에는 황토와 돌을 섞어 만든 낮고 긴 흙담장이 지금도 일부 남아 있어, 선교활동의 초창기를 떠올려볼 수 있다.

선교사 주택들을 둘러보다가 그 사이에 있는 대구 동산병원 구관 현관(등록문화재 제15호)에 가봤다. 때마침 어느 문화관광 해설사가 청라언덕과 선교사 주택에 관한 이야기와 함께 선교활동 초창기에 피아노를 옮기던 일화를 설명하던 중이었다. 그 일화의 요지는 선교사들이 무거운 피아노를 대구까지 옮겨오는 데 크게 고생했으며, 이후 피아노는 신명여학교에 전해져 대구의 근대 음악을 촉발시키는 씨앗이 되었다는 것이다. 이 일화를 듣자 부산근대역사관에서 개최한 '사보담의 100년의 약속'이라는 특별전이 생각났다. 당시에 나는 부산근대역사관에 근무하고 있었는데, 출품 유물 가운데 '사보담이 부친에게 보낸 편지' '피아노 운반대 그림' '피아노를 옮기는 사진' 등을 눈여겨본 적이 있다.

❖ 사보담의 피아노와 존슨의 사과나무

사보담Richard H. Sidebotham은 미국인 선교사로서 1899년 프린스턴 신학대학을 졸업한 그해에 한국 선교사로 임명되어 11월 부산에 도착했다. 첫 부임지가 대구였기 때문에 부산에 도착한 그는 바로 대구로 올라갔다. 대구는 계성학교와 제일교회를 설립한 애덤스 목사를 비롯해 미국인 장로교 선교사들이 크게 공을 들이던 지역이었다. 영남의 요충지 대구는 기독교 선교활동에 있어서도 전략적 중심지가 됐다.

사보담이 부인 에피와 함께 지구 반대편인 조선으로 떠나자 친구들이 돈을 모아 피아노를 사서 보내줬다. 이 고마운 피아노를 옮기는 일화, 그 고생스러웠던 사연은 사보담이 아버지에게 보낸 편지에 적혀 있다. 배에 실어온 피아노를 육지로 옮기기 위해 30여 명의 짐꾼이 동원되었다. 운반 틀은 상여용 막대와 밧줄을 묶어서 제작했으며 사람이 직접 이고 날랐다. 사보담의 집으로 피아노가 도착했을 때는 제자리에 있는 건반이 하나밖에 없었다. 하지만 그는 실망하지 않고 조립을 시작해 두 개의 건반을 제외하고는 모두 정상으로 되돌렸다. 사보담은 편지에서 당시의 기쁜 심정을 이렇게 전했다. "이제는 음악 소리가 제법 납니다. 피아노는 조율이 잘되어 있고, 우리는 아주 즐겁게 연주하고 있습니다."

숱한 고생을 하면서 8년 동안 한국에서 일했던 사보담 목사는 미국으로 돌아갔다. 조선인들은 사보담 목사를 잊지 못해 안식년으로 쉬고 있는 그에게 속히 조선으로 돌아와달라는 편지를 보냈다. 사보담 목사도 그리운 조선으로 가길 간절히 바랐지만 그만 돌아올 수 없는 길로 떠나고 말았다. 1908년 가솔린 폭발 사고로 34세의 젊은 나이에 사망한 것이다. 그는 100년이 지난 뒤에야 외손녀인 세라 커티 그린필드Sarah C. Greenfield 박사의 손에 들려 사진으로, 편지로, 그리고 태극기로 한국에 들어왔다. 비록 차갑게 식은 유물이었지만 나는 사보담의 가슴 아픈 사연을 듣고 그의 온정을 느낄 수 있었다. 내게 사보담 특별전은 19세기 후반 서양 제국주의의 총칼 뒤에서 성경을 들고 이 땅에 들어왔던, 개신교 선교사들에 대한 고정관념을 어느 정도 바꾸는 계기가 되었다.

20대의 젊은 선교사들이 겪었던 타국에서의 고생을 생각하면

3부 청춘을 위한 문화유산

서 청라언덕 골목길로 다시 발길을 돌렸다. 그러던 중 동산의료원 종탑 옆에서 보호수로 지정된 한 그루의 사과나무를 보았다. 이 능금나무를 처음 들여온 인물은 대구 경북의 최초의 서양식 병원인 제중원(동산의료원의 전신)을 개원한 의료선교사 존슨 박사였다. 그는 1899년 미국 미주리 주에 있는 능금나무를 주문하여 이곳에서 처음으로 키웠다고 한다. 1910년대에 일본인들이 금호강 주변에 과수원을 조성하면서 대구에서 능금 생산이 본격화됐다. 1960년대에는 전국 능금 생산량의 대부분을 차지해 대구 하면 능금을 떠올리고, 능금 하면 대구의 예쁜 아가씨를 연상하게 됐다. 정원에 있는 능금나무가 그때의 나무는 아니지만 대구를 사과의 본고장으로 만든 상징물이었다. 이 나무에는 작은 능금들이 마치 대추나무에 대추 열리듯이 주렁주렁 달려 있었다. 아, 근대의 길이란 이런 것인가. 멀리서 조선을 믿고 들어왔으며, 혼란스럽고도 억압적인 과정을 거쳤지만 결국 사과로 열린 근대. 이 한 그루 나무에서도 우리가 지나온 근대를 기억할 수 있으며, 앞으로 다가올 후대를 생각해볼 수 있을 것이다.

15

염원을 새겨 오래도록
남기고 싶을 때

: 울산의
바위그림

✤ 염원을 오래 남기는 방법

우리는 저마다 개인적인 소망을 품은 채 살고 있다. 이 시대를 살
아가는 청춘들의 염원은 무엇일까. 일류 학교로의 진학, 좋은 회사
에의 취업, 멋진 배우자와의 결혼 등이 청춘들의 간절한 바람일까.
마음 한구석에 자리 잡은 이런 소망은 누구에게나 있는 것이다.
내가 더 궁금한 것은 자신이 원하는 간절한 바람을 어떤 식으로
표현하는가에 있다. 마음으로 기원하는 방식은 너무 평범하고, 좀
더 절절하다면 자신이 믿는 종교를 찾아 신에게 기도할 터이다. 아
니면 종이에 적어 책상 앞에 붙인 뒤 두고두고 되뇌는, 자기 암시

법도 있다. 나는 이 방법을 선호하는 편이다. 글로 적으면 곁에 두고 매일같이 볼 수 있을 뿐만 아니라 자신의 희망을 분명하게 각인시킬 수 있기 때문이다.

우리가 맘대로 종이를 쓸 수 있는 시대는 그리 오래되지 않았다. 전쟁의 상처가 가시지 않은 1960년대까지 종이를 구하지 못해 애를 먹어야 했다. 1970년대에도 신문지 여백에 글을 쓰는 등 종이를 재활용하는 일은 흔한 풍경이었다. 그렇다면 종이가 아예 없던 시대에는 자신의 염원을 어떻게 적었을까. 고대사회에서 대나무 편인 죽간竹簡에 글을 썼던 것은 잘 알려진 사실이다. 그러나 죽간은 세월의 흐름을 당해내지 못해 언젠가 썩기 마련이므로 자신의 염원을 오랫동안 지속시킬 수 있는 방법은 아니었다. 예나 지금이나 자신의 바람을 가장 오랫동안 후세대에 남기기 위해 주목해온 재료는 '돌'이다. 돌 역시 풍화나 마모는 피할 길이 없다 하더라도 우리 주변에서 얻을 수 있는 최선의 재료다.

문자가 없던 선사시대 사람들은 돌에다 그림을 그려서 자신의 염원을 세상에 알렸다. 변변찮은 도구 하나 없던 시대에 자신의 바람을 암반에 새겨넣기 위해서는 뼈를 깎는 인고의 노력이 들어갔다. 이런 고통을 감내하면서 자신의 소망을 그렸던 이유는 무엇일까. 그건 개인적 부와 행복을 위한 것이 아니라 공동체가 누리고자 했던 희망이었기에 더 절실했다. 공동 생산과 분배, 그리고 집단생활을 했던 선사시대 사람들의 소망은 잉여의 시대를 살고 있는 우리의 염원보다 훨씬 더 소박했다. 모두들 굶주리지 않고 먹고살 수 있다면, 먹거리의 재료를 풍족히 구할 수 있다면, 그야말로 윤택한 생활이었다. 하지만 바위그림에 담긴 염원은 이런 일차적인 생활에 대한 바람을 넘어 선사인의 신앙과 정신세계까지 품고 있다.

개인적 염원을 갈구하는 청춘, 그리고 공동체의 희망까지도 고민하는 청춘이라면 울주의 반구대 암각화와 천전리 각석에 가볼 것을 권한다. 수천 년의 시간을 뛰어넘어 선사인들의 간절한 염원이 우리에게 전해질 것이다. 그들의 소박하지만 절실했던, 집단적 기원과 공동체의 희망을 통해 오늘을 사는 우리의 염원까지 성찰해볼 수 있을 것이다.

✤ 바위그림으로 가는 벼루길

반구대 암각화와 천전리 각석은 울주군 언양읍 대곡리 산골짜기에 있다. 첩첩산중에 구중구곡九重九曲이라 할 만한 곳이다. 이곳에 오면 먼저 암각화를 찾아 세상에 널리 알린 연구자들의 노력에 대한 경의가 절로 나온다. 1970년 12월, 문명대 교수를 위시한 동국대학교 박물관 학술조사단은 원효대사가 수행했다는 반고사磻高寺 터를 찾아 이 깊은 산골을 따라 왔다가 더 대단한 문화유산을 발견하게 된다. 수천 년간 이곳의 주인으로 꿋꿋이 지내왔고, 오래전부터 마을 주민들이 알았던 문화유산을 '발견'했다는 표현은 적절치 않다. 하지만 적어도 수십 리 산길을 아슬아슬하게 지나와서 천전리 각석을 찾아내고, 그 이듬해에 배까지 빌려 타 일일이 계곡을 조사해 반구대 암각화를 찾아낸 그들의 노력은 '발견'이라 칭할 만하다.

반구대 암각화와 천전리 각석 사이의 거리는 산길로 걸으면

반구대암각화는 태화강 상류의 암벽에 새겨져 있다. 물에 잠겨 있다가 갈수기 때에는 암각화가 드러난다. 바위 면에 고래, 개, 늑대, 호랑이 등 여러 동물을 비롯하여 다양한 광경이 그려져 있다.

3킬로미터도 채 안 되지만 찻길로 가면 꽤 에둘러야 한다. 반구대 암각화까지 차를 타고 오다가 내려야 할 지점이 있다. 암각화 박물관 주차장에서 차를 세운 뒤에 걸어오는 것이 제일 좋고, 팍팍해질 다리가 걱정된다면 반구서원 인근에 주차한 뒤 600미터쯤 걸어야 한다. 여기서 반구대의 진풍경을 볼 수 있기 때문이다. 굳이 좁은 길로 차를 몰아 먼지 풀풀 날리면서 반구대 암각화까지 가는 답사객들은 편안한 여정을 선택하는 대신 잃는 게 너무 많다.

반구서원 앞에 펼쳐진 절경 속의 반구대盤龜臺를 보지 않고 이곳을 다녀갔다고 말할 수 있을까. 울산 12경 중 하나인 반구대는 멀리 고헌산이 준마처럼 달려 나오다 대곡천변과 만나 넙죽 엎드려 기암괴석으로 변한 형상을 하고 있다. 이 모습이 마치 거북이 같대서 '반구대'라는 지명을 얻었다. 반구대 정상에는 고려 말 포은 정몽주鄭夢周의 학덕을 기리는 반고서원 유허비(울산시 유형문화재 제13호)가 세워져 있다. 정몽주는 언양에서 귀양살이를 할 때 반구대에 올라 시를 짓는 등 자취를 많이 남긴 까닭에 지역민들의 추모를 받는다. 반고서원에서도 정몽주를 비롯해 이언적, 정구 등 세 명의 유학자를 모시고 있다.

반구마을 쪽에서 바라본 반구대는 적당히 위엄 있는 높이의 대로서 암벽을 치마처럼 바싹 두른 채 흘러오는 대곡천을 능숙하게 다루고 있다. 아름다운 굴곡을 지닌 반구대는 대곡천과 정면으로 부딪히는 게 아니다. 제 살을 깎아 둥그렇게 만든 허리 곁으로 데려와 자신을 감싸게 한 뒤 다시 흘러보낸다. 한국의 아름다운 하천 100선에 이름을 올린 대곡천은 그 미성美聲도 미경美景에 어울린다. 그리하여 반구대 암각화로 걸어가는 길은 눈뿐만 아니라 귀도

즐겁다. 반구대에서 굽이치는 대곡천은 수면이 급격히 낮아지는 곳이나 자갈밭들을 지나치며 졸졸졸 물소리를 낸다. 여기에 높은 나무에 앉은 이름 모를 새의 소리까지 이따금 악센트를 주기에 암각화를 찾아가는 길은 보는 재미 말고도 듣는 재미가 쏠쏠하다.

'울주 대곡리 반구대 암각화' 표지판을 지나면 갑자기 푸른 숲 사이로 길이 좁아진다. 이 산길은 가파른 낭떠러지에 조성된 벼랑길로 이어진다. 이 벼랑길을 '연로硯路'라 한다. 그 뜻은 '벼루처럼 미끄러운 바윗길' '벼루에서 음차音差한 벼랑길' '사대부들이 수시로 드나들던 학문길' 등 다양한 의미로 풀이된다. 한쪽 절벽에 새겨진 '울주 대곡리 연로개수기硯路改修記'가 이 길의 오랜 역사를 보여준다. 1655년에 쓰인 개수기의 글을 통해 이곳을 지나쳤던 나그네와 학인을 위해 친절히 보수 작업을 한 사실을 알 수 있다. 거칠게 암반에 쓴 기록에서 소중한 사실을 얻을 수 있으며, 사람들이 돌에 새겨 오랫동안 남기는 이유까지 새삼 깨닫게 된다.

좁은 산길을 벗어나면 넓은 늪지에 다다른다. 답사객들의 편의를 위해 세운 널다리를 통과하면서 붉은 꽃을 단 배롱나무와 주변 늪의 풍광을 감상하는 것도 잠시다. 곧 시원한 대나무 숲길로 들어간다. 이렇게 반구대 암각화로 가는 길은 여러 갈래의 모습을 보여주기에 내가 걸었던 인생 길을 다시 걷는 듯한 회상에 빠진다. 그 과거의 추억 속에는 내 맘속에 새겼던 당시의 염원, 그리고 이뤘던 희망과 이루지 못했던 절망까지 섞여 있으니 땀 흘리며 걷는 반구대 암각화까지의 여정은 결코 길거나 헛된 시간이 아니다.

✤ 대곡천에 잠긴 반구대 암각화

선사인의 풍습을 보여주는 암각화에 처음 관심을 가진 때는 2007년 무렵이다. 자료집을 챙겨달라는 지인의 부탁을 받고 우연히 참석한 한국암각화학회 학술 심포지엄에서 간결하면서도 역동적인 바위그림의 동물 형상들을 봤다. 선과 면으로 간략히 새긴 그림임에도 동물의 기본적 생태와 역동적인 모습이 잘 드러났다. 도면 속의 그림이 아니라 유적 현장에서 선사시대 동물들을 직접 확인해보리라 마음먹었지만 차일피일 미루다가 3년이 후딱 지났다.

그러던 중 대학원 세미나를 울산에서 개최해, 반구대 암각화와 천전리 각석을 현지 답사할 기회를 얻었다. 우리 모임에는 문화재위원과 울산박물관장 등 문화재 분야에서 활동하는 인사가 많았던 터라 당시 암각화박물관장의 설명도 직접 들을 수 있었다. 때는 갈수기라 하천 수위가 낮아졌고, 겨울 추위에 풀들이 사라져 암각화를 보기에는 절호의 기회였다. 마른 하천일지언정 암각화 앞으로 물이 흘러가므로 지척에서 보는 일은 불가능했다. 이상목 관장이 암각화의 위치와 그림이 몰려 있는 암반을 설명해주었기에 어렴풋이 바위그림을 확인하면서, 바위에 새긴 선사인의 염원이 무엇이었는지 그려보았다.

반구대 암각화가 위치한 대곡리는 태화강의 상류지역이다. 반구대 암각화 앞을 흐르는 대곡천은 사연리에 이르러서 태화강과 합류한다. 해수면이 높았던 후빙기에는 동해의 바다가 내륙 쪽으로 더 들어왔으므로 선사인들이 태화강을 지나 울산만까지 배를 타고 가는 일은 어렵지 않았다. 현재 대곡천의 물길은 울산 공업지구에 용수를 공급하기 위해 건설한 사연 댐으로 인해 완전히 막혀 있다. 치수治水나 물 공급을 위해 댐 건설이 필요하지만 물길이 막힘에 따라 자연환경이 달라지고, 상류 쪽에 자리를 잡은 문화유산이 잠기게 됨은 피할 수 없다.

토박이들의 말에 따르면, 사연댐 건설 이전에는 강수량이 적어지는 갈수기 때 아이들이 암각화가 있는 절벽 쪽으로 건너가 물장구를 치며 놀았다고 한다. 그러나 사연댐 건설로 인해 수위가 크게 높아져 대곡천은 암각화를 훼손시키는 위험 요소가 됐다. 연중 6개월가량 암각화가 물에 잠겨버리니 바위에 새겨진 동물상과 인물상은 숨이 막히는 처지다.

세계문화유산 잠정 목록에 등재된 반구대 암각화의 가치로 보건대, 선사인들의 바위그림은 적극적인 보호 조치가 이뤄져야 한다. 현재 암각화를 보호하는 투명 물막이를 설치하자는 의견이 대두되는 한편 사연댐을 없애자는 강경책까지 등장하는 형편이다. 울산에서는 지역민을 위한 안정적인 물 공급과 문화유산 보존 정책 사이에서 줄다리기가 팽팽하다. 천전리 각석 인근에 설립한 대곡박물관도 울산 시민의 식수원인 대곡댐을 건설하기 전, 물에 잠기게 될 문화유산에 대한 최소한의 조치였다. 대곡댐 편입 부지에서 실시한 발굴 조사에서 청동기 시대 집 자리를 비롯한 1만여 점의 유물이 발굴되자 사라지게 될 문화유산을 보존할 대곡박물관을 지었다.

반구대 암각화는 높은 절벽 하단부에 조성되었으며, 집중적으로 그려진 암면은 너비 8미터, 높이 5미터의 크기다. 대곡천은 반구서원 앞에서 한 바퀴 감아 돌아 흐르다, 암각화 앞에 이르러 다시 휘감으며 방향을 튼다. 암각화 앞에 확 터진 강변 쪽에는 여름이 되면 풀들이 무성하고 겨울에는 넓은 평지로 드러난다. 반구서원 앞에서 들었던 대곡천의 줄기찬 목소리는 끊겼지만 넉넉한 강변의 품을 보는 것도 멋지다.

북향인 암각화는 해가 질 무렵 바위그림들이 더욱 빛을 발한다고 하는데 이 방향을 택한 선사인들의 마음은 알 수가 없다. 암각화가 그려진 절벽은 높이가 약 60미터에 이르는 깎아지르는 듯한 암반이다. 수만 년 동안 대곡천이 가한 침식과 자연적 풍화에 의해 그 얼굴이 꽤나 늙어버렸다. 선사인들의 주름진 얼굴마냥 곳곳에 금이 가고 푹 팬 부위가 있는데, 암각화가 그려진 암면만큼은 반들반들하다. 댐 건설 이후 퇴적물이 쌓여 강바닥이 수 미터 올라간 것을 감안한다면 높은 대를 만든 수고가 있은 뒤라야 바위그림을 새길 수 있었을 것이다.

답사객들은 애써 이곳까지 걸어오면서 그 아름다운 풍경에 도취했다가 막상 암각화에 다다르면 실망하고 만다. 바위그림을 가까이서 볼 수 없기 때문이다. 울타리를 쳐놓아 강변으로 내려가는 길을 막아두었으므로 암각화와 한참 떨어진 대곡천 건너편에서 바위그림을 봐야 한다. 매의 눈을 가진 사람만이 볼 수 있는 먼 거리다. 궁여지책으로 망원경을 설치해두었지만 선사시대 동물들이 뛰어놀고 있는 바위그림을 향해 정확하게 초점을 맞추는 일은 쉽지 않다. 힘들게 보다가 볼멘소리가 여기저기서 터져나온다. 그럴 때는 망원경에 계속 의존하기보다는 옆자리의 안내판을 보거나, 암각화박물관에서 복제 모형을 찾아서 보는 편이 현실적일지 모른다. 사실 전문가들도 암각화에 그려진 동물의 종을 확인하기 위해서는 탁본을 뜬 뒤 실제 이미지들과 일일이 대조해본다. 이런 복잡한 학술 과정을 거쳐 시민들이 쉽게 볼 수 있도록 만든 곳이 암각화박물관이다.

현장 답사를 마친 뒤, 이상목 관장은 암각화박물관으로 돌아와 암각화 모형 앞에서 자세한 설명을 해줬다. 프랑스에서 선사고고학으로 박사 학위를 받은 그는 우리나라 암각화를 세계에 알린 연구자다. "오늘은 암각화까지 가까이 간 편인데도 눈으로 확인이 잘 안 되지요. 이게 암각화 모형입니다. 이 암면에는 모두 300여 점의 그림이 새겨져 있어요. 이 중 100여 점은 아직까지 형태나 종류를 알 수 없습니다." 암각화에서 종이 확인된 바다동물로는 고래, 거북, 물개, 상어가 있고, 육지동물로는 호랑이, 표범, 멧돼지, 사슴, 늑대, 여우, 너구리 등이 있다. 이외에도 수렵과 어로 도구, 사람의 얼굴 등이 새겨져 있다. 그는 설명을 이어갔다. "그림을 새기는 데는 모두 돌연모를 사용했어요. 돌로 암면에 타격을 가해 흔적을 남기는 기법입니다. 그림을 관찰해보면 쪼기, 갈기, 긋기, 돌려 파기 등 갖은 방법을 이용한 것을 알 수 있어요." 그의 말을 빌리자면 이곳 선사인들은 우리나라 최초의 조각가나 다름없다. 뛰어난 조각 기술로 동물, 사람, 도구들을 능숙하게 새겨서 거대한 선사 미술을 탄생시킨 것이다. 반구대 암각화는 이렇듯 선사인들이 남긴 하나뿐인 선물이자 세계에 내놓을 만한 우리나라의 문화유산이다.

3부 청춘을 위한 문화유산

✤ 최초의 고래잡이 그림

나는 무엇보다 선사인들이 암반에 그림을 새긴 참뜻이 궁금했다. 그들이 오랜 세월 억척스런 작업 과정을 거쳐 암각화를 남긴 데에는 특별한 이유가 있었을 것이다. 암각화의 조성 배경에 관해서는 여러 설이 전해온다. 일반적인 설은 고기잡이나 짐승 사냥을 할 때 성공을 기원하는 의식을 위해 제작되었다는 것이다. 어로漁撈와 사냥을 했던 선사인들이 그 대상을 암각화에 새김으로써 많은 식량을 무사히 거둬들이고자 기원했다는 주장이다. 여기서 한 걸음 더 나아가 암각화는 식량의 대상이 아닌 종교적 측면으로 제작됐으며, 풍어와 재생을 위한 의례적 특징이 강하다는 주장도 제기되었다. 또 암각화에 그려진 사람은 주술사이며, 수렵 어로인들의 전설을 담아 암각화로 조각했다는 주술신앙적 주장도 있다. 이들의 주장에서 일맥상통하는 면도 없지는 않다. 요컨대 수렵과 어로의 시대에 사는 선사인들이 풍요로운 생산을 바라며, 생업활동에서 무사안전을 기원하는 일종의 의례적, 주술적 행위로서 암각화를 제작했다는 것이다.

암각화에 새겨진 그림들은 선사인들이 그 시대에 가장 소중하게 여기는 대상이다. 물신숭배의 시대를 살아가는 우리는 각기 원하는 대상이 무궁무진해 셀 수 없을 정도다. 자본주의 관계와 사적 소유는 엄청난 상품을 탄생시켰고, 그에 비례해 물질에 대한 욕망을 양산시킨다. 지금 이 순간에도 반구대 암각화 절벽에 새길 수 없을 만큼 수없는 상품이 생산되고 있다. 이 상품들은 화려한 포장과 선전을 통해 젊은이들의 구매욕을 충동질하고 있다. 그에 비해 암각화에 새겨진 선사인들의 마음은 단출하고 소박하며 공동

반구대 암각화에 그려진 고래와 고래잡이 그림이다.

체적이다. 먹을 수 있을 만큼 사냥하기를 바라는 염원과 감사, 죽인 동물들이 다시 태어나기를 기도하는 재생과 속죄, 후손들에게 사냥감의 대상과 삶의 방식을 가르치기 위한 생태 교육, 집단생활이 풍요롭고 안정된 환경에서 영원하기를 바라는 공동체의 이상이 담겨 있지 않은가. 반구대 암각화에서 선사인들의 참된 마음이 거대한 세월의 벽을 뛰어넘어 전달되는 것은 이 때문이다.

한데 암각화 왼쪽에는 고래 그림들이 집중적으로 분포되어 있고, 오른쪽으로 갈수록 산짐승들이 늘어난다. 가운데와 오른쪽에는 호랑이, 표범, 여우, 늑대, 너구리와 같은 육식동물과 사슴류가 배치되어 있다. 고고학자들은 이를 두고 고래 어장이 멀어짐에 따라 포경이 쇠퇴하고 산짐승 사냥으로 무게중심이 옮겨간 결과로 해석한다. 동물 그림의 배치와 비중을 통해 어로에서 수렵으로 변화하는 선사인들의 생활 방식을 재치 있게 뽑아낸 해석이다.

반구대 암각화의 가치는 역시 다양한 고래 그림에 있다. 여느 암각화와 달리 이 고래 그림들은 꼬리를 비틀고 물을 뿜어내는 등 생동감 있는 포즈를 취하고 있다. 마치 고래 떼가 울산만을 여유롭게 회유하는 모습을 보는 듯하다. 고래야말로 선사인들에게 행복과 풍요를 가져다준 최고의 동물이다. 고래가 소보다 낫다는 말처럼 고래는 버릴 게 없는 동물이었다. 살과 내장부터 뼈와 심줄까지. 고래의 모든 것이 선사인들의 생활에 긴요하게 쓰이는 재료였다. 울산의 동해안은 큰 고래가 출현하는 장소로서 현재까지 각종 매체에 등장한다. 특히 겨울에 동해안에서 번식하다가 여름에 먹이를 찾아 오호츠크 해로 이동하는 귀신고래는 울산만의 단골이다. 멸종 위기에 처한 귀신고래를 보호하기 위해 울산 동해안 일원의 귀신고래 회유해면은 천연기념물 제126호로 지정되었다.

현재 원주민들의 고기잡이에서도 유영 속도가 느리며 연안까지 접근하는 큰 고래들을 작살로 잡는 경우가 간혹 보인다. 오랜 경험으로 고래의 생태에 관해서 알고 있는 태화강 유역의 선사인들은 울산만으로 들어온 고래들을 작살을 비롯한 여러 도구로 잡았을 것이다. 반구대 암각화에는 작살에 맞은 고래가 그려졌으며, 그물로 보이는 도구로 고래를 잡는 장면도 있다. 이는 지구상에 알려진 가장 오래된 고래잡이 기록으로 평가된다. 재미있는 사실은 고래 그림의 형태와 특징을 통해 구체적인 고래 종까지 확인할 수 있다는 점이다. 이상목 관장은 고래 그림에서 수면 위로 떠오를 때 숨을 쉬는 장면, 머리와 지느러미, 배주름 등을 확인한 뒤 북방긴수염고래, 혹등고래, 참고래, 귀신고래, 향유고래 등 고래 종을 구체적으로 제시했다.

그동안 반구대 암각화의 제작 시기에 관해서는 논란이 많았다. 근래에는 여러 단서를 통해 신석기 시대로 추정하고 있다. 울산 황성동에서 발굴한 신석기 시대 유적에서는 작살이 박힌 고래 뼈도 출토되었다. 해안가에서 발견된 신석기 시대 패총에서 다량의 고래 뼈가 출토되고 있으니 고래가 신석기 사람들의 주요한 식량 자원이었음은 분명하다. 그러므로 반구대 암각화에 새겨진 고래 그림들은 신석기 시대 사람들의 고래잡이 관습과 고래에 대한 염원을 담아 새긴 것으로 봐도 무방할 것이다.

✤ 천전리 각석에 새긴 비밀은?

천전리 각석은 반구대 암각화에서 대곡천을 따라 상류로 약 1.5킬로미터 거슬러 올라간 지점에 있다. 반구대 암각화와 천전리 각석은 모두 암반에 새겨진 문화유산이지만 그림을 제작한 시기나 그림 양식이 다 다르다. 제작 시기를 거칠게 말한다면, 반구대 암각화는 신석기 시대 이후, 천전리 각석은 청동기 시대 이후로 볼 수 있다. 또 반구대 암각화는 구체적인 동물과 인물상이 잘 나타난 반면 천전리 각석은 기하학적, 추상적 문양이 두드러진 암각화다. 나아가 반구대 암각화는 풍요를 기원하는 선사인의 마음을 일목요연하게 보여주는 반면, 천전리 각석은 시대별 문양, 그림, 문자가 얽히고설켜 선사·고대인의 정보를 숨기고 있는 듯이 보인다. 전자는 구체적인 사물을 그린 구상화로, 후자는 추상적인 문양을 그려 상징과 의미를 표현한 추상화에 빗댈 수 있지 않을까.

암각화와 각석의 명칭 차이도 이렇게 해서 생겨났다. 모두 암반에 새긴 문화유산인데, 하나는 암각화이고, 또 하나는 각석이다. 이곳을 찾는 답사객들이 품는 의문이 바로 이것이다. 천전리 각석을 암각화라 불러도 틀린 말은 아니다. 그렇지만 천전리 각석 상부에 새겨진 문양과 그림 외에도 하부에는 고대인들의 문자가 새겨져 있다. 그런 까닭에 바위그림을 뜻하는 암각화보다는 각석 刻石이란 용어를 택했다.

동국대학교박물관 학술조사단이 천전리 각석을 발견했을 때 이 지역은 두메산골이었다. 사륜구동차가 가까스로 통과하는 비포장도로가 있다는 데 만족해야 하는 산간벽지였다. 요즘은 천전리 각석에서 2킬로미터 남짓 떨어진 거리에 고속도로와 국도가 남북으로 곧게 뻗어 있다. 대로 주변에는 넓은 평야가 조성되고, 띄엄띄엄 공장들이 있었다. 과거에는 길이 없어서 고생했지만 이제는 큰 도로가 문화유산에 미치는 영향을 고민하고 있다. 장천교를 지나면서 길이 점점 좁아지고 인적이 드물어지기에 그나마 다행이다. 이곳부터 깊어지는 산과 계곡이 천전리 각석을 막아주는 형세이기 때문이다.

입구에 차를 대고 대곡천을 따라 걸어가면 어느새 들판은 사라지고 계곡의 절경이 마중을 나온다. 낮은 산들이 병풍처럼 주위를 두르고 있으며, 그 사이에 맑고 찬 대곡천이 너른 바위 사이를 콸콸 흘러간다. 답사객들은 울산을 매캐한 공업도시로 떠올리곤 하지만 적어도 천전리 각석으로 가는 길에서는 그렇지 않다. 울산에도 푸른 숲과 맑은 계곡, 문화유산이 조화를 이룬 곳이 있음을 깨닫는다. 웅크린 언덕을 넘어가자 수천 년 동안 선사 고대인들의 비밀 부호를 몸에 새긴 천전리 각석이 기다리고 있다. 건너편 강변에서 멀리 봐야 하는 반구대 암각화와 달리 천전리 각석은 가까운 위치에서도 관찰할 수 있다.

천전리 각석은 퇴적암을 칼로 네모반듯하게 자른 듯한 사각면에 장식되었다. 주변의 울퉁불퉁한 암반과는 너무 달라 자연석이 아닌 인공적인 과정을 거친 것이 아닌가 하는 착각이 들 정도다. 천전리 각석의 암면은 위쪽이 앞으로 15도 정도 기울어진 형태다. 이로 인해 풍화작용의 영향을 덜 받는 편이라지만 세월의 흐름에 따라 얼굴이 변해가는 것은 막을 도리가 없다.

천전리 각석에 새겨진 수많은 그림과 글씨를 얼핏 보니 마치 '역사의 낙서장'과 닮았다. 암면을 잘 살펴보면 일정한 시대적 차이

3부 청춘을 위한 문화유산

천전리 각석은 태화강의 지류인 대곡천 암반지대에 있다. 천전리 각석 상부에는 기하학적 문양과 동물상, 인물상이 그려져 있고, 하부에는 삼국시대의 명문과 행렬도가 새겨져 있다.

가 나타난다. 상단에는 선사인들이 새긴 기하학적 문양들이, 하단
에는 신라 왕족과 화랑들이 새긴 글과 그림이 집중적으로 분포되
어 있다. 신라 법흥왕의 동생이었던 입종갈문왕이 다녀갔고, 14년
뒤에 입종갈문왕의 왕비와 아들(훗날의 진흥왕)이 와서 명문을 남
겼다. 이 세월이 지나는 동안 입종갈문왕은 유명을 달리했으니 왕
비 일행은 예전의 명문을 만지며 남편의 온기를 느꼈을지 모른다.
이외에 영랑, 선랑, 성림랑, 천랑 등 신라의 귀족과 화랑들의 이름
이 다수 새겨졌으며, 이곳을 왕래할 때의 모습으로 추정되는 기마
행렬 장면 등이 장식되었다. 신라의 화랑은 심산유곡을 찾아서 수
양을 했다. 경주와 가까운 이곳 계곡도 화랑들이 자주 찾는 심신
단련의 터전이었음을 짐작할 수 있다.

✥ 염원을 향한 디자인

천전리 각석의 상단은 가히 '선사인들의 디자인 센터'라 부를 만하다.
최초의 기하학적 디자인들을 압도적으로 볼 수 있는 부분이다. 마
름모, 소용돌이, 타원형, 굽은 선, 십자선 등 갖은 문양이 비밀 코
드처럼 얽혀 있다. 겹으로 새긴 것과 여러 개가 줄줄이 이어진 것
도 있다. 동심원 문양은 태양을, 마름모 문양은 풍요를 상징한 부
호로 해석된다. 곡식을 저장하는 토기의 문양에서 착안한 것이다.
또 여성의 성기를 상징하는 음문陰文은 다산과 생산을 가리키는 것
으로 풀이된다. 추상적 상징 부호를 사용한 선사인들의 염원을 정
확히 파악하기는 어렵다. 다만 반구대 암각화를 그린 신석기인들
보다 정신세계가 더 복잡해졌고, 자기들끼리의 고유한 식별 체계

를 발전시켰던 사실만큼은 알 수 있다. 천전리 각석에 새겨진 기하학적 문양은 청동기 유적에서 많이 발견된다. 청동기인들은 어떤 염원으로 이런 문양을 새겼을까.

나무보다는 숲을 보자는 생각이 들어 대곡천을 건너가 멀리서 천전리 각석을 보기로 했다. 천전리 각석 건너편에는 평평하게 땅을 다진 것처럼 온통 너른 바위가 깔려 있다. 이 암반들도 수억 년의 역사를 품고 있다. 백악기 시대의 공룡 발자국이 찍힌 화석들이 발견되어 울산시 문화재자료 제6호로 지정되었다. 발자국이 찍힌 것으로 미루어 공룡들이 이 일대를 평화롭게 배회한 사실을 알수 있다고 한다. 공룡들이 지나갔다는 자리에 서서 멀찌감치 천전리 각석을 바라보았다.

천전리 각석은 자연적으로 조성된 제단祭壇과 같았다. 그것은 홍수가 져도 물이 넘치지 않을 높이에서 얼굴을 아래로 약간 숙이고 있었다. 멀리서 보니 제사를 지내고 의식을 치르는 신성한 공간에 알맞다는 사실을 깨닫게 되었다. 농사를 짓는 청동기 사람들은 이곳에서 하늘에 제사를 지내고, 풍요로운 결실을 염원했을지도 모른다. 어로와 수렵에서 농사짓기로 생산 축이 이동한 청동기 시대 사람들은 하늘과 자연의 생태를 면밀히 관찰하고, 자신의 정신세계를 기반으로 새로운 문양을 창조했을 것이다. 정주생활과 농사일을 거듭할수록 기후와 환경의 소중함을 깨달았고 하늘, 태양, 달, 별, 바다, 물, 바람, 흙이 가져다준 이로움을 알았다. 이런 자연물에 대한 인식을 기초로 독특한 디자인을 탄생시킨 것이다.

이렇게 염원을 향한 디자인은 고스란히 천전리 각석에 담겼다. 천전리 각석에서는 풍요로운 농작물의 수확과 공동체의 번영을 기원하는 제사를 지냈을 것이다. 그때 이 문양들은 하늘과 태양을 상징했으며, 자연에 대한 숭배를 의미했을 것이다. 얼마 전까지도 천전리 각석은 염원과 기원의 터전이었다. 이 지역에서 오랫동안 살았다는 문화관광 해설사가 해준 말이다. "천전리 각석이 문화재로 지정되기 전에는 여기서 기도를 많이 드렸대요. 불임 여성들이 아이를 낳게 해달라고 기원하는 제당이었다고 하더군요." 어려운 기하학적 문양을 나타내며 자신의 실상은 감추는 천전리 각석이건만 오랫동안 사람들의 염원과 희망을 들어줬던 넉넉한 바위임은 분명하다.

참고문헌

원전 자료

『국조보감』, 『다산시문집』, 『상촌선생집』, 『성소부부고』, 『신증동국여지승람』, 『이향견문록』, 『조선왕조실록』, 『종묘의궤』, 『택리지』

일반 단행본 및 연구 논문

강건기 외, 『송광사』, 대원사, 2004
강삼혜, 「천전리 암각화의 기하학적 문양과 선사미술」, 『강좌미술사』 36호, 한국미술사연구소, 2011
강석훈 외, 『왜 우리는 군산에 가는가』, 글누림, 2014
경기도박물관, 『현륭원원소도감의궤』, 2006
고려대학교 민족문화연구소 편·김태준 역주, 『흥부전,변강쇠가』, 고려대학교 민족문화연구소, 1993
고려대학교 민족문화연구소 편·설성경 역주, 『춘향전』, 고려대학교 민족문화연구소, 1993
국립전주박물관, 『전라북도 역사문물전Ⅴ 군산』, 2004
─────, 『전북의 역사문물전 Ⅲ』, 2001
국립전주박물관·정읍시, 『전북의 역사문물전Ⅵ-정읍』, 2006
궁중유물전시관, 『종묘대제문물』, 2004
김기형, 『한국의 판소리 문화』, 박이정, 2003
김도형, 『순성의 즐거움』, 효형출판, 2010
김동욱, 『수원화성』, 대원사, 2002
─────, 『종묘와 사직』, 대원사, 2005
김문자, 「전봉준의 사진과 무라카미 텐신村上天眞-동학지도자를 촬영한 일본인 사진사」, 『한국사 연구』 154, 한국사연구회, 2011
김봉렬, 『김봉렬의 한국건축이야기 1』, 돌베개, 2006
─────, 『한국건축 이야기 2:앎과 삶의 공간』, 돌베개, 2007
김상영 외, 『전통사찰총서 6-전남의 전통사찰 Ⅰ』, 사찰문화연구원, 1996
김선희, 「근대도시문화의 재생과 새로운 커뮤니케이션의 창출-군산을 중심으로」, 『동북아문화연구』 36, 동북아시아문화학회, 2013
김성윤, 「조선 후기 정조대의 수원육성과 천도시도」, 『역사와 세계』 20, 효원사학

3부 청춘을 위한 문화유산

회, 1996

김시습, 『금오신화』, 청목, 2001

김종수·김민영 외, 『새만금 도시, 군산의 역사와 삶』, 선인, 2012

김준혁, 「번암 채제공의 화성신도시 기반조성과 화성 축성」, 『중앙사론』 38, 중앙대 중앙사학연구소, 2013

김지하, 『타는 목마름으로』, 창비, 2009

김춘수, 『김춘수 대표에세이, 왜 나는 시인인가』, 현대문학, 2006

김현구, 「조선후기 통제영의 공해 구성과 변천」, 『역사와 경계』 83호, 부산경남사학회, 2012

노영구, 「조선후기 성제 변화와 화성의 성곽사적 의미」, 『진단학보』 88, 진단학회, 1999

대구광역시, 『대구지명유래총람』, 2009

대구문화예술회관 향토역사관, 『옛 사진으로 본 근대 대구』, 2008

대구시사편찬위원회, 『대구시사』, 대구광역시, 1995

문화재청, 『밀양 영남루 실측조사보고서』, 2000

———, 『세병관 실측조사보고서』, 2002

———, 『송광사 중요목조건축물 정밀실측보고서 (상)』, 2007

민덕기, 「임진왜란에 납치된 조선인의 귀환과 잔류로의 길」, 『한일관계사연구』 20, 한일관계사학회, 2004

밀양시립박물관, 『소장유물도록』, 2010

밀양지편찬위원회, 『밀양지』, 밀양문화원, 2006

박정혜, 『조선시대 궁중기록화 연구』, 일지사, 2000

방동인, 『한국지도의 역사』, 신구문화사, 2010

법정, 『무소유』, 범우사, 2010

부산교통공사·부산박물관, 『동래읍성 해자가 품은 400년 전의 기억』, 2011

부산근대역사관, 『사보담의 100년의 약속』, 2009

부산박물관, 『임진왜란』 특별전 도록, 2012

서울특별시, 『서울소재 성곽조사 보고서』, 2003

서울특별시사편찬위원회, 『서울육백년사: 문화유적편』, 서울특별시, 1987

송석희, 「군산지역 근대건축물의 현황 및 변천에 관한 기초연구」, 『대한건축학회논문집』 계획계 20권 10호, 대한건축학회, 2004

송화섭, 「조선후기 부안의 돌짐대와 석당간」, 『지방사와 지방문화』 15권 1호, 역사문화학회, 2012

수원시, 『국역 화성성역의궤』 上·中·下, 1977

수원화성박물관, 『수원화성박물관 도록』, 2009

──────, 『용을 품은 도시, 수원화성』, 2012

──────, 『1970년대 수원화성 복원과 기록』, 2013

안도현, 『서울로 가는 전봉준』, 문학동네, 2002

안태현, 『옛길, 문경새재』, 대원사, 2012

예문동양사상연구원·이덕진 편저, 『한국의 사상가 10人 지눌』, 예문서원, 2002

오주석, 『오주석의 한국의 미 특강』, 솔 출판사, 2009

울산대박물관·울산광역시, 『울산반구대 암각화』, 2000

울산암각화박물관, 『한국의 암각화 Ⅲ, 울주 대곡리 반구대암각화』, 2013

유승훈, 「경강변 부군당의 성격과 역사적 전개양상」, 『서울학연구』 20, 서울학연
구소, 2003

──────, 『현장속의 문화재 정책』, 민속원, 2004

윤방언, 『조선왕조 종묘와 제사』, 문화재청, 2002

윤이상·루이제 린저, 『윤이상, 상처 입은 용』, 랜덤하우스중앙, 2005

이기봉, 『근대를 들어올린 거인, 김정호』, 새문사, 2014

이상목, 「울산 대곡리 반구대 선사유적의 동물그림」, 『한국고고학보』 제52집, 한
국고고학회, 2004

이상태, 『한국 고지도 발달사』, 혜안, 1999

이태호, 「판화예술로 본 김정호의 대동여지도」, 『한국고지도연구』 제3권 제2호,
한국고지도연구학회, 2011

이하우, 「오브·예니세이 강 상류 암각화의 형상비교」, 『한국암각화연구』 제10집,
한국암각화학회, 2007

이현주, 「조선후기 경상도지역 화원 연구」, 동아대 박사학위논문, 2010

이희근, 「1894년 동학지도자들의 시국인식과 정국구상-전봉준을 중심으로」,
『한국근현대사연구』 제8집, 한국근현대사학회, 1998

이희상, 「도시 속 걷기와 도시공간의 박물관화:수행적 공간으로서 대구 근대골
목투어」, 『대한지리학회지』 제48권 제5호, 대한지리학회, 2013

임세권, 『한국의 암각화』, 대원사, 2000

임혜봉, 『종정열전 2』, 문화문고, 2010

장미영 외, 『새만금 스토리텔링』, 글누림, 2009

장상훈, 『박물관에서 대동여지도를 만나다』, 국립중앙박물관, 2007

전경목, 『우반동과 우반동 김씨의 역사』, 문예연구사, 2001

정경은, 「현대시에 형상화된 전봉준 이미지의 변모양상 고찰」, 『한국시학연구』
35, 한국시학회, 2012

정노식, 『조선창극사』, 동문선, 1994

정승모, 「조선시대 석장의 건립과 그 사회적 배경」, 『태동고전연구』 10집, 태동고
전연구소, 1993

정창렬, 「동학동민전쟁의 지도자, 전봉준」, 『내일을 여는 역사』 2000년 여름호,
내일을여는역사, 2000

조명제 외 역주, 『역주 조계산송광사사고-인물부』, 2007

조윤주, 『통영 12공방 이야기』, 디자인하우스, 2009

차미희, 『조선시대 과거시험과 유생의 삶』, 이화여자대학교출판부, 2012

채만식, 『채만식 장편소설, 탁류』, 송정, 2003

최경환, 「실경산수도시와 화면상의 이미지의 재산출 방향-이용구의 〈금시당십
이경〉시를 중심으로」, 『한국고전연구』 18집, 한국고전연구학회, 2008

최영준, 『영남대로』, 고려대학교출판부, 2004

최원석, 『도선국사 따라 걷는 우리땅 풍수기행』, 시공사, 2000

충렬사 안락서원 편, 『충렬사지』, 민학사, 1978

통영시사편찬위원회, 『통영시지』 상·하, 1999

황동규, 『풍장』, 나남출판, 1994

황용훈, 『동북아시아의 암각화』, 민음사, 1987

사진을 제공해주신 작가분들께 감사드립니다.

황헌만 ⓒ 61, 65, 120, 140~141, 151, 152~153, 214, 224~225, 228~229, 232, 233, 303,
364~365, 376, 391, 400~401, 409, 416~417
서헌강 ⓒ 88~89, 92~93, 110~111, 128~129, 198~199, 240~241, 320~321
류태수 ⓒ 18~19, 34~35
박옹 ⓒ 104~105

문화유산 일번지

ⓒ 유승훈

초판 인쇄	2015년 10월 15일
초판 발행	2015년 10월 22일

지은이	유승훈
펴낸이	강성민
편집	이은혜 이두루 곽우정
편집보조	이정미 차소영 백설희
마케팅	정민호 이연실 정현민 지문희 양서연
홍보	김희숙 김상만 한수진 이천희
독자모니터링	황치영

펴낸곳	(주)글항아리	출판등록 2009년 1월 19일 제406-2009-000002호
주소	10881 경기도 파주시 회동길 210
전자우편	bookpot@hanmail.net
전화번호	031-955-8891(마케팅) 031-955-1936(편집부)
팩스	031-955-2557

ISBN	978-89-6735-257-8 03900

이 도서의 국립중앙도서관 출판예정도서목록(CIP)은 서지정보유통지원시스템 홈페이지
(http://seoji.nl.go.kr)와 국가자료공동목록시스템(http://www.nl.go.kr/kolisnet)에서
이용하실 수 있습니다. (CIP제어번호 : CIP2015027088)